부모와 자녀가 꼭 함께 가봐야 할
대한민국 베스트 여행지

부모와 자녀가
꼭 함께 가봐야 할
대한민국
베스트
여행지

글·사진 **백남천**

나무생각

프롤로그

행복한 여행을 위한
향기로운 이정표를 세우며

누가 말했던가요. "여행은 인생의 시詩"라고……. 그 시 속에 펼쳐지는 참 좋은 풍경을 보고 있자면 생각이 깊어집니다. 좋은 풍경 속에는 그곳에 사는 사람들이 그려놓은 삶의 속내가 오롯이 피어 있기 때문인가 봅니다. 그런 길 위의 풍경에 어울리는 음악까지 듣고 있자면 마음조차 편안해집니다. 물론 그곳에서만 즐겨볼 수 있는 손맛까지 누린다면 우리들의 오감五感은 더욱 행복해 질 터입니다.

그렇게 길 위에서 행복한 순간마다 그리워지는 사람들이 있습니다. 나의 홀어머님은 물론이려니와, 사랑하는 지인들까지도 그리워집니다. 특히 교사라는 직업의식 때문인지, 감동적인 여행지에서는 항상 '우리 학부모님들과 자녀들이 함께하면 얼마나 좋을까' 하는 아쉬움이 자주 들곤 합니다. 함께 행복을 나누고 싶은 마음인가 봅니다. 여행지에서 마음의 키를 훌쩍 키운 자녀들이, 먼 훗날 세상을 더욱 더 아름답게 그려주리라는 기대감이겠지요.

최근 국내 굴지의 모 카드사에서 우리나라 30~40대 어머님들을 상대로 "당신이 미혼이었다면 가장 하고 싶은 일이 무엇이냐?"라고 물어본 적이 있습니다. 그 질문에 대해서 놀랍게도 무려 41.5퍼센트가 '여행'을 1위로 꼽았답니다. 그런 소망을 꿈꾸고 계신 낭만적인 어머님들이 현실적으로 '여행'의 꿈을 이룰 수 있는 최선의 방안은 무엇인가를 고민해 봤습니다. 그 답으로서 '부모와 자녀가 함께 떠날 수 있는 여행'

이 최선이 될 수 있다는 생각에, 이 책 묶기 작업에 응했습니다.

그런 소망을 지닌 이 책에는 부모님들에게는 소중한 낭만과 사랑, 그리고 인문사회적 감성을, 자녀들에게는 몸과 마음은 물론 공부도 쑥쑥 키워줄 여정을 중심 테마로 엮었습니다. 그렇다고 하여 자녀들에게 무엇인가를 꼭 가르치겠다는 생각은 금물입니다. 이 책의 각 여행지마다 소개한 관련 교과서 단원 정도를 자녀와 함께 읽고, 그대로 따라 나서면 됩니다. 여행지에서 자녀에게 제일로 값진 것은 'EQ', 그러니까 '감동이 있는 경험'이니까요. 이 책 속에는 그런 곳으로 가는 향기로운 이정표를 책갈피 곳곳마다 세워놓았습니다. 그곳에서 꼭 맛보아야 할 별미와 편안한 쉼터 등 오감五感이 즐거워질 정보도 모았습니다. 하여, 그 여행길 위에서는, 온 가족의 웃음꽃 만개한 아름다운 추억이 풍성히 그려질 것을 약속드립니다.

자아, 이번 주말부터 자녀들과 함께 떠나봅시다. 더 미루면 아이들이 기다려주질 않습니다. 날마다 쑥쑥 자라나는 우리 아이들은 사춘기만 되어도 잘 따라나서질 않는다는군요. 이 책에서 열어놓은 여행길들은 분명 '가족사랑을 느끼게 해줄 행복한 여정'이 될 터입니다.

아름다운 여행길을 사랑하는 행복한 늑대 백남천

차 례

프롤로그 4

전남 청산도 당리 황톳길 | 도락포구 | 범바위 구들장논 | 지리

'서편제'와 '봄의 왈츠'를 펼치는
푸른 섬 청산도 12

경남 통영 남망산 조각공원 | 청마문학관 | 미륵도 | 한산도 | 전혁림미술관 | 소매물도

예술의 감동이 쪽빛으로 일렁이는
'동양의 나폴리'와 '동화 속의 섬' 22

1 부모와 자녀, 함께 바다를 꿈꾸다

제주도 1 성산 일출봉 | 우도 | 섭지코지 | 포토갤러리 두모악 | 오름 | 만장굴 | 미로공원

세계자연문화유산이 환상적인 제주,
혼저옵서예! 36

제주도 2 용왕난드르 | 갯깍주상절리대 | 감귤체험 | 신영영화박물관 |
남원 큰엉 | 이중섭거리 | 오설록 | 용머리해안 | 하멜 기념비

탱글탱글한 감귤 즐기며
제주 비경에 흠뻑 취해봅서예 48

부산 태종대 | PIFF 광장 | 해운대 | 불꽃축제 | 용궁사 | 대변항 멸치잡이

어디론가 떠나고 싶은 마음,
영화와 불꽃의 바다로 항해하다 60

경남 거제·고성 외도 | 해금강 | 공룡박물관 | 상족암

남해의 파라다이스 꽃섬 외도와
한반도의 공룡 발자국을 찾아 70

전남 여수 거문도 | 상백도 | 하백도

쪽빛 남쪽바다에 그리움으로 떠 있는
마법의 성, 거문도 78

2 부모와 자녀, 함께 생명을 느끼다

전남 구례·광양 사성암 | 매화마을 | 화개장터 | 산수유마을 | 지리산 화엄사

꽃비 내리는 섬진강 따라
봄마중 나가다 **90**

경남 창녕 우포늪 | 관룡사 | 용선대 마애불 | 화왕산 | 창녕박물관

생명의 경이로움이 그리운 날은
우포늪으로 가보라 **98**

전북 고창 선운사 | 도솔암 | 고창읍성 | 청보리밭축제

선운사 동백꽃·꽃무릇에 붉어진 마음,
청보리와 메밀꽃 사잇길로 들다 **108**

금강산 구룡폭포 | 만물상 | 해금강 | 삼일포

꿈에도 그리던,
그리운 금강산에 마침내 안기다 **118**

전북 임실 옥정호 | '섬진강 시인' 문학기행 | 장구목 | 임실 치즈마을

몽환의 구름바다 옥정호수와
행복한 임실 치즈마을 체험 **128**

전북 김제 금산사 | 귀신사 | 아리랑문학관 | 벽골제 | 지평선축제

하늘과 땅이 맞닿은
황금빛 지평선에서 누리는 풍요 **138**

전남 순천 순천만 | 낙안읍성 | 《태백산맥》 문학기행 | 송광사 | 선암사

남도의 서정을 노래하는 순천만과
아름다운 절집들 **148**

3

부모와 자녀, 함께
옛것에 취하다

경북 문경 새재 | 석탄박물관 | 레일바이크 | 선유동과 용추폭포
굽이굽이 아름다운 선비의 옛길
문경새재 **160**

전북 진안 마이산 | 수마이봉, 암마이봉 | 탑사 | 은수사
'한국의 불가사의' 마이산
천년 신비로 소망을 얹어놓다 **168**

경기도 수원 화성 | 화성 행궁 | 정조대왕 능행차
세계인류문화유산으로 빛나는
수원 화성에서의 시간여행 **176**

충남 공주 · 부여 공산성 | 백제역사재현단지 | 백제 왕릉원 |
정림사지 | 궁남지 | 부소산성과 백마강
'잃어버린 왕국' 백제의
향기를 찾아서 **186**

충남 예산 · 아산 추사 고택 | 수덕사와 이응로 | 암각 추상화 | 외암리 민속마을
천년을 빛낸 글씨와 정취에 취하고,
외암리 민속마을을 찾아들다 **198**

경북 경주 불국사 | 석굴암 | 안압지 | 경주 남산 | 감은사지
거대한 노천박물관의 불국토는
자랑스런 세계인류문화유산 **208**

경북 봉화 청량산 | 청량사 | 오산당 | 닭실마을
운무로 산문 그린 청량사와
온고지신 **216**

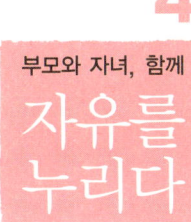

4 부모와 자녀, 함께 자유를 누리다

강원도 인제 내린천 래프팅 | 방태산자연휴양림 | 만해마을과 백담사
내린천 격류에 온 몸 적시고,
자연휴양림에서 만해를 그리다 **226**

강원도 평창 봉평 효석문화제 | 영화 〈웰컴투 동막골〉 촬영지 | 대관령삼양목장 | 대관령양떼목장
'메밀꽃 필 무렵'에 찾아가는
한국의 알프스 대관령양떼목장 **234**

강원도 정선 아우라지 레일바이크 | 정선 소금강 | 정암사 | 민둥산 억새밭
레일바이크로 강원도 오지를 누비고,
은빛 억새천국에 오르다 **244**

강원도 속초 아바이마을 | 영금정 | 설악산 권금성과 비선대 | 낙산사 의상대
7번 국도 따라 펼쳐지는 겨울 설악과
동해바다 **252**

강원도 화천·인제 화천 산천어축제 | 인제 빙어축제
은빛 얼음나라 화천, 인제에서
낚는 한겨울의 낭만 **262**

충북 진천 종박물관 | 농다리 | 보탑사 | 이원아트빌리지
험한 세상에서 천년 돌다리가 되어
종을 울리다 **268**

인천 강화도 강화도역사관 | 광성보 | 장화리 갯벌 | 석모도 | 삼량염전 | 민머루해수욕장 | 보문사 | 전등사
살아있는 역사와 자연을 그 섬,
강화도에서 다시 읽다 **278**

시티투어 287 서울 | 수원 | 대전 | 대구 | 울산 | 부산 | 순천 | 목포
에필로그 296
찾아보기 298

'저 푸른 바다 건너에는 세계자연유산도 펼쳐져 있다.
그 섬으로 건너가 꿈을 찾는 우리 아이들은
얼마나 행복할런가.'

부모와 자녀, 함께
바다를 꿈꾸다

1

●전남 청산도 당리 황톳길 | 도락포구 | 범바위 구들장논 | 지리 ●경남 통영 남망산 조각공원 | 청마문학관 | 미륵도 | 한산도 | 전혁림미술관 | 소매물도 ●제주도 1 성산 일출봉 | 우도 | 섭지코지 | 포토갤러리 두모악 | 오름 | 만장굴 | 미로공원 ●제주도 2 용왕난드르 | 갯깍주상절리대 | 감귤체험 | 신영영화박물관 | 남원 큰엉 | 이중섭거리 | 오설록 | 용머리해안 | 하멜 기념비 ●부산 태종대 | PIFF 광장 | 해운대 | 불꽃축제 | 용궁사 | 대변항 멸치잡이 ●경남 거제·고성 외도 | 해금강 | 공룡박물관 | 상족암 ●전남 여수 거문도 | 상백도 | 하백도

전남 청산도

당리 황톳길 | 도락포구 | 범바위 구들장논 | 지리

'서편제'와 '봄의 왈츠'를 펼치는 푸른 섬 청산도

영화 〈서편제〉의 명장면에 감동한 후 "그 섬에 가고 싶다" 마음먹어 오길 어언 13년……. 더 남쪽 먼 바다의 보길도는 고산 윤선도 문학기행을 겸해 십여 차례 찾았으면서도, 영상의 감동으로만 나의 여행수첩에 고이고이 간직해온 섬이 있었으니 그 섬이 바로 청산도다.

완도항에서 동남쪽으로 50여 리 뱃길 따라 다도해의 섬, 섬, 섬 사이로 차고 넘칠 듯 일렁이는 옥빛 바다. 그 물살을 하얗게 가르길 40여 분…… 수평선 너머로 그리운 얼굴을 드러내는 청산항. 긴 방파제 양쪽 끝에 마중 나온 듯 서 있는 새빨간 등대와 새하얀 등대가 여행자의 눈길을 끈다. 섬 이름 그대로 '산도 푸르고 물도 푸른' 청산도青山島다. 예로부터 수많은 시인묵객들에게 산과 물이 청량하게 아름답다는 의미로 '청산青山·여수麗水', 신선이 산다 하여 '선산도仙山島'라 불려왔던 섬은 다도해해상국립공원의 백미다.

돌담 황톳길 따라 일렁이는 청보리와 유채꽃

청산도만의 서경을 고스란히 간직하고 있는 당리, 읍리, 신흥, 국화, 지리 등의 풍광들을 돌아드는 여정은 대략 17킬로미터 정도다.

"해안선 일주도로를 쭈욱 따라가면 때 묻지 않은 청산도의 토속적인 풍광은 웬만큼 접해 볼 수 있지라이."

도청항에서 1킬로미터 떨어진 당리진터는 섬 서남쪽 산등성이에 자리하고 있다. 당할머니를 모신 사당 당재에 오르면, 절로 찬탄을 자아내게 하는 정경이 발 아래로 펼쳐진다. 청산항이 한눈에 들어오고, 멀리 보길도와 소안도 등 크고 작은 섬들이 쪽빛바다에 조붓조붓 떠 있다.

바로 아랫녘으론 정겨운 돌담이 선 곱게 에돌아 나가는 황톳길. 담쟁이가 한창 오르고 있는 야트막한 돌담 너머론 풋풋하게 이삭 패인 청보리와 샛노란 유채화가 상큼한 색 대비를 이루고 있다. 지극히 토속적인 이 돌담길은 한국영화사상 최초로 100만 명이 넘는 관객을 감동시킨 임권택 감독의 〈서편제〉 촬영지다. 유봉 일가 세 사람 유봉(김명곤 분)과 송화(오정해 분), 동호(김규철 분)가 보리밭 층

▲청리선착장

차를 가지고 들어가면 청리선착장에서 시작되는 해안도로를 따라 당리, 읍리, 신흥, 국화, 지리 등의 토속적 섬의 풍광들을 쉽게 접할 수 있다.

▲ 청산도 황톳길

층이 펼쳐진 돌담길에서 〈진도아리랑〉을 신명 다해 불러 제기던 곳. 5분 20초 롱테이크long-take 기법에 따라 단 한 컷으로 비춰진, 우리 영화사상 가장 아름다운 장면이라는 찬사를 받았던 그 명소다. 〈진도아리랑〉을 흥얼거리며 어깨춤을 덩실덩실 추던 유봉 일가를 흉내내보며, 돌담길로 걸어든다.

"사람이 살면 몇 백 년 사나 / 개똥 같은 세상이나마 둥글둥글 사세 /…… / 구부야 구부구부가 눈물이 난다아~ / 아리 아리랑 쓰리 쓰리랑 아라리가 났네~ 헤헤 아리랑 음 음 음 아라리가 났네~."

"아, 그 소리 신명 한번 듣기 조오타~."

"한을 넘어서게 되면 동편제도 없고 서편제도 없고, 득음의 경지만 있을 뿐이다."

봄햇살 따뜻이 내려앉는 영화 속 초가집 툇마루에 앉아 있자니, 소리꾼 유봉의 일갈도 떠오른다.

돌담길의 언덕배기에는 그림처럼 예쁜 유럽식 이층집 한 채가 올라 있다. 이곳은 윤석호 PD의 계절 4부작인 〈가을동화〉〈겨울연가〉〈여름향기〉의 완결편으로 찍은 〈봄의 왈츠〉의 주요 촬영지. 동화 속 풍경 같은 청산도의 서경을 배경으로 순수한 사랑을 테마로 그렸던 영상의 아름다움이 그대로 되살아난다. 집 안에 들어앉은 하얀 그랜드피아노 건반 위에선 뉴에이지 피아니스트 이루마의 클래식 OST 선율이 '봄의 왈츠'를 추는 듯하다.

섬 자락 아랫녘 도락포구 해안에 한 줄로 서 있는 해송들, 계단논밭 사이로 굽이굽이 휘돌아 내려가는 비탈길……, 느긋하게 따라가다 보면 청산도가 내 안에 떠 있는 듯한 환몽幻夢에 빠지는 여행자들. 잔물결자락만 찰랑이는 호젓한 바닷가에서 물수제비를 떠

▲〈서편제〉촬영지
청산항이 한눈에 들어오는 당리 언덕길에는 영화〈서편제〉기념비가 세워져 있다. 마을 안에는 영화 속 초가집도 보존되어 있어 여정의 감흥을 더해 준다.

보다가, 섬처럼 외로웠던 소년 수호처럼〈클레멘타인〉을 흥얼거려본다. "넓~고 넓~은 바닷가에 오막살이 집 한 채~/ 고기 잡는 아버지와 철모르는 딸 있네~" 금세라도 소년을 따뜻한 봄바다처럼 감싸준 어린 소녀 은영이가 노오란 유채꽃 만발한 비탈길을 나풀나풀 내려올 것만 같다.

다시 고갯길을 따라 남쪽으로 계속 가면 이르게 되는 화랑포 해안. 파도 치는 장면이 바람결에 너울대는 꽃처럼 아름답다고 하여 '꽃 화花'자와 '물결 랑浪'자를 쓴 청산도의 숨은 비경이다. 눈앞의 대모도와 불근도 그리고 저 멀리 소안도의 풍경도 한 폭의 그림을 더해 주고 있다.

▲〈서편제〉기념비

청산도는 '살아 있는 야외민속박물관'

당리마을에서 다시 큰길을 따라 동쪽으로 내달리자마자 이른 읍리마을. 길가에는 청산도의 오랜 내력을 이야기해 주는 청동기시대의 고인돌들이 이중으로 덮개돌을 올려놓고 있다. 그 한쪽 편에는 여래좌상이 선으로 음각 되어 있는 하마비下馬碑가 여행자들을 애마에서 내려서게 한다. 조선중기 이후, 토착신앙과 불교가 융화되어 이루어진 조형문화재다.

이 마을 아랫녘 들목의 청룡공원에 서 있는 커다란 느티나무와 팽나무가 그려내는 신록의 때깔은 지극히 평화롭다. 수백 년 동안 수호신으로서 이 섬마을을 지켜온 서낭당나무다. 나무 그늘 아래에는 마을로 드는 사람들이 주워 올려놓은 소망의 돌들이 보기 좋은 탑들을 이루고 있다. 초록빛 그늘 아래에 앉아, 담소하는 여행자들의 모습은 〈봄의 왈츠〉 속 어릴 적 수호와 인영의 추억으로 되살아난다.

다시 일주도로를 따라 10여 분 거리 청계리에서 우회전해 들면, 청산도 일주 여정에서 빼놓아선 안 될 보적산 트래킹이 기다리고 있다. "청산에 가면 범바구(범바위)를 향해 가라"는 말이 적용되는 가장 전망 좋은 곳이다. 4륜구동차라면 정상 아래까지 오를 수도 있다. 8부 능선 가파른 곳에 범 한 마리가 올라앉은 듯한 형상의 바위가 범바위다. 이 바위에 오르면 청산도 주변 다도해의 아름다운 풍광이 온전히 조망된다. 바로 옆 소모도와 대모도, 서쪽으론 소안도와 노화도, 북쪽으론 신지도 등까지도 한눈에 들어온다.

다시 길은 상동리를 지난다. 고개 하나를 딸깍 넘어서니, 신흥리 마을이 내려다보이는 곳. 산비탈까지 층층이 일궈놓은 계단식 논은

▲청산도 고인돌과 하마비
이 고인돌들은 청동기시대에도 이 섬에 사람들이 살았음을 이야기해 준다.

구들을 깔듯이 축대를 층층 쌓은 후, 그 안쪽에 논흙을 부어 만든 '구들장논'이다. "청산도 처녀는 시집갈 때까지 쌀 서 말 먹기도 힘들다"고 할 정도로 돌이 많아 농사짓기가 수월치 않았던 속내가 드러난다. 척박한 섬의 환경이 낳은 독특한 농경유산이다. 아직까지 경운기보다는 소로 써레질을 하고, 완전히 기역자로 구부러진 꼬부랑 할머니들이 들일하는 모습을 쉽게 볼 수 있다.

"이래 허리가 꾸부러진 삭신이라, 뼈골 마디마디가 쑤셔……. 그란디 땅을 놀리면 죄 받을 거 같아, 어쩌까이……. 그랴 올뽐에도 논배미에서 이렇게 어기적거리지라이……."

"친척 버선까지 팔아 자식들 가르친다"는 말이 전해올 정도로, 교육열이 뜨거웠던 청산도 사람들. 구들장논 풍광에서는 지혜를

▼ 구들장논

구들을 깔듯이 축대를 층층 쌓아, 논흙을 부어 만든 계단식 논은 척박한 섬의 환경을 극복해 낸 청산도 사람들의 삶의 지혜가 담긴 풍광이다. 봄날, 이 논밭 사잇길로 트래킹하는 이는 여유와 자유, 일탈을 구가하는 진정한 여행자!

다한 청산도 사람들의 삶의 모습을 배울 수 있다. 과연 "청산도에 가서는 글 자랑 말라"는 말이 나올 성도 싶다.

섬 북동쪽 끄트머리에 자리한 진산갯돌해변은 동글동글한 갯돌이 깔려 있는 호젓한 자갈밭 해수욕장이다. 햇볕에 따끈따끈하게 달구어진 자갈밭 위를 맨발로 걸으면 천연 발지압이 따로 없다. 아름드리 솔숲 그늘에 앉아 있노라면, 들고 나는 파도자락과 어우러진 몽돌들의 오케스트라 연주! '짜그라락 쏴아~, 쏴아아 짜그르르' 이곳에서만 들을 수 있는 자연이 들려주는 소리다.

섬사람들의 효와 예를 상징하는 초분

다시 국화마을과 지리를 거쳐 도청리에 이르는 해안도로는 오른편에 줄곧 쪽빛바다와 다도해의 여러 섬들 풍광을 펼쳐 보인다. 이 아름다운 풍광들이 수놓아진 해 바른 산비탈과 밭에는 드문드문 짚으로 이엉을 씌운 초분 草墳들이 간직되어 있다.

"대부분의 남정네들이 괴기잡이 나가는 섬마을에서 갑자기 상을 당해 버리면 어쩌지라이? 상주가 돌아와 부모 주검을 볼 기회는 줘야지라이. 보통 초분하고 나서이, 두서너 해 뒤에 이장을 했지라. 사정이 어렵꼬롬 된 집들은 십 년, 이십 년 넘기기도 했지라이."

카메라 앵글 안으로 노오란 유채꽃 섶에 안식된 초분 하나가 클로즈업된다. 그 순간, 황동규 시인의 〈풍장〉 연작시 한 편이 초분 속의 영혼처럼 피어오른다.

깨어 있다는 것은 과연 무엇일까?

피곤한 날 네 다리와 몸통을
지구 중심으로 잡아 다니는 손
슬며시 잡고 놓아주지 않는 것.
(아 빠듯하다.)
후 불면 입김이 뜨는 것.
빗방울들이 몸을 비벼 무지개로 피는 것.

한참 딴 데 보다 다시 보아도
사그라지지 않는 바람꽃.

구들장논과 초분 그리고 당산은 청산도 사람들이 간직해 온 독

▼ 청산도 초분
초장, 풍장, 건풀 등으로 불리기도 한다. 부모의 시신은 초분으로 모시는 게 자식 된 도리라고 믿어온 섬사람들의 효와 예가 어린 풍습이다.

▶ 청산항

새빨간 등대와 새하얀 등대가 청산항 긴 방파제 양쪽 끝에 서서 배들과 여행객들을 맞아들이고 배웅하고 있다.

특한 삶의 문화이며 전형이다. 청산도 트래킹 중 만난 이름 모를 어느 인류학자는 이런 풍습을 잘 간직하고 있는 청산도를 가리켜 '살아 있는 야외민속박물관'이라고 말했다.

다시 일상이 기다리고 있을 뭍으로 돌아가는 철부선. 섬을 찾았을 때처럼 청산항 방파제 끄트머리까지 배웅 나와 서 있는 새빨간 등대와 새하얀 등대……. 청산도가 점점이 시야에서 멀어진다. 보면 볼수록, 걸으면 걸을수록 정겨웠던 그 돌담길을 따라 만났던 섬사람들……. 그녀들의 순박한 미소와 원시적 정취가 오롯이 떠오른다. 수평선 너머로 아스라이 멀어지지만, 아쉬움과 그리움으로 푸르게 채색되어지는 섬 청산도! 가도 가도 또 가보고 싶은 청산도는 여행수첩에 영원히 숨겨놓고 싶은 낙원. 잿빛 콘크리트 문화 속에서 지쳐 있을 때, 몰래몰래 꺼내 보고 싶은 쪽빛 진경산수화! 부모와 자녀의 가슴속에서 잊혀지지 않을 멋진 그림이 되어줄 것이다.

친절하고 똑똑한 여정 길라잡이

가는 길
이후 모두 서울 기점

- 서해안고속도로 목포나들목 ➡ 강진 ➡ 남창 ➡ 완도항 ➡ 청산도(차를 가져갈 수 있음. 왕복 4만2천 원, 청산도 내의 사륜구동택시061-552-8519로 섬일주 관광 드라이브 5만 원, 섬일주버스 운행)

  배편 완도항(완도연안여객선터미널061-552-0116) : 청산도행-08 : 20, 11 : 20, 14 : 30, 17 : 10
  청산도(청산농협061-552-9388) : 완도행-07 : 00, 09 : 50, 13 : 00, 15 : 50
  ※계절과 일기 변화에 따라 운행시간이 수시로 변하므로, 사전에 출항시간을 확인해야 함.

여행정보 안내

- 완도군청 문화관광과061-550-5255 tour.wando.go.kr
  완도항061-552-0116, 청산농협061-552-9388, 바다낚시 알선 청해낚시011-9667-8839

주변명소 추천

- 완도 장보고 청해진 유적지, 정도리 구계등 몽돌해안, 어촌민속전시관, 완도난대수목원

행복한 쉼터

- 도청항 등대모텔061-552-8558 · 등대민박061-554-3347 · 칠성모텔061-552-8507(객실에서 항구의 등대를 바라볼 수 있다) 지리해수욕장 한바다민박061-552-5035, 지리민박061-552-8801
  권덕리 앞개민박061-552-8703(자갈밭 해수욕과 갯바위낚시를 즐길 수 있다), 유자향민박010-2880-2782

맛있는 여행

- 청산도 바다식당061-552-1502, 청산도식당061-552-8600, 자연식당061-552-8863(전복요리 · 생선찌개백반), 전복나라061-552-8547(전복회를 적은 부담으로 즐길 수 있다)
  완도 대도한정식집061-554-3537(청산도 · 완도여행길에서 꼭 맛봐야 할 전복 별미집. 7가지의 정선된 전복요리를 맛볼 수 있다)
  ※생명력이 왕성한 전복은 미역이나 다시마 등 천연 먹이만을 먹고 자라기 때문에 아주 훌륭한 강장식품!

대도한정식의 전복 한정식

공부도 쑥쑥 키우는 여행길

초등학교

《음악》4학년 32~33쪽 : 동요 〈섬집 아기〉
《음악》6학년 10~11쪽 : 비발디 작곡 〈사계〉 중에서 '봄'의 정경 그리며 감상
《미술》5학년 28~29쪽 : 자연과 조형물(백사장에 그려보는 파도와 갈매기)
《사회》5학년1학기 7쪽 : 해안지역 사람들의 삶(고기잡이, 양식)
《사회과 탐구》5학년1학기 10쪽 : 남해안 지형의 특징

72쪽 : 어촌의 생활 모습, 131~134쪽 : 우리나라의 다도해 해상국립공원과 해양 관광 개발

중학교

《과학》(지학사) 1학년 70쪽 : 해수욕장은 어떤 곳에 만들어질까, 226~239쪽 : 해수의 성분과 운동, 254쪽 : 파도가 급어지는 이유
《국사》81쪽 : 해상 왕국의 꿈을 키운 장보고

경남 통영

남망산 조각공원 | 청마문학관 | 미륵도 | 한산도 | 전혁림미술관 | 소매물도

예술의 감동이 쪽빛으로 일렁이는 '동양의 나폴리'와 '동화 속의 섬'

서울기점 논스톱으로 다섯 시간 만에 마침내 눈앞에 펼쳐지기 시작하는 쪽빛 통영 앞바다! 이곳은 남해안 물길 300리 한려수도로 들어서는 길목, 우리나라 남해안 최대의 절경이 펼쳐지기 시작하는 곳. 통영항은 '동양의 나폴리', '한국의 나폴리'로 불릴 정도로 빼어나게 아름다운 항구다. 이처럼 낭만적인 미항美港

으로 축복 받은 곳에서 살아온 통영 사람들이 통영을 자랑할 때마다 입에 올리는 말이 있다.

"강구 안 파래야, 대구, 복장어 쌈아, 날씨 맑고 물 좋은 너를 두고 정승길이 웬 말이냐?"

조선 후기 삼도 수군 통제영의 우두머리로 와 있던 어떤 이가, 정승으로 벼슬이 올라 한양으로 떠나게 됨을 못내 섭섭히 여겨 한탄했다는 이 말의 생명력은 지금껏 유효하다.

나폴리보다 더 아름다운 미항 통영

통영항 동쪽 끄트머리에 자리한 남망산 조각공원에 오르면 통영항 전경을 가장 잘 조망할 수 있다. 언덕바지를 따라 자리한 라파엘 소토, 대니 카라반, 이우환 등 국내외 조각가의 작품들은 여행자의 감성을 더욱 풍요롭게 해준다. 특히 이토 다카마치의 작품 '4개의 움직이는 풍경'에는 통영항과 잔잔한 서호만, 그리고 고깃배, 갈매기 등의 풍경들이 파노라마로 교차되어 비춰진다.

조각공원 산책로에선 청마 유치환의 시비에 새겨진 〈깃발〉도 읊어볼 수 있다. 흙에 떨어져서도 선연한 그리움을 이야기하는 듯한 붉디붉은 동백꽃 몇 송이를 시비에 올려놔본다. 옛 시인에 대한 마음의 헌정이다.

남망산 꼭대기 팔각전망대 수향정에서 내려다보이는 통영항. 닻을 내린 배들을 품에 안고 있는 항구 가까이에, 아니면 조금 먼 거리에 크고 작은 점으로 떠 있는 한산도와 연화도, 사량도 등 150여 개의 섬. 그 사이사이로 고기잡이배들이 오가고, 하얀 탁구공을 줄지어 띄워놓은 듯한 굴양식장들이 내려다보인다. 누가 이토록 잘 그려진 물빛 수채화를 '동양의 나폴리'라고만 한정하여 예찬했는

▲청마 유치환 시비

이것은 소리 없는 아우성
저 푸른 해원海原을 향하여 흔드는
영원한 노스탤지어의 손수건
(······)
아아 누구던가
이렇게 슬프고도 애닯은 마음을
맨 처음 공중에 달 줄을 안 그는
　　　─유치환의 〈깃발〉 중에서

▲남망산 조각공원

언덕바지를 따라 라파엘 소토, 대니 카라반, 이우환, 박종배 등 국내외 조각가의 작품들이 자리하고 있다. 사진은 라파엘 소토의 〈통과 가능한 입방체〉.

가? 통영항은 분명코 이탈리아의 나폴리보다 더 아름다운 미항이다. 남망산 정상에선 큰 칼을 옆에 찬 충무공의 동상도 임진란의 대승첩지였던 한산도 앞바다를 내려다보고 서 있다.

통영은 기라성 같은 예술가들의 모항母港

남망산 조각공원에서 그리 멀지 않은 세병관 아래부터 통영우체국까지는 '청마거리'다. 조선시대부터 근대까지의 건축물이 공존하며 수백 년의 시공時空을 넘나드는 이 거리는, 청마 유치환(1908~1967) 시인이 사랑의 그리움을 절절히 써 보낸 '연서戀書의 거리'다. 청마의 플라토닉한 사랑에 대한 기억의 절정은 통영우체국 앞에서 절절하게 묻어난다. 청마의 시 〈행복〉에 등장하는 곳이다. 붉은 우체통 옆에 자리한 청마시비 앞에서 '행복'에 젖어본다.

사랑하는 것은 / 사랑을 받느니보다 행복하나니라

오늘도 나는 / 에메랄드빛 하늘이 환히 내다뵈는

우체국 창문 앞에 와서 너에게 편지를 쓴다 //

행길을 향한 문으로 숱한 사람들이

제각기 한 가지씩 생각에 족한 얼굴로 와선

총총히 우표를 사고 전보지를 받고 / 먼 고향으로 도는 그

리운 사람께로 / 슬프고 즐겁고 다정한 사연들을 보내나니 //

(……)

그리운 이여 그러면 안녕!

설령 이것이 이 세상 마지막 인사가 될지라도

사랑하였으므로 나는 진정 행복하였네라.

이곳에서 조금 떨어진 정량동 산자락에는 청마문학관(055-650-4591)이 자리하고 있다. 해묵어 누렇게 바래진 종이에서 시인 김춘수, 조지훈, 허만하 등의 기억들도 더듬어 볼 수 있다. 서로의 시에 대해 격정적인 사랑의 속내를 벼린 흔적들은 이 문학기행을 더 풍요롭게 해준다. 미륵도를 배경으로 한 커다란 흑백사진 한 장에는 시간의 저편에서 전혁림, 김춘수, 윤이상, 박재성 등과 함께 청마가 어울려 있다. 어느 시인은 통영이 낳은 이 문화예술인들을 "통영 앞바다의 물거품에서 태어난 아프로디테와 같다"고 비유했다.

미항 통영에는 청마뿐만 아니라, 더 많은 예혼藝魂들이 출렁거리고 있다. 시조시인 초정 김상옥의 생가가 있는 '초정거리'(구 오행당골목)를 걷는 예술기행길에서도 여행자들은 오감이 행복해진다. 중앙도로 길바닥에 각인된 전혁림, 김형근, 이한우, 김용주 화백들의 작품사진들은 발걸음을 황홀하게 해준다. 극작가 유치진, 〈꽃〉의 시인 김춘수, 대하소설《토지》의 박경리 등을 기리는 문학기념비도 이 거리의 품격을 한껏 높여주고 있다. 이들 예술가들은 모두가 '통영이 낳은 대한민국의 예술가'들이다. 이들뿐만이 아니라, 통영여고 교사를 지낸 세계적인 음악가 윤이상도 이곳 통영 사람이다. 윤이상 생가가 있는 해방다리에서 해저터널 앞까지가 '윤이상 거리'다. 통영은 근대문학예술의 발상지였던 것이다.

'통영 멸치' 맛을 찾아 들어선 선창가 횟집촌에선 통영 토박이들이 추억의 교가를 부르고 있다.

"통영 사람들이 부르는 저 교가들의 대부분은 '유치환 작시·윤이상 작곡'이라예."

'금단의 민족음악가'라는 억울한 족쇄에서 몇 해 전에 풀려난 윤이상(1917~1995). 그는 지금 '통영국제음악제'에서 다시금 통영

▲시집 〈사랑하였으므로 행복하였네라〉

이 연서의 수신인은 청마가 근무하는 통영여중으로 부임해 온 시조시인 정운 이영도다. 첫눈에 그녀에게 반하지만, 정운은 눈길 한 번 주지 않았다고 한다. 그럴수록 억제할 수 없었을 청마의 연정……. 그는 억제하기 힘든 그리움을 달래기 위해 이곳 통영 우체국 창가에서 사모의 정을 담은 편지를 쓰고 또 쓴 것이다. 세상을 떠나기까지 그 그리움의 세월은 20여 년, 그 사이 청마가 띄워 보낸 연서는 무려 5,000여 통. 후에 그 애틋한 사랑 이야기는 《사랑하였으므로 행복하였네라》라는 책으로 엮어져 베스트셀러가 되었다.

표지 사진제공: 청마문학관

▶ 통영국제음악제와 윤이상

"고향 통영의 파도와 바람 소리는 모두 음악으로 들렸다"고 되뇌었다던 작곡가 윤이상. 몇 해 전부터 통영사람들은 '동베를린사건'의 희생자로 살아생전 고향에 돌아오지 못했던 민족음악가 윤이상을 '통영국제음악제'를 통해 다시 부활시켰다. 축제기간 내내 세계적인 연주자들의 아름다운 선율이 통영의 쪽빛바다에 금빛 은빛으로 일렁인다.
www.timf.org
사진제공 : 통영국제음악제 재단

사람들의, 아니 음악을 사랑하는 모든 이들의 가슴에 너르게 자리하고 있다.

한려수도를 조망하기 좋은 미륵도와 '문학등대'

통영에서 좁은 운하를 건너가야 하는 미륵도는 푸른 속살의 섬이다. 대부분 차를 이용하여 바다 위로 걸쳐진 충무교와 통영대교로 넘나들고 있지만, 이곳을 그저 차만 타고 주행하는 이는 진정한 여행자가 못 될 터. 통영대교 아래 해안도로변에는 통영의 명물 해저터널 나들목이 있다. 조명이 아름다운 밤에 찾아들어 걸으면 더 이채로운 곳이다. 통영과 마주한 미륵도와 연결되어 있는 이 터널은 길이 461미터, 너비 4미터, 높이 3.5미터로, 동양 최초의 해저터널이다. 걸어서 10여 분이면 통과할 수 있다. 그렇지만 해저에 있다는 사실과 1930년 전후 일제강점기에 만들어졌다는 사연 때문에 여행자들에겐 이채로운 여정이 되어준다.

통영대교로 연결된 미륵도로 건너자마자 이어지는 산양 해안일주도로는 미륵도의 관능적인 허리를 휘감아 도는 최고의 드라이브 코스. 풍광 좋은 바닷가의 굴곡과 언덕으로 이어지는 23킬로미터의 이 해안길을 달리다 보면, 통영 사람들이 '꿈길 60리'라고 부르는 까닭을 저절로 알게 된다.

"완벽한 꿈길을 즐기기 위해서는, 섬을 반드시 시계 반대 방향으로 돌아야 합니더, 아시겠지예."

무뚝뚝한 억양이지만, 정이 담뿍 어린 경상도 사나이의 도움말이다. 왕복 2차선의 바깥 차선을 타야 바다를 바로 옆에 끼고 달리며, 온전히 차창 밖 다도해의 풍경을 조망할 수 있기 때문이란다.

섬 남녘 끄트머리쯤에서 만나게 되는 달아공원. 이곳은 한려해상국립공원을 조망하기 아주 좋은 곳. '달애'라고도 부르는 공원을 5분 정도 걸어 오르면 관해정觀海亭이다. 정자를 비껴 바다 쪽으로 조금 더 나가면 땅 끝에 우뚝 선 느낌이 든다. 일순간 숨을 멎게 하는 풍광이 한눈에 든다. 저도, 송도, 학림도, 오곡도, 추도 등 수십여 개의 올망졸망 크고 작은 섬, 섬, 섬……. 섬과 섬이 겹겹이 겹쳐지며 그려내고 있는 풍광은 통영 앞바다가 왜 '다도해多島海'인지를 알게 해준다. 이곳에서의 해맞이와 해넘이는 장엄하기로 유명하다. 산양 해안일주도로변, 바다가 내려다보이는 언덕 위에 자리한 통영수산과학관은 우리가 몰랐던 바다의 생태계를 잘 알게 해준다.

요트체험과 같은 해양스포츠 천국인 이국적인 마리나 요트선착장. 앞바다로 뻗어나간 방파제 끝에는 아주 이채로운 등대가 서 있다. 높이 22미터, 12개의 외측 기둥과 6개의 내측 각이 수직으로 하늘 높이 솟구친 이 등대의 명칭은 '도남항 동방파제 조형등대'다. 빨간 등대, 샛노랑 등대와 함께 마천루처럼 솟구쳐 서 있다. 날

▼ 거북등대

이 어두워지면 환한 불빛을 받아 더 이채롭게 보인다. 등대 아래에는 유치환의 〈깃발〉, 김춘수의 〈꽃〉, 김상옥의 〈봉선화〉 같은 통영이 낳은 명시들이 새겨져 있다. 이런 조형 이미지를 보고 어느 방송작가는 이 등대를 '하늘 종이에 시를 쓰는 등대'라는 아주 낭만적인 별명을 붙여주었다. 마치 연필처럼 생겼다고 하여 이곳 통영 사람들은 일명 '연필등대'라고 부른다.

▲문학등대(일명 연필등대)

'칼의 노래'를 부르고 있는 '불멸의 이순신'이여!

미륵도의 유람선터미널에는 '불멸의 이순신'(김탁환의 소설 제목)이 '칼의 노래'(김훈의 소설 제목)를 부르고 있는 한산도로 건너가는 배가 기다리고 있다. 우리 겨레가 영원히 잊을 수 없는 성웅 이순신! 통영 앞바다에 떠 있는 한산도로 건너는 뱃길은 자못 의연해진다. 물론 통영시내에 자리한 이순신 영정이 모셔진 충렬사와 세병관을 먼저 찾는 일은 우리 역사에 대한 예의일 터다.

임진왜란 때 최초로 삼도 수군 통제영이 자리잡았던 한산도. 소수의 전선을 보내 견내량에 숨어 있던 왜적의 주력을 이곳 한산도 앞바다까지 유인한 이순신의 함대. 돌연 적 앞에서 180도로 선회하면서 항로를 바꾸어 양쪽으로 날개를 펼친 학익진으로 수많은 적선을 포위해서 섬멸했던 한산대첩의 바다가 바로 이곳이다. 세계 4대 해전사에서 으뜸으로 꼽는 한산대첩의 전과는 7년 전쟁의 국면을 바꾸어놓았다. 남해안의 제해권을 빼앗긴 적들은 보급로와 퇴로가 막히고 만 것이다. 적의 서해 우회를 좌절시켜 조선은 전라, 충청, 황해를 지켜낼 수 있었고, 반격의 교두보를 확보하게 되었던 것이다.

통영항을 드나드는 배들의 길라잡이인 거북등대가 내려다보이

◀ 한산도의 제승당
한산도는 임란 때 삼도 수군 통제영이 자리잡았던 섬으로, 그 앞바다는 '한산대첩'을 이룬 역사의 현장이다.

는 제승당에 오르면 "한산섬 달 밝은 밤에 수루에 홀로 앉아……"로 이어지는 충무공의 우국충정이 담긴 시조가 절로 읊조려진다.

'코발트빛의 노화가' 전혁림을 홀린 쪽빛 통영 앞바다

"(……) 산호초로 둘러싸인 해변 분위기가 베네치아의 화가들로 하여금 더 신중하고 민감하게 색채를 사용하게 했을지도 모른다."

E. H. 곰브리치가 이렇게 말했던가 싶다.

'한국의 나폴리' 통영에도 이탈리아의 베네치아 화가들 못지않게 축복 받은 화가가 있다. '코발트빛의 화가'로도 불리는 전혁림. 그는 색채에 예민한 눈을 코발트빛 통영 앞바다로부터 선사받은, 아주 행복한 화가다.

그의 코발트빛 화폭을 맨 처음 대한 순간, 강렬한 메시지를 전달받았던 터라, 전혁림미술관(055-645-7349)을 찾아가는 길은 자못 흥분된다. 미술관은 미륵산의 용화사 올라가는 벚꽃길 오른편

▼ 전혁림미술관

전혁림 화백과 그의 아들 전영근 화백의 작품이 인쇄되어 있는 아트타일 7,500여 장이 하얀 외벽을 화려하게 채색하고 있다. 통영 토박이 전혁림 화백의 작품들이 전시되어 있으며 운이 좋으면 채색작업 중인, 아흔네 살(2008년 현재) 노화가의 모습을 엿볼 수도 있다. 민화적 미감이 잘 드러나는 오방색, 코발트블루 계통 색과 원색의 강렬한 대비가 돋보이는 작품들이 눈길을 끈다.

문의 : 055-645-7349, 매주 월·화요일 휴관

에 자리하고 있다. 전혁림 화백의 작품과 아들 전영근 화백의 작품이 그려진 세라믹 아트타일 7,500장이 알록달록 하얀 바탕 외벽을 화려하게 재구성한 미술관의 건축미가 퍽이나 이채롭다. 눈부시게 하얀 궁전 안에는 코발트빛 바닷물이 일렁이고 있을 것만 같다.

설레는 마음으로 들어선 1층 전시실. 아주 넓은 벽을 가득 메운 대형작품〈한려수도〉앞에서 한창 채색작업에 몰두하고 있는 노화백이 있다. 망백望百이 지났건만, 그의 지칠 줄 모르는 열정은 붓을 내려놓을 줄 모른다. 아흔 해를 맞이한 한 해 동안 무려 320점에 이르는 '새 만다라'와 1,000호의 거대한 작품 3점을 완성했다고 한다. 노화백의 성스러운 예술혼 앞에서 그저 할 말을 잃을 뿐!

〈기둥 사이로 보이는 통영항〉,〈한려수도〉등 바다를 테마로 한 대형 작품들에는 유난

◀ 채색작업에 몰두하고 있는 노화백 전혁림

히 코발트블루가 강렬하다. 마치 쪽빛 남쪽바닷물이 뚝뚝 떨어지고 있는 듯하다.

별관 아트샵에서 마음에 드는 작품들을 골라보거나, 미술서적들을 넘겨가며 단돈 2천 원에 통영에서 가장 근사한 에스프레소 커피향을 음미해 볼 수 있는 행운은 이 미술관 여정의 행복한 덤! 판화나 타일에 복사한 그의 그림 한 점을 사들고, 노화가의 사인까지 받는 호사는 이 미술관 여정에서 얻는 뜻밖의 축복이다.

'충무김밥'의 원조골목 항남동과 '바다의 우유'

'통영' 하면 단박에 떠오르는 먹을거리가 '충무김밥'일 터다. 이 먹거리의 원조는 통영여객선터미널 바닷가에 자리한 충무김밥집 골목이다. 이곳에는 '원조', '할매', '60년' 등의 간판을 내건 충무김밥집이 무려 10여 곳이나 들어서 있다. 충무김밥의 원조로 알려진 고 어두리 할머니의 '뚱보할매김밥'은 통영 토박이들이 충무

● 바닷물이 파랗게 보이는 이유

빛은 장애물에 닿으면 반사, 굴절, 흡수된다. 이 빛 가운데 태양빛은 빨주노초파남보 일곱 빛깔이 합성된 빛. 이 중에서 빨간빛은 물 분자와 적게 충돌하고 잘 흡수된다. 바닷물은 빨간빛을 더 많이 흡수하는 반면, 파란빛은 작은 미립자에 의해 반사되어 바닷물이 깊을수록 더욱 짙푸른 바다 물빛이 된다.

▲ 충무김밥

충무김밥은 60여 년 전 당시 통영항 부둣가에서 어부들을 상대로 김밥장사를 하던 어두리 할머니가 만들기 시작했다. 속을 넣은 김밥이 쉽게 상해 팔 수 없게 되자 속을 따로 분리하여 팔면서 탄생한 것이다.

김밥 명가로 꼽는 '한일김밥'과 함께 이곳 충무김밥 골목을 먹여살리고 있다.

'충무김밥'의 특징은 김밥과 반찬의 조화다. 거기에 곁들여지는 시락국(시래기국의 경상도 사투리)은 그 맛을 더해준다. 갓 말아 나온 김밥을 젓가락이 아닌 이쑤시개로 콕 찍어 한 입에 넣으면, 이내 구수하고 달콤한 쌀밥의 향에 기름 바르지 않은 햇김의 풍미가 더해진다. 고춧가루 향이 폴폴 나는 참오징어무침 한 점을 더하면 쫄깃쫄깃한 맛! 이어 큼직큼직하게 썬 석박지를 서걱 한 입 베어 물면, 시원한 무즙에 입안이 다 개운해진다.

통영은 우리나라 굴양식의 메카다. 겨울철에 통영을 찾았다면 양떼목장 같은 굴양식장의 풍광도 이채롭다. 특히 11월부터 3월까지는 싱싱하고 영양만점의 '굴요리'를 맘껏 먹어볼 수 있는 적기. "남자가 남자 되고, 여자가 여자 되게 하는 요리가 통영 굴요리다." 통영 사람들은 이렇게 '통영굴'을 자랑하고 있다.

하얀 등대가 눈부신 해상낙원 소매물도

통영항 여객선터미널에서 소매물도로 건너가기 위해서는 1시간 30분이 소요된다. 이 뱃길에선 여객선을 호위하듯 자맥질하다가 솟구쳐 오르는 돌고래(여기 뱃사람들은 '상괭이'라고 부른다) 떼도 만난다. 꼬마여행자들은 환호성을 내지른다. 그렇게 쪽빛 다도해의 풍광에 취해 항해하다 보면 어느새 대매물도에 이르고, 오륙도 바위섬을 오른편에 두고 조금 더 나아가면 마침내 손끝에 잡힐 듯이 나타나는 소매물도……

소매물도의 일반적인 트래킹 코스는 섬의 최고봉인 망태봉을 넘어 등대섬까지 다녀오는 것. 대략 서너 시간이면 다 다닐 수 있는

'꼬맹이섬'이다. 늙은 해녀들이 물질한 다음에 짠물 씻어 내리고 옷 갈아입는 우물을 지나, 섬마을 뒤편으로 난 오솔길 따라 돌아 오르길 30여 분. 고갯길 왼편 500살도 넘은 동백나무숲이 바닷바람을 막아주는 곳엔 '바다가 바라보이는 교실'이 있다. 1996년에 폐교되고 만 소매물도 분교다.

분교를 지나 마지막 낮은 구릉을 넘자마자, 파노라마로 들어오기 시작하는 장쾌한 조망들. 동남쪽 해안가에는 '고래등'이라는 커다란 바위절벽이 바다를 향해 쑤욱 나아가고 있다. 그 앞바다 건너편으론 등대섬의 기암절벽과 '글씽이굴'도 한눈에 들어온다.

망태산 정상에 서는 순간, '우아!' 하는 찬탄과 함께 햇볕을 퉁겨내며 눈 시리도록 반짝이는 짙푸른 바다가 펼쳐진다. 그 쪽빛 바

▼소매물도 등대섬

부모와 자녀가 꼭 함께 가봐야 할

▲열목개
소매물도와 등대섬 사이의 몽돌자갈길은 '열목개'라고 부른다. 밀물과 썰물 때가 되면 두 섬을 잇는 바닷길이 열리는 곳이기 때문에 붙여진 지명이다.

다 위에 병풍처럼 우뚝 솟아오른 기암의 절벽들. 그리고 몽환적으로 섬을 휘감고 있는 안개가 나래를 벗기 시작하면 푸른 초원 언덕 위에 새하얀 등대가 오롯이 제 모습을 드러낸다. 'La Foret Enchant(마법의 숲)'을 배경음악으로 과자 쿠크다스 CF광고를 찍은 등대섬이다. 소매물도 본섬의 사분의 일 정도에 불과하지만, '환상의 섬'이다.

하루에 두 번, 썰물 때마다 '모세의 기적'처럼 열린다는 물길이 때맞추어 서서히 열리고 있는 모습도 신비스러움을 더해 준다. 등대섬으로 건너가는 이 길목은 100여 미터 남짓한 몽돌해변이다. 아이들 주먹만 한 크기부터 수박만큼 큰 몽돌들까지 동글동글하고 매끈하다. 유토피아에 빨리 발을 딛고 싶은 여행자들은 파도 자락에도 불구하고 무릎까지 적셔가며 건너기 시작한다.

등대섬은 거센 폭풍우가 자주 지나는 섬임에도 해국海菊, 구절초 같은 들꽃들이 아름다운 생명력의 꽃부리를 자랑하고 있다. 이 초원의 작은 섬과 가장 잘 어우러지고 있는 명물은 단연코 하얀 등대! 1917년 무인등대로 세워졌다가 1940년부터 등대지기가 지켜온 등대. 등대전망대에 올라 해풍을 가슴으로 맞으며 바라보는 남쪽 바다는 망망대해! 대양 끝에서부터 불어오는 바람은 상쾌하기 이를 데 없다. 이 세상의 모든 근심을 한순간에 날려준다.

다시 되돌아보는 저 앞 소매물도의 풍광도 절경이다. 바다절벽은 금시라도 소매물도로 오를 듯한 거대한 공룡 모습을 하고 있다. 감탄의 연발 속에 부모와 자녀, 친구, 연인들이 오손도손 30여 분 정도 트래킹하다 보면, 어느덧 등대섬 전체를 다 둘러보게 된다.

친절하고 똑똑한 여정 길라잡이

 가는 길
- 경부고속도로 ➡ 대전통영고속도로 ➡ 동통영나들목 ➡ 통영시내 ➡ 통영여객선터미널 ➡ 소매물도(등대섬)

 여행정보 안내
- 통영시청 문화관광과 055-645-0101 www.gnty.net
  소매물도 배편 통영여객선터미널 055-642-0116 : 소매물도행 07:00, 14:00(편도운임:1만 3천 원, 성수기 증편) 소매물도 통영행 08:20, 15:30

 **주변명소 추천**
- 나전칠기공예체험관, 충렬사와 세병관, 금호충무리조트 요트 일몰투어(2시간에 2만3천 원)

 **행복한 쉼터**
- 통영 충무마리나콘도 055-646-7001와 충무관광호텔 055-645-2091(바다 경관이 수려한 곳) 카사비앙카펜션 055-648-1009, 수국작가촌펜션 055-643-4000
- 소매물도 다솔산장 055-642-2916, 하얀산장 055-642-8515, 그 외의 민박집 예약필수(김춘근 씨댁 055-642-9888)

 맛있는 여행
- 뚱보할매김밥집 055-645-2619 · 한일김밥 055-645-2647(충무김밥), 춘추한정식집 055-646-9005(해물한정식), 한산섬식당 055-642-8330(볼락요리) 서호시장 인근 호동식당 055-645-3138(졸복 선어만 쓰는 복국, 복찜), 분소식당 055-644-0495(복국·쑥도다리국), 십오야 055-649-9292(장어숯불구이), 오미사꿀빵 055-645-3230(꿀빵이 아침나절에 다 팔려 일찍 문닫는 명가), 향토집 055-645-2619(굴요리정식, 빼어나게 맛깔스러운 맛집. '바다의 우유'라 불리는 굴요리는 건강만점의 음식이다)

※소매물도에는 음식점이 없음. 민박집에선 식사가능(5천원 내외). 당일 예정이라면 통영항에서 '충무김밥'을 준비.

향토집의 굴요리정식

공부도 쑥쑥 키우는 여행길

초등학교
- 《사회》 5학년 1학기 7쪽 : 해안지역 사람들의 삶(고기잡이, 양식) 58쪽: 관광자원이 풍부한 통영
- 《사회과 탐구》 5학년 1학기 131~134쪽 : 우리나라의 다도해 해상국립공원
- 《국어》 6학년 1학기 210~215쪽 : 〈난중일기〉에 나타난 이순신의 마음 이해
- 《음악》 4학년 40쪽 : 우리나라 민요 〈강강술래〉
- 《음악》 6학년 28~29쪽 : 동요 〈초록 바다〉

중학교
- 《국사》 146~150쪽 : 이순신의 수군 활약으로 극복한 왜란(충무공이 전쟁에 임하는 자세)
- 《과학》(지학사) 1학년 226~239쪽: 해수의 성분과 운동 254쪽: 파도가 굽어지는 이유
- 《사회》(디딤돌) 1학년 82쪽 : 청정 수역 통영의 가두리 양식업
- 《사회과부도》(금성출판사) 23쪽 : 남해-통영의 굴 양식 97쪽: 왜란과 민족의 항쟁도, 이순신 장군 해전도

제주도 1

성산 일출봉 | 우도 | 섭지코지 | 포토갤러리 두모악 | 오름 | 만장굴 | 미로공원

세계자연문화유산이 환상적인 제주, 혼저옵서예!

제주도 동쪽 끝 성산포항에서 북동쪽으로 3킬로미터쯤 떨어진 바다 위, 섬 속의 섬 우도로 가는 길 차창 밖으로 지나는 제주의 풍광은 자연이 창조한 위대한 예술작품처럼 보인다.

제주 동편 성산포 방향 12번 일주도로를 달려 보리빵으로 유명한 조천과 함덕, 김녕해수욕장을 지나 세화에 이른다. 동북 해안가 제주를 온전히 조망하려면 예서부터는 12번 도로와 잠시 안녕하고 세화-종달리 해안도로로 접어들어야 한다. 어촌은 물론 바다를 아주 가까이에서 조망할 수 있는 멋진 드라이브길이 내내 이어진다.

시인이 그려놓은 성산포와 성산 일출봉

"이 시집의 고향은 성산포랍니다. 일출봉에서 우도 쪽을 바라보고 시집을 펴면 시집 속에 든 활자들이 모두 바다에 뛰어들 겁니다."

평생 섬을 찾아다니며 섬 이야기를 시로 써온 이생진 시인의 시집《그리운 바다 성산포》의 머리말이다.

성산포 동편 바닷가에 장엄하게 나앉은 성산 일출봉. 10만 년 전에 바닷속에서 화산이 폭발해 바닷물 위로 솟아오르면서 만들어진 분화구다. 일출봉 굼부리를 호위하듯 99개의 크고 작은 암봉들이 마치 커다란 성곽을 이룬 듯한 성산城山의 모습을 하고 있다.

정상 굼부리까지 오르는 등반길에는 여러 형태의 기기묘묘한 바위들이 제 나름의 전설을 들려준다. '등경돌바위'는 하루에 천리를 달리며 활을 쏘지 않고도 요술로 적장의 투구를 벗길 수 있다는 능력을, '장군바위'는 제주도 동편을 지키는 바위 중에서 자신이 가장 지위가 높음을 자랑하고 있다.

제주도에서 가장 먼저 해를 맞이하는 성산 일출봉 정상에 서면 '아!' 하는 탄성이 절로 난다. 끝없이 펼쳐진 제주 동편 바다와 성산포항의 아스라한 풍경, 제주 사람들이 '소섬'이라고 부르는 우도 그리고 정겨운 포구들에 기대어 사는 어촌들, 그 들녘을 노랗게 물들이고 있는 유채꽃 물결과 잎새 푸른 귤밭, 조랑말들…… 이 풍광들이 성산 일출봉 일대를 채색 중이기 때문이다.

● **제주도는 세계자연문화유산**
유네스코가 지정하는 세계자연문화유산은 '자연환경의 노벨상'이라고 불릴 정도로 영예로운 것이다. 2007년 6월 27일 뉴질랜드에서 개최된 제31차 세계유산위원회에서 제주의 한라산국립공원과 성산 일출봉, 거문오름, 용암동굴계 등을 세계자연문화유산으로 등재하였다.

● **제주민속자연사박물관**
제주공항을 오가면서 짬이 난다면 제주시 일도2동에 자리한 민속자연사박물관에 가보는 것도 좋다. 뗏목 위의 눗좆틀, 원시적 어선 테우, 갈옷, 돌하르방 같은 제주 토박이들의 토속적 삶의 유물들을 살펴볼 수 있다. 제주의 태초 문화를 먼저 알아보고 본격적인 제주여행길에 오름은 매우 유익할 터다.
문의 : 064-722-2465

▲ 종달리 풍차
종달리 해안도로에서 볼 수 있는 풍력발전기는 '바람의 섬' 제주도를 상징하고 있다.

▶ 영화 · 드라마 속 제주의 명소

이국적인 로케이션의 천국에서 영상 속 주인공이 되어본다.

우도 : 〈시월애〉, 〈인어공주〉, 〈화엄경〉, 〈여름향기〉, 〈러빙유〉

섭지코지 : 〈올인〉, 〈연풍연가〉, 〈여명의 눈동자〉, 〈디워〉

제주민속촌, 송악산 해안동굴 : 〈대장금〉

아부오름 : 〈이재수의 난〉, 〈연풍연가〉

신라호텔 내의 쉬리의 언덕 : 〈쉬리〉

비자림로 삼나무길 : 〈단적비연수〉

약천사, 외돌개, 안덕계곡, 정방폭포 : 〈디워〉

묘산봉 : 〈태왕사신기〉

● 우도 동굴음악회
동굴음악회의 최적지라 불리는 동안경굴에서는 매해 여름 휴가철에 썰물 때를 맞추어 음악회가 열린다.

섬 속의 섬 우도는 대한민국 최고의 영화촬영지

성산항 선착장(064-782-5671~2)에서 출항한 배는 CF광고와 영화에 등장했던 빨간색과 노란색 빛깔이 무척이나 선명한 두 등대 사이로 빠져나간다. 성산항이 섬처럼 작게 보일 즈음, 뱃머리에서 바라보이는 '우도牛島'는 정말 누워 있는 소의 형상을 쏘옥 빼닮았다.

반나절만의 섬 관광이라면, 배 운항시간에 맞춰 운행 중인 우도 투어버스를 이용하면 편리하지만, 우도의 진면목을 샅샅이 누비고 싶다면 우도항 선착장에서 자전거나 스쿠터 대여를 권하고 싶다. 절묘하게 굴곡진 우도 해안도로 17킬로미터를 달리는 은륜銀輪의 여정은 쉬엄쉬엄 서너 시간쯤 소요된다.

탁 트인 해안도로와 초록빛 짙은 돌담길 따라 달리면, 싱그러이 와닿는 바다내음과 바다이야기들! 화산섬이지만 제주 본토와는 전혀 다른 소박한 자연의 아름다움을 그대로 간직하고 있다. 아름답고 이채로운 풍광에 눈 밝은 영화감독들은 이 섬에서 수많은 영상을 완성시켜 왔다. 그래서 우도 여정은 영화 속 감동을 전하는 '시네마 투어'까지 보장해 주는 행복한 여정이다.

동천진항에서 동남쪽으로 300여 미터 떨어진 해안절벽 '광대코지' 아래에 뚫려 있는 해식동굴은 '달그리안'이라 불리는 제1경 주간명월이다. 바다에 비친 햇살이 동굴의 천장에 반사되어 비치면 달이 둥실 떠 있는 형상을 보여준다.

화산재로 이루어진 검은 모래가 별천지처럼 드리워진 검멀래 해변. 이 해변 언덕길은 〈시월애〉의 은주가 자전거를 타고 가던 길이다. 제6경으로 꼽는 후해석벽 동쪽의 말발굽 모양 시커먼 절벽 아래로는 제7경인 동안경굴이 뚫려 있다. 썰물 때만 동굴 안으로 들 수 있다. '동쪽 절벽의 고래가 살 수 있을 만큼 큰 동굴'이라는 뜻이지만, 입구는 '고래콧구멍동굴'이라 불릴 만큼 작다. 그러나 동굴 안은 '동굴음악회'가 열릴 정도로 넓다.

제8경은 서빈백사. 우리나라 유일의 산호모래로 펼쳐진 해변이다. 은주가 성현을 기다리던 장면의 그 바닷가다. 눈이 부실 만큼 하얀 산호가루에 반한 여행자들은 곱디고운 가루를 에메랄드빛 바다로 휘날리며 환호하고 있다.

우도 여정의 절정은 눈부시게 하얀 등대가 우뚝 서 있는 소머리오름. 소의 머리부분에 해당하는 남쪽의 소머리오름은 132미터 높이의 최고봉이다. 우도등대로 오르는 길은 드넓은 비탈 초원으로, 완만한 융단 초지와 이 초지 끝에 이어지는 해안 절벽이 본 섬의 어느 오름보다도 빼어나게 아름답다.

오름 정상에 올라서면 우도의 전경과 발 아래로 펼쳐진 수평선

▲우도등대박물관
전 세계의 이색적인 등대들이 오름 오르는 비탈길녘에 아기자기한 미니어처로 재현되어 있다. 오름 정상에는 우도등대가 우뚝 올라서 있다.

● 우도8경
제1경은 주간명월畵間明月로, 한낮에 굴 속에서 달을 본다는 뜻이다.
제2경은 야항어범夜航漁帆으로, 밤 고깃배의 풍경을 일컫는다.
제3경은 천진관산天津觀山으로, 동천진동에서 한라산을 바라본다는 뜻이다.
제4경은 지두청사指頭靑沙로, 지두의 푸른 모래를 뜻한다.
제5경은 전포망도前浦望島로, 우도를 바라본다는 뜻이다.
제6경은 후해석벽後海石壁으로, 바다를 등지고 솟아 있는 바위 절벽을 뜻한다.
제7경은 동안경굴東岸鯨窟로, 동쪽 해안의 고래굴이라는 뜻이다.
제8경은 서빈백사西濱白沙로, 서쪽의 흰 모래톱이라는 뜻이다.

부모와 자녀가 꼭 함께 가봐야 할

이 한눈에 든다. 가슴이 확 트이면서 멀리 본섬 제주의 한라산 자태가 선명하게 눈에 들어온다. 우도 등대 바로 아랫녘에 자리한 등대공원에서는 전 세계 각국의 이색적인 등대들이 미니어처 형태로 재현되어 있다.

성산포가 바라보이는 소머리오름 정상 그 아랫녘 해안절벽에는 영화〈인어공주〉의 또 다른 무대였던 '톳간이'가 숨겨져 있다. 영화 속 감동을 경험하고 싶은 시네마투어 마니아들이 알음알음 찾고 있는 명소다. 좁은 해안길이 다소 험하지만 내려서본다. 영화 속에서 어린 시절의 엄마 연순(전도연 분)과 우체부 진국(박해일 분)

▼섭지코지는〈올인〉,〈디워〉,〈연풍연가〉의 촬영장
정상에 올라앉은 하얀 건축물은 드라마〈올인〉촬영세트장이다.

이 받아쓰기를 하던 그 장면이 되살아난다.

우도 서쪽 오봉리 해녀민박촌 골목 안쪽에 자리한 드림빌리지펜션은 〈인어공주〉 촬영팀이 머물렀던 곳. 앞바다에서는 '휘이이, 휘이' 물질 사이사이 물 위로 떠오른 해녀들이 숨을 고르기 위해 가쁘게 내쉬는 숨비소리가 들려온다. 물질하는 해녀들은 영화 속 엑스트라로 출연했던 그 해녀들일 터다.

드라마 〈올인〉의 섭지코지와 포토갤러리 '두모악'

성산 일출봉에서 섭지코지 방향으로 3분여쯤 가면, 그 길 안에 광치기해안이 숨어 있다. 제주 토박이들이 '숨겨두고 나만 살짝 가보고 싶은 곳'으로 꼽는 이곳은 순수한 자연미가 그대로 간직된 곳. 물이 빠질 때면 드넓은 모래사장과 갯녹음 짙은 검은 현무암이 아주 이채로운 해안 풍경을 그려낸다.

성산포와 뭍을 잇는 '터진목'. 그 끝자락 신양해수욕장을 돌아들면 드라마 〈올인〉의 영향으로 명소가 된 섭지코지가 한눈에 들어오기 시작한다. '섭지'는 좁은 땅을 의미하는 '협지狹地'에서 유래한 말. '코지'는 '곶'의 제주도 사투리. '섭지코지'는 '좁게 튀어나온 땅'이다. 바다의 돌출된 '곶'의 특색이 한눈에 보인다. 시퍼런 물빛과 거세게 일렁이는 파도가 거대한 해안단애에 부서지는 장쾌한 바다 정취를 맘껏 즐기며 부드러운 언덕과 풀밭에 오르면 눈길을 끄는 건축물이 성당과 수녀원 그리고 러브하우스. 드라마 〈올인〉의 촬영세트장이다.

바로 뒤편 언덕 위엔 그 옛날 봉화를 올리던 연대도 보존되어 있다. 섭지코지 언덕 위편의 유채꽃밭은 바다 저편에 불끈 솟은 성산일출봉을 배경으로 기념사진 찍기에 더없이 좋은 곳. 전문사진가들

● **해녀가**

우리들은 제주도의 가엾는 해녀들
비참한 살림살이 세상이 안다
추운 날 더운 날 비가 오는 날에도
저 바다 저 물결에 시달리는 몸

아침 일찍 집을 떠나 황혼 되면 돌아와
우는 아기 젖먹이며 저녁밥 짓는다
하루 종일 해봤으나 버는 것은 기막혀
살자 하니 한숨으로 잠 못 이룬다

이른 봄 고향산천 부모형제 이별코
온 가족 생명줄 등에다 지고
파도 세고 무서운 저 바다를 건너서
조선 각처 대마도로 돈벌이 간다

배움 없는 우리 해녀 가는 곳마다
저놈들은 착취기관 설치해 놓고
우리들의 피와 땀을 착취해 간다
가이없는 우리 해녀 어데로 갈까

은 성산 일출봉의 일출보다 이곳 일출 풍광을 더 알아준다. 바닷가 언덕 높은 곳 하얀 등대에 올라서면, 넋조차 빼앗길 정경이 사방으로 펼쳐진다.

표선면과 성산읍을 잇는 12번 국도 삼달교차로에서 삼달리 방향으로 1.4킬로미터 정도 들어가면 길 왼편으로 김영갑의 포토 갤러리 '두모악'(064-784-9907)이 기다리고 있다.

이곳에는 1982년 제주에 내려왔다가 그만 제주에 홀딱 반해 제주 토박이들보다 더 제주를 사랑했던 사진작가 김영갑(1957~2005)의 사진 예술이 펼쳐져 있다. 그가 찍은 오름의 봄, 여름, 가을, 겨울 그리고 바람 부는 하늘, 노을빛에 물든 풍경들과 당제, 산담, 동자석 등을 테마로 한 흑백사진들이 제주의 생명력을 그대로 보여준다. 30만 롤이 넘는 필름만 허물처럼 남겨놓고 떠난 김영갑은 이곳 갤러리 마당 감나무 아래에 한 줌 뼛가루로 뿌려진 채, 이 갤러리 공간 곳곳

▶ 김영갑갤러리 '두모악'
20여 년간 김영갑의 파인더에 오롯이 담은 제주 오름의 세계에서는 오름에 일렁이는 빛과 바람까지도 볼 수 있다.

에서 그의 예혼을 피우고 있다.

제주는 새악시 젖무덤처럼 봉곳봉곳 솟아오른 '오름공화국'

제주 들녘길을 내달리는 차창 너머 평원 위에 구릉들이 솟아 있다. 기생화산구인 '오름'이다. '오름'이란 명칭은 본래 동사 '오르다'에서 파생된 제주도 말이다. 이 오름들이 그리고 있는 곡선들의 이미지는 지극히 부드럽고 푸근하다. 제주도에는 성산 일출봉, 산굼부리, 송악산 등 발길 잦은 오름을 비롯하여 무려 368개의 오름들이 군집해 있다. 세계 최대 규모다.

제주 신화에 따르면 거대한 신 설문대할망이 한라산을 만들려고 치마폭에 흙을 담아 나르다가 한 줌 두 줌 떨어뜨린 것이 오름이 되었단다. 그때 너무 높이 솟은 봉우리들을 깎아내리려고 설문대할망이 주먹으로 친 곳은 움푹움푹한 '굼부리(분화구)'가 되었고…….

제주 동부는 100여 개의 오름들이 봉긋봉긋 솟아올라 '오름왕국'이라 해도 과하지 않다. 동부지역에 오를 수 있는 오름들 가운데 초보자들도 찾아 오르기 좋은 오름 중 빼어난 것이 '용눈이오름'. 97번 동부관광도로를 달리다가 대천동 사거리에서 1112번 도로로, 다시 16번 도로로 우회전하여 10분 정도 직진하여 갈림길에서 왼쪽으로 들면 입구가 나온다.

용눈이오름은 30여 분 정도면 오를 수 있을 정도로 그리 높지 않다. 얼핏 밋밋해 보여도 북동쪽의 정상봉에 오르면 '용눈이오름'이란 이름이 실감난다. 산 복판이 크게 패인 형세가 마치 용이 누웠던 자리 같기 때문이다. 정상봉을 중심으로 한 세 봉우리는 전체적으로 말굽형 분화구의 모양을 보여준다. 동쪽으로 성산 일출봉의 해돋이와 주변 오름군락을 볼 수 있고, 미명일 때는 멀리 우도

● 이생진의 〈설교하는 바다〉 중에서

성산포에서는
설교를 바다가 하고
목사는 듣는다
기도보다 더 잔잔한 바다
꽃보다 더 섬세한 바다
성산포에서는
사람보다 바다가 더
잘 산다

부모와 자녀가 꼭 함께 가봐야 할

▲용눈이 오름에서 본 성산 일출봉 여명
일출봉은 제주도의 360여 개 기생화산 가운데 유일하게 바닷속에서 분출하였으나, 지각변동으로 다시 융기되어 180여 미터의 높이를 갖춘 분화구다. 왼편 끝에서 반짝거리는 곳은 그 앞바다 건너편의 우도 등대불빛이다.

에서 깜박거리는 등대 불빛도 바라보인다.

 북쪽 방향 건너편으로는 '다랑쉬오름'과 '아끈다랑쉬오름'이 보인다. 60여 분 정도 소요되는 다랑쉬오름은 '오름의 여왕'이라 불릴 정도로 오름 중에서 가장 미끈한 곡선미를 자랑하고 있다. '달이 뜨는 오름'이라는 뜻을 지닌 다랑쉬오름은 정말 산봉우리의 분화구가 달처럼 둥글다. 227미터 높이의 이 오름 정상 화구의 깊이는 백록담의 깊이와 같은 115미터. 아끈다랑쉬는 '작은 다랑쉬'라는 뜻을 지닌 제주도 방언이다.

 대천동 사거리에서 1112번 도로로 좌회전한 후, 4킬로미터 정도 직진하면 건영목장 정문에 이르는데, 여기가 이채로운 분화구로 유명한 '아부오름' 입구다. 해발고도는 301미터가 되지만 비고는 10~51미터밖에 되지 않아 30여 분 정도면 정상에 오를 수 있다. 78미터 깊이로 푹 꺼져 있는 넓은 분화구 안쪽에는 삼나무가 띠를 두르고 있다. 마치 고대 로마의 원형경기장과 같은 모습이다. 아부오름은 이정재가 주연을 맡았던 영화〈이재수의 난〉과〈연풍연가〉의 촬영지로 더 유명해졌다.

오름이 밀집한 중산간마을 사람들에게 오름은 삶의 터전이었으며 영혼의 안식처였다. "오름 기슭에서 태어나, 오름에 깃들여 살다가, 오름에 뼈를 묻는다"는 말처럼. 빈번한 왜적의 노략질에도 안전했던 곳이 제주의 중산간지대다. 물을 구하기 쉽고 경작지와 목초지도 가까워 마을을 이루기 좋았던 것이다. 그러나 제주의 역사에서 오름은 때때로 외세와 맞선 제주 민중들의 항쟁터이자 피눈물 어린 역사의 현장이었다는 처연함도 간과해선 안 되리라. 제주 4·3항쟁 때 중산간마을들이 토벌대에 의해 완전 초토화 되었던 사실은 그런 역사적 비애를 말해준다.

▲ 돌무덤

제주여행길에서 자주 보게 되는 '산담'은 무덤보호용 담이다. 방목되고 있는 말이나 소가 침범 못하게 무덤 주위를 네모반듯한 산담으로 에둘러 싸놓은 이 이채로운 풍경은 제주도에서만 볼 수 있는 풍속이다.

깊은 땅속의 비경 만장굴과 미로공원

제주도에서도 특히 용암동굴들이 밀집되어 있는 지역은 북제주군 구좌읍 일원이다. 김녕사굴과 만장굴로 가는 길가에는 촘촘히 늘어선 협죽도 가로수가 수많은 선홍빛 꽃송이를 탐스럽게 피어올리고 있는 모습이 장관이다. 이 협죽도 가로수길 중간쯤에 자리한 김녕사굴은 천연기념물 제98호로 지정돼 있지만 현재 일반인들의 출입이 금지되어 있다. 그러나 실망하지는 말 일. 1.5킬로미터가량 더 가면 세계적인 규모의 용암동굴인 만장굴이 큰 입을

● 제주의 관람 가능한 천연동굴

만장굴 : 세계자연유산에 등재된 용암굴이다. 전체 길이 13킬로미터 중에서 1킬로미터까지만 개방되어 있다.

미천굴 : 천 가지 아름다움을 지닌 천연 용암동굴로 일출랜드 내에 있다.

협재·쌍용굴 : 용암동굴과 석회동굴의 특징을 함께 지니고 있는 이색동굴로서, 제주도 서쪽 한림공원 내에 있다.

동안경굴 : 고래가 살 만한 크기의 해식동굴로 우도의 검멀래 해안가에 있다.

주간명월 : 낮에 뜨는 달을 볼 수 있는 우도의 해식동굴이다.

부모와 자녀가 꼭 함께 가봐야 할

▶ 미로공원

벌리고 기다리고 있으니…….

사계절 내내 내부의 온도가 섭씨 11~21도를 유지하고 있는 만장굴 안은 한여름에는 피서지로, 한겨울에는 피한지로서 많은 여행자들이 오래오래 머물고 싶어하는 명소다.

12번 동회선 일주도로변 김녕사굴에서 만장굴로 오르는 길목 오른편 700여 미터 지점에는 아주 재미난 체험을 할 수 있는 김녕 미로공원(782-9266)이 기다리고 있다. CF 등에서 눈에 익은 이곳 미로공원은 제주도에 살고 있는 미국인 교수 프레드릭 에치 더스틴이 세계적인 미로디자이너인 영국인 에드린 피셔에게 설계를 의뢰하여 만든 아시아 유일의 관엽 상징 미로공원이다. 이곳 미로는 가족이나 연인들끼리 술래잡기를 해도 색다른 재미가 있어, 제주도의 인공구조물 가운데 가장 흥미진진한 녹색 여행지로 꼽힌다.

친절하고 똑똑한 여정 길라잡이

 **가는 길**

- **항공** 대한항공1588-2001·아시아나항공1588-8000 10~30분 간격으로 1일 30여 회 운행, 제주항공1599-1500 1일 13여 회 운행, 한성항공1599-9090 1일 7여 회 운행
  여객선 인천, 부산, 목포, 완도에서 출항-제주항 여객터미널064-757-0117
  렌터카 아우토반렌터카064-746-0051, 제주이렌터카064-713-6000
  제주 ⇨ 우도 : 제주공항 ➡ 12 ➡ 성산방면(버스이용가능) ➡ 성산포대합실064-782-5671, 종달항064-782-7719 ➡ 우도선착장064-783-0448(버스, 스쿠터, 자전거 이용 가능)

 주변명소 추천

- 해녀박물관, 돌하르방공원, 토끼섬, 함덕·김녕해수욕장, 비자림

 **행복한 쉼터**

- 우도드림빌리지064-782-0664 www.udodreamvillage.co.kr(우도면 오봉리 해녀촌민박 골목 안의 이곳은 영화 〈인어공주〉 촬영팀이 4개월 동안 머물렀던 곳. 일출과 일몰을 즐길 수 있고 자전거까지 대여할 수 있다. 심심도방064-782-1804(영화 〈시월애〉에서 은주의 집으로 나왔던 우도 산호사해변 근처의 유럽풍 통나무집), 우도그린펜션064-782-7586

 맛있는 여행

- **성산포 초입** 해녀의 집064-782-0673(다금바리회·전복죽), 제주뚝배기064-782-1089(오분자기해물뚝배기), 탐라목장064-784-7678 · 바스메064-787-3930(말고기요리), 복집식당064-722-5503(갈치국), 제주시 도라지식당064-722-3142(자리물회) **신제주시** 물팡식당064-748-3600(옥돔물회), **제주공항 부근** 덤장이064-713-0550(돔베고기) **우도** 산호일해횟집064-782-5204(전복죽, 해물뚝배기, 해삼물회)

제주뚝배기의 오분자기해물뚝배기

산호일해횟집의 해삼물회

공부도 쑥쑥 키우는 여행길

초등학교

《과학》 5학년 2학기 29~40쪽 : 화산과 암석
《과학》 6학년 1학기 39~44쪽 : 여러 가지 암석-제주도의 다양한 화산과 용암·현무암·화강암과 화산지형으로 된 오름의 특징

중학교

《국어》 2학년 2학기 180~185쪽 : 교과서 어떻게 공부할까-관광산업이 발달한 제주도

《과학》(지학사) 1학년 50쪽 : 화강암과 현무암의 차이점, 제주도 식생의 수직분포, 제주도의 관광자원
《사회》(디딤돌) 1학년 84~90쪽 : 제주도의 관광 자원 주제별 탐구(역사 문화유적지, 레포츠, 축제의 섬, 한라산과 오름 그리고 새끼 섬 우도 등)
《사회과부도》(금성출판사) 24쪽 : 제주특별자치도(기생 화산의 분포, 성산 일출봉, 만장굴 등)

용왕난드르 | 갯깍주상절리대 | 감귤체험 | 신영영화박물관 | 남원 큰엉 | 이중섭거리 | 오설록 | 용머리해안 | 하멜 기념비

제주도 2

탱글탱글한 감귤 즐기며
제주 비경에 흠뻑 취해봅서예

제주공항에서 서부관광도로인 95번 국도에 들어서자마자 억새밭이 길가에 펼쳐진다. 중산간지대인 애월읍 봉성리와 금악리 일원은 새털구름밭 같은 억새 천국! 불어드는 가을바람을 타고 은빛 바다물결처럼 일렁이며 김수영의 시 한 구절을 떠오르게 한다. "바람보다 늦게 누워도 바람보다 먼저 일어나고, 바람

보다 늦게 울어도 바람보다 먼저 웃는……."

손맛 짜릿한 테우낚시와 비경 갯깍주상절리대

남제주군 안덕면 대평리의 용왕난드르마을은 제주어촌체험마을이다. '용왕이 나온 들, 바다로 뻗어나간 들'이라는 뜻을 지닌 이곳에선 아주 독특한 제주바다 체험이 기다리고 있다. '테우(뗏목의 제주방언)' 타고 바다낚시하기다.

테우에 올라 던져보는 바다낚시 체험은 초보도 얼마든지 즐길 수 있다. 바다낚시를 위한 준비도 다 되어 있다. 낚싯대에 지렁이를 꿰어 던지자, 금세 낚싯줄이 팽팽해지며 전해오는 손맛! 이곳은 놀래미, 쥐치, 부시리 등 다양한 물고기들이 줄줄이 걸려 올라오는 곳으로, 짜릿한 손맛을 맛본 여행자들은 다음 여정조차 모두 미루고 싶은 심정에 빠지게 된다. 기분 좋게 흔들리는 테우 위에서 즐기는 생선회 잔치는 이 체험의 하이라이트다!

12번 일주도로를 타고 산방산 방향으로 진행하자마자 예래동 방향으로 좌회전하여, 2킬로미터 정도 직진한 후의 해안가에 숨겨져 있는 비경은 '논짓물'과 '갯깍주상절리대'. 제주도를 여러 차례 여행한 제주 마니아들도 잘 모르고 지나는 이곳은 제주 토박이들이 보석처럼 감춰두고 찾는 비경이다.

해변 바로 앞에서 맑은 용천수가 솟아오르는 '논짓물'은 제주 토박이들에게 한여름 피서지로 사랑받는 곳. 이 해안을 따라 동쪽으로 1킬로미터쯤 걸어들면 기가 막힌 절경이 숨겨져 있다. '갯깍주상절리대'다. 각진 돌기둥들이 40여 미터 높이로 쭉쭉 뻗어 오른 절벽은 마치 신이 세워놓은 듯한 천연 병풍을 연상시킨다. 이 희귀한 모양새의 해안절벽은 거대한 석문 같은, 높이 25미터에 이

● 용왕난드르마을 이색 체험 여행

봄 : 테우 배낚시, 소라양초 만들기, 마늘쫑 수확, 마늘꿀탕, 군산 중반

여름 : 대나무 낚시, 감물염색(문양찍기), 별자리 찾기, 테우 배낚시

가을 : 밀감수확, 테우 배낚시, 소라양초, 마늘꿀탕, 오리피리 만들기, 나무공작

겨울 : 밀감주스 만들기, 오리피리 만들기, 나무공작

문의 : 용왕난드르마을(태평마을)
064-738-0915 sora.go2vil.org

● 해녀박물관의 테우

제주도에서만 전해져 오는 전통 뗏목으로 제주 어민들의 생명선이다. 옛날부터 한라산 구상나무를 주로 엮어 만들었으며, 가까운 바다에서 자리돔을 잡거나 미역, 톳 등의 해초를 채취할 때 애용했던 무동력선이다.

부모와 자녀가 꼭 함께 가봐야 할

▲ 예래동 갯깍주상절리대
화산활동이 빚은 '주상절리'는 규칙적으로 갈라진 암석이 육각형 기둥 모양을 이룬 기암절벽이다. 제주 사람들은 이 주상절리를 '갯깍'이라 부른다.
서귀포 예래동에 있는 갯깍은 서귀포 대포해변의 갯깍에서는 찾아볼 수 없는 또 다른 신비로움을 간직한 비경이다.

르는 입구와 출구를 지니고 있다. 들고 나는 출구가 모두 해안을 향해 관통되어 있는 천연동굴인 셈이다.

해안을 따라 조금 더 들면 조른모살해수욕장과 개나리폭포가 기다리고 있다. 육지를 향해 같은 방향으로 누워 있는 크고 작은 바위들의 향연이 참으로 멋지다.

새콤달콤 탱글탱글한 감귤 따러 혼저옵서예

제주 감귤의 주산지는 한라산 남쪽이라 하여 남제주군과 서귀포시 일원은 '산남山南'으로 불린다. 감귤은 해발 150미터 아래 지역에서만 재배되기에 제주 남부 해안일주도로인 12번 국도와 16번 국도 사이에 자리한 표선면, 성산읍, 남원읍, 서귀포시, 안덕면에 농장이 밀집해 있다. 이 일대는 한라산이 겨울철의 매서운 북서풍을 막아주기 때문에 제주 감귤의 60퍼센트 이상을 생산해 내는 곳이다. 제주의 전형적인 감귤 풍광은 눈길 닿는 곳마다 황금빛 잔치다. 거무칙칙한 밭돌담 너머 초록빛 삼나무

● 제주도 이색 박물관

서귀포 감귤박물관 064-710-2114
나비박물관 '나비레' 064-773-2388
조가비박물관 064-784-8860
초콜릿박물관 064-792-3121
신영영화박물관 064-764-7777
해녀박물관 064-782-9898
녹차박물관 '오설록' 064-794-5312

방풍림에 둘러싸인 감귤밭들. 감귤나무 한 그루에 무려 2,3천여 개의 탱글탱글한 황금색 열매가 열려 있다. 이 무렵 이곳의 어멍들은 주렁주렁 열린 황금빛 감귤 열매를 따대고, 아방들은 경운기로 감귤상자를 실어 나르느라 한라산조차 바라볼 틈 없이 바쁘다.

성산읍 신풍리의 '어멍아방잔치마을'(064-782-0311)은 남제주군의 대표적인 농촌체험 테마마을로 다양한 감귤체험을 할 수 있는 곳. 특히 남제주군 농업기술센터에서 운영하는 남원읍 하례리의 농업생태원(064-732-1588)은 감귤의 모든 것을 갖춘 친환경 감귤체험장. 미로원, 녹차원, 감귤판매전시관 등도 겸비하고 있다. 감귤 품종전시실에서 지구상의 모든 감귤을 감상하고 감귤숲 터널을 지나면, 탱글탱글해진 금빛 감귤들이 체험여행자의 손길을 기다리고 있다.

"잘 익은 감귤을 한 손으로 잡고, 이렇게 한 방향으로 다섯 번 정도 돌리면 가지가 상하는 일없이 똑 떨어져요." 유기농으로 재배한 이곳 감귤은 현장에서 직접 따먹기 때문인지, 그 싱싱한 맛이 유달

● 제주 생태체험 여행

다양한 형태의 절벽과 식물 등과 제주 해안가의 이색적인 경관을 감상할 수 있는 '**해안가 트래킹**'

광활하게 펼쳐진 제주 오름의 부드러운 능선을 트레킹하며 여러 가지 야생화와 방목 중인 말과 소 등의 활동을 체험해 볼 수 있는 '**오름 트래킹**'

화산 폭발 때 흘러내린 용암으로 인해 형성된 한라산 계곡 속 풍광과 하천과 바다가 만나는 곳은 '**하천·계곡 트래킹**'

제주도 생태체험 전문안내 제주도에 정착한 빅토르 라센티브 씨가 외국인과 한국인들에게 제주도의 숨겨진 절경과 독특한 자연, 전통문화를 소개하고 있다. **문의**: 제주에코 여행사 064-763-6606

◀감귤체험

부모와 자녀가 꼭 함께 가봐야 할

▲ 귤껍질 말리기
푸른 바다와 화려하게 대비되는 오렌지빛 귤껍질 말리기가 한창인 신천목장.

▲ 신영영화박물관
한국영화 발전에 공헌한 배우들을 기리는 명예의 전당, 영화역사관, 특수효과실, 영화갤러리, 애니메이션, 스튜디오 앵커 체험, 이미지 메이크업, 멀티 사운드 등을 체험할 수 있는 영화체험관이 있다. 그 중 영화 속 키스 신과 똑같은 장면을 연출하고 즉석사진을 받아볼 수 있는 '키스의 미학' 코스가 연인들에게 인기다.

리 더 새콤달콤하다. 얼굴빛이 감귤처럼 황금빛으로 변하도록 따 먹는 것은 무한자유. 실내에서 감귤잼 만들기와 감귤껍질로 스카프 염색하기, 감귤비누 만들기 등을 즐겨 보는 재미가 제법 쏠쏠하다. 감귤따기와 감귤 가공체험은 매년 10월 말부터 12월 말까지 운영되고 있다.

표선면 소재지에서 12번 국도를 따라 성산읍 방향으로 4킬로미터 남짓 달리다 보면 푸른 바닷가 광활한 구릉 위로 끝 간 데 없이 황금빛 파노라마가 펼쳐져 있다. 쪽빛 남제주 앞바다를 배경으로 해풍과 햇살을 받으며 감귤 껍질을 말리고 있는 풍광이다. 11월부터 2월초 사이에 말려지는 수십 톤의 감귤 껍질은 한약재로 쓰인다. 수만 평에 이르는 이색적인 이 풍광은 이곳만이 그려낼 수 있는 황홀한 채색작업이리라. 감기약이 귀했던 어린 시절, 감귤 껍질을 정성껏 달여 마시게 했던 어머님이 떠오른다.

서귀포시와 인접한 남원읍 해안 일주도로변에는 신영영화박물관이 자리잡고 있다. 왕년의 명배우 신영균 씨가 개관한 국내 최초의 영화박물관으로 관람객이 영화 속의 주인공이 되는 체험 등을 생동감 있게 누려볼 수 있는 영상문화공간이다.

영화박물관 뒤편으로 잘 조성되어 있는 해안산책로를 따라 조금만 가면 남원 큰엉에 이른다. 보랏빛 꽃망울을 터트린 해국이 다닥다닥 붙어있는 검은 용암절벽은 제2차세계대전의 격전지 나바론 요새와 흡사하다. 거대한 해안단애에는 태평양을 건너온, 집채보다 더 큰 파도가 연신 덮쳐오는 일망무제! 그 풍광은 뭍에서는 감히 볼 수 없는 압권이다.

▲남원 큰엉
태평양을 건넌, 집채보다 더 큰 파도가 덮쳐오는 거대한 해안단애다.

화가 이중섭의 삶과 예술이 그려진 '이중섭거리'

우리나라 최남단의 해양도시 서귀포. 남국의 정취를 물씬 안겨주는 서귀포 70리 쪽빛 바닷가는 제주관광의 메카다. 폭포의 대명사인 정방폭포와 천지연폭포, 홀연히 바닷가에 나가 선 외돌개, 육각기둥의 숲 같은 기암절벽이 그려낸 지삿개 주상절리 등이 눈을 즐겁게 해주기 때문이다.

이토록 아름다운 서귀포에는 우리 땅에서 최초로 화가의 이름이 붙여진 거리, '이중섭거리'가 있다. 서귀리 언덕길 360여 미터가 바로 그곳. 이 거리에는 한국 현대 화가의 꽃 이중섭(1916~1656)의 삶과 예술 이야기가 어려 있다. 비록 불운한 시대를 살다 갔지만 한국 현대 회화사상 가장 천재적이며 개성적인 작품을 남겼다는 평가를 받고 있는 화가 이중섭. 바닷가 양지 바른 곳에서는 두

부 모 와 자 녀 가 꼭 함 께 가 봐 야 할

▲이중섭 기념비
이중섭미술관에는 극빈한 피난생활 중에도 식을 줄 몰랐던 그의 예술혼이 펼쳐져 있다. 야수파적인 강한 터치로 고개를 휙 쳐들고 있는 〈황소〉〈투계〉 등은 물론 〈물고기와 노는 아이들〉〈해변의 가족〉을 비롯하여, 이곳 서귀포에서의 행복했던 삶을 주제로 그린 〈서귀포의 추억〉 등 많은 그림들을 보여준다.

손을 모아 담뱃불을 붙이는 생전의 이중섭 모습이, 그의 그림 이야기와 함께 어른거리는 듯하다.

이중섭거리를 잠시 걸어 내려가다 보면 서귀포 앞바다가 훤히 내려다보이는 언덕 중턱쯤에 서귀포 생활 1년을 함께한 작은 초가와 이중섭미술관이 들어서 있다. 초가집은 한국전쟁 때 피난 온 이중섭이 1951년부터 1952년까지 가족들과 함께 머물렀던 곳. 네 명의 가족과 함께 옹기종기 기거했던 단칸방은 혼자 생활도 어려웠을 아주 좁은 공간이다. 그래도 그의 전 생애 중 가장 안정적인 삶을 영위하던 시절이었던지라, 그의 대표작으로 꼽히는 대부분의 그림들을 이곳에서 그려냈다. 좁은 방 안 벽에 걸려 있는 그의 자

▼이중섭의 〈황소〉

작시 〈소의 말〉이 눈길을 끈다. 피난시절, 절대 소망과 절대 고독이 또박또박 빛나는 글이다.

초가집에서 이중섭미술관까지 이어지는 올레(집으로 들어가는 좁은 골목길을 뜻하는 제주 사투리)를 생전의 그를 떠올려 보며 걸어 올라본다. 1층 전시실에서 〈섶섬이 보이는 풍경〉〈은지화〉 등을 감상하고 2층 계단을 오르다 보면, 한쪽 벽면을 크게 장식한 검붉은 빛깔의 낯익은 작품이 눈에 확 뜨인다. 이중섭의 대표작 〈황소〉다. 비록 원화는 아니지만 유일하게 사진촬영이 허락된 카피 작품이다.

▲이중섭 기념비와 자작시 〈소의 말〉
이중섭미술관 앞에 세워진 이중섭 기념비에는 그의 초상과 자작시 〈소의 말〉이 새겨져 있다.

미술관의 옥상 전망대는 서귀포 시가지와 앞바다 풍광이 한눈에 들어오는 곳. 그가 은박지에 그려놓은 섶섬, 범섬, 문섬 그리고 고기잡이 배들이 닻을 내리고 있는 포구의 풍광이 그림에서처럼 예전 그대로다. 저 바닷가에서 그는 태양과 바다 그리고 모래와 게, 그 속에서 뛰어노는 아이들의 행복한 모습을 그렸으리라. 불 같은 예술혼을 사르다 40세의 젊은 나이에 요절한 천재화가 이중섭을 아끼는 사람들은 해마다 9월이나 10월쯤, 그를 기리는 '이중섭 예술제'를 펼쳐오고 있다.

초록빛 차 문화의 궁전 – 설록차뮤지엄 오설록

제주도는 차와 꽤 긴 인연이 있는 고장인가 보다. 다성茶聖으로 추앙받는 초의선사와 교류를 나누었던 추사 김정희가 무려 9년 동안 이곳 제주의 대정에서 유배생활을 하며 차를 즐겼으니……. 추사 역시 '차를 마시면 흥하고, 술을 마시면 망한다'며 차를 아꼈던 다인茶人이었다. 그런 그가 그 유명한 세한도를 그려내고, 추사체

부모와 자녀가 꼭 함께 가봐야 할

를 완성한 유배지 대정을 지나서 이른 곳은 남제주군 안덕면 서광리 서광다원. 길가의 완만한 구릉과 평평한 들판은 마치 파도가 연출해 내는 물이랑처럼 끝없이 일렁이며 진초록빛을 뿜어내고 있다. 무려 16만여 평에 이르는 이 '그린필드'는 설록차 생산업체인 (주)태평양에서 운영하고 있는 국내 최대 규모의 차밭이다.

녹차밭 언덕 위의 멋진 건축물은 우리나라 최초의 차茶전문 박물관인 오설록뮤지엄(064-794-5312)이다. 녹차잔을 형상화하여 원형으로 설계된 내부동선을 따라가면 차와 관련된 자료들과 차도구들을 감상할 수 있다. 특히 '잔 갤러리'에서는 차의 역사는 물론, 삼국시대에서 조선시대 백자까지 150여 점의 진귀한 다

▼오설록 녹차밭

기茶器도 감상할 수 있다. 녹차쿠키, 녹차초콜릿 등 녹차를 이용한 간식거리는 입을 행복하게 해준다. 특히 '옥로가루녹차'를 이용한 이곳만의 녹차아이스크림은 그 뒷맛이 신선하고 깔끔하다. 2층 실내전망대와 3층 실외전망대에 오르면, 눈길 닿는 그 어디고간에 끝없이 펼쳐지는 초록빛이 싱그럽기 그지없다.

야외정원인 설록가든에는 제주의 특징인 밭담이 연이어져 있고, 제주의 대문격인 '정낭'도 배치되어 있다. 정원 곳곳에 서 있는 22기의 방사탑과 제주 먹돌로 만든 60여 기의 돌탑들은 제주의 돌문화를 그대로 느끼게 해준다.

산방산과 용머리해안 그리고 하멜표류기

마치 철모처럼 불룩 솟아오른 거대한 산방산은 그 생성 전설이 꽤나 흥미롭다. 사냥꾼이 흰 사슴을 잡으러 한라산에 들었다가 잘못 쏜 화살에 엉덩이를 찔려 화가 난 설문대할망이 한라산 꼭대기 봉우리를 덥석 뽑아 집어던진 것이 산방산이란다. 그 꼭대기가 뽑힌 그 자리엔 연못이 생겼는데, 흰 사슴이 물 먹으러 왔다 하여 그 못이 백록담白鹿潭이 됐다고 전해온다.

이 산 중턱의 천연동굴은 산방굴사다. 예부터 수도승들이 즐겨 찾았던 굴사 바로 앞에는 아주 오래된 거송이 수문장처럼 가지를 벌리고 서 있다. 여기서 내려다보이는 바다 쪽 풍광은 사진작가들의 카메라 앵글 앞에서 단골테마일 만큼 절경을 보여준다.

산방산 앞 바다 쪽은 산방산의 한 줄기가 마치 거대한 용머리를 틀고 앞바다로 첨벙 뛰어드는 듯한 형상을 보여주는 용머리해안이다. 수만 년 동안 켜켜이 쌓인 사암층으로 이루어진 13~24미터 높이의 해안절벽은 오랜 세월 거센 파도와 해풍에 연마된 장관을

▶ 용머리해안단애와 갈옷 입은 해녀

연출해 내고 있다. 절벽 사이의 층층계단으로 내려서면 움푹움푹 들어간 굴방과 깊숙한 해식동굴 그리고 여행자들이 들락거릴 수 있는 돌문, 돌기둥들이 오묘한 비경을 보여준다. 해안절벽가의 산책길 바로 아래에서 치어올라오는 파도자락의 위세도 대단하다.

350여년 전 파란 눈의 이방인 헨드릭 하멜과 그의 동료 36명이 탄 상선 스페르웨르호가 제주 바닷가에 표착한 곳도 이곳 용머리해안가다. 언덕 위에는 하멜 기념비가 세워져 있고, 하멜 일행이 타고 온 상선을 그대로 재현한 거대한 범선 '하멜상선전시관'도 여행자들을 맞이하고 있다. 표류과정에서부터 우리에게 '하멜표류기'로 더 잘 알려진 《하멜보고서》의 출간에 이르기까지 하멜과 관련된 여러 가지 자료와 영상물을 살펴볼 수 있다.

▲ 하멜상선전시관
용머리해안가는 350여 년 전 이방인 하멜 일행의 상선 스페르웨르호가 표착한 곳. 하멜 기념비와 거대한 범선 하멜상선전시관이 재현되었다.

친절하고 똑똑한 여정 길라잡이

 **가는 길**
- **항공** 대한항공1588-2001·아시아나항공1588-8000 10~30분 간격으로 1일 30여 회 운행, 제주항공1599-1500 1일 13여 회 운행, 한성항공1599-9090 1일 7여 회 운행
  여객선 인천, 부산, 목포, 완도에서 출항-제주항 여객터미널064-757-0117
  렌터카 아우토반렌터카064-746-0051, 제주이렌터카064-713-6000
  제주시⇔마라도 → 95 (서부산업도로) → 산방산 → 사계리 → 송악산 → 산이수동 선착장 064-794-6661(마라도행 유람선은 1일 7회 운행)-09:30~15:30

 여행정보 안내
- 제주도청 관광과 064-710-3323 www.jeju.go.kr

 주변명소 추천
- 제주 테마여행상품 뭉치 이벤트 투어080-749-688 www.moongchee.com·(주)제주생태관광기행064-725-4256
  ※제주의 별난 곳들 답사순환코스와 산악자전거로 제주의 오름과 바다까지의 테마여행-걸멍, 보멍, 타멍, M.W.B 프로그램 운영

 행복한 쉼터
- 서귀포 재즈마을064-798-9300, 가산토방펜션064-732-2095, 파인트리조트064-739-6567, 호도하우스064-739-1152 흑선대포동포구 나폴리펜션064-738-4820 서귀포시 남원읍 의귀리 티파니에서 아침을064-764-9669 한라산 중산간 지역 명도암휴양목장 방갈로064-721-2401~3(양떼와 승마 체험까지 즐기며 저렴하게 머물 수 있는 곳)

 맛있는 여행
- 진미명가064-794-3639(다금바리회, 돔지리) 남원읍 식도락식당064-764-6004·무뚱식도락식당064-764-6004(옥돔국, 갈치국, 몸국), 대유랜드064-738-0500·애월읍 서원가든064-799-7101(꿩토렴) 제주민속촌 입구 탐라촌흑돼지가든064-787-2383 성읍민속마을 내 귄당네식당064-787-1055·부싯돌064-787-1009(흑돼지구이, 빙떡)

무뚱식도락식당의 갈치국

공부도 쑥쑥 키우는 여행길

초등학교

《과학》4학년2학기 25~34쪽 : 지층을 찾아서
《국어-읽기》5학년1학기 148~150쪽 : 〈모두 떠나요, 제주도로〉
《사회》5학년1학기 36쪽 : 제주도의 전통 가옥과 돌담 90쪽 : 제주도 어촌 체험 관광하기
《사회과 탐구》5학년1학기 44쪽 : 섬 지방의 집(바람막이 돌담) 87쪽 : 제주도의 감귤재배 131쪽 : 한라산국립공원

《미술》6학년 10쪽 : 이중섭의 〈흰 소〉

중학교

《국어》1학년2학기 10~23쪽 : 전기문 〈화가 이중섭〉
《미술》(대한교과서) 1학년 33쪽 : 이중섭의 〈봄의 아이들〉
《사회》(디딤돌) 1학년 70~71쪽 : 제주도의 기후와 화산 형태
《사회》(디딤돌) 3학년 88~90쪽 : 서귀포시 지역 연구
《사회과부도》(금성출판사) 24쪽 : 백록담, 중문 관광

태종대 | PIFF 광장 | 해운대 | 불꽃축제 | 용궁사 | 대변항 멸치잡이

부산

어디론가 떠나고 싶은 마음, 영화와 불꽃의 바다로 항해하다

부산, 그곳은 일상에서 훌쩍 떠나고 싶은 이들에겐 마지막 종착역의 낭만이 어린 곳, 언제 찾아도 먼바다로 나아갈 수 있는 항구 도시의 자유분방함이 마력을 부리는 곳, 그래서 부산은 여행자의 긴장을 '무장해제' 하는 항구도시다.

등대와 씨앤씨 갤러리가 수놓은 해안단구 태종대

부산 토박이들이 첫 번째로 꼽는 부산 관광명소는 태종대 해안단구다. 그곳으로 가려면 남포동에서 부산의 명물 영도다리를 건너야 한다. 영도다리 아래로 작은 통통배들이 부산하게 들락거린다. 해안도로를 따라 영도를 한 바퀴 따라 돌면 그 끝머리가 태종대다.

통일신라 태종무열왕이 말 타고 활 쏘며 여가를 즐겼던 곳이라 하여 태종대太宗臺라 부르는 이곳을 한 바퀴 도는 데는 두 시간쯤 걸린다. 산책길 옆 울창한 숲엔 난대성 활엽수인 후박나무, 생달나무, 동백나무 등 200여 종의 수목들이 우거져 있다. 돌계단을 얼마간 내려가면 쪽빛 바다와 접한 해안단애를 만난다. 오랜 세월 거센 파도가 다듬어놓은 바위절벽과 벼랑, 기암괴석이 이룬 절경은 과연 예로부터 시인 묵객들이 줄지어 찾았을 법하다.

푸른 바닷물 빛, 눈부시게 새하얀 등탑, 새빨갛고 시퍼런 색을 입은 아치형 조형물이 눈길을 끈다. 바다가 바라보이는 전망 좋은 곳에 자리한 씨앤씨 갤러리SEA&See Gallary. 전시된 예술작품도 감상하고 비치된 책도 뽑아 읽으며 차 한 잔을 마실 수 있는 낭만적인 공간이다.

▼태종대 등대와 조형물

태종대 해안단구에서 가장 아름다운 자연은 영도등대가 서 있는 자갈마당. 깎아지른 바위 아래로 마치 포효하는 맹수의 울음처럼 으르렁대며 끊임없이 밀려오는 파도자락을 바라보고 있노라면 현기증이 날 정도다. 자갈마당 풍광의 절정인 신선암이나 망부석은 언제까지나 망망대해를 바라보며 그리움으로 서 있을 듯하다.

자갈마당을 지나 전망대에서 바라보이는 수평선도 거칠

부모와 자녀가 꼭 함께 가봐야 할

것 없이 장엄하다. 북쪽으론 오륙도가, 맑은 날에는 저 멀리 대마도까지 보인다.

남포동 극장가는 극장들의 천국! 부산국제영화제 시즌이 되면 자갈치시장과 국제시장의 중간에서 용두산공원으로 이어지는 극장 골목에는 영화 마니아들이 '영화의 바다'를 항해한다. 부산국제영화제의 상징 조형물인 김학제의 〈Oh, P.I.F.F〉도 눈길을 끈다. 세계를 상징하는 지구 위로 은색 필름이 하늘로 불꽃처럼 올라가는 형상이다. '영화의 바다' 극장가 길바닥에는 부산국제영화제를 상징하는 심벌마크와 영화인 김기영, 장이머우, 빔 벤더스, 기타노 다케시, 제레미 아이언스, 잔 모로 등의 손과 발 그리고 사인 등이 새겨진 핸드프린팅 동판들도 곳곳에 깔려 있다. 해를 거듭할수

▼ '살아 있는 자연사박물관' 태종대

태종대 해안단구는 해수면 부근에서 바닷물에 침식돼 평평하게 깎인 바위 면이 위로 융기하는 지반을 따라 솟아오른 것이다. 이는 한반도 전체가 지각변동을 거치면서 수면 위로 솟아올랐다는 근거가 된다. 태종대 신선암 등에서 발견된 공룡 발자국과 백악기 공룡 서식지로 추측되는 공룡 화석 등이 전시된 영도등대는 '살아 있는 자연사박물관'.

록 스타들의 영광이 더 많이 새겨질 이 거리는 '부산국제영화제'의 발자취를 보여주는 이색적인 명물이다.

이 영화제의 진짜 재미는 좋은 영화를 보고 나서 '관객과의 만남'에 참여하기. 영화가 끝난 후 불 켜진 무대에 오른 '감독과의 대화'는 영화 이해를 돕는 시간이다. 수많은 축제 참여자들이 꽉 메운 열린 무대에서 까치발을 들어가며 스타들에게 보내는 시선과 관심도 뜨겁다. 이곳 PIFF광장 거리무대에는 영화제 내내 밤낮없이 스타들이 뜬다.

PIFF광장에서 그리 멀지 않은 용두산공원과 자갈치어시장. 싱싱한 회 한 접시와 부산 토박이 사투리가 그리운 이들은 길 건너 자갈치어시장으로 우루루 몰려들 간다. 자갈치시장은 언제 찾아들어도 활기가 넘쳐나는 곳. 방금 배에서 부려진 싱싱한 해산물들로부터 먼바다에서 잡혀온 냉동생선 등 생선의 모든 것을 구경할 수 있다. "오이소! 보이소! 사이소!" 하는 자갈치아지매들의 세 마디를 끊임없이 들어볼 수 있는 곳이기도 하다. 여행자들은 어느새 펄떡이는 활어만큼 활기에 찬 자신을 발견하게 된다.

▲ 부산국제영화제 개막식과 핸드프린팅
남포동 극장가 길바닥에는 수십 명의 영화계 스타들의 핸드프린팅이 각인되어 있다.
사진제공 : 부산국제영화제

동백나무 가득한 해운대의 진주, 동백섬

천혜의 자연경관을 지닌 해운대는 우리나라 해수욕장의 대명사다. 십리 해변을 활시위처럼 에둘러 수직으로 서 있는 럭셔리한 호텔들에 묵으면 해운대 앞바다의 주인이 될 수 있다. 마치 하와이의 와이키키 해변을 연상시킨다. 부산국제영화제의 전야제도 이곳 해운대구 수영만 야외상영관에서 화려한 막을 연다. 밤바다의 어둠

▲ 누리마루 APEC 하우스
2005년 11월에 열린 부산 APEC 정상회의 회의장이다.

을 가르고 스크린에 영화가 비치면 '영화의 바다'가 따로 없다.

대한8경의 하나로 꼽히는 이곳 해운대 일원은 APEC 정상회담이 펼쳐진 명소로 세계적인 이목이 집중되었던 곳. 세계 정상들이 모였던 장소는 해운대 서편에 자리한 동백섬 '누리마루'다. '해운대의 진주'라 불리기도 하는 이 섬의 산책로는 동백나무가 가득하다. 1,100여 년 전, 이 동백섬의 풍광에 먼저 반한 이가 있었으니, 그는 난세亂世를 아쉬워하며 떠돌던 신라의 대학자 최치원. 합천 가야산으로 들기 전, 이곳의 절경에 취한 그가 동백섬 남쪽 갯바위에 자신의 아호인 해운을 따 해운대라 새겨놓았는데, 그것이 오늘날의 지명으로 정해진 것이다.

누리마루에서 조금 더 걸어든 산책길 모퉁이에선 동백섬 등대가 반긴다. 등탑에 시계를 품고 있는 이 등대는 언제부턴가 연인들의 약속 장소로 소문난 동백섬의 색다른 명물. 동백섬을 한 바퀴 도는 일주도로를 따라 산책하다 보면 영도 쪽 바다 위로, 밀물이 들면 다섯 개의 섬, 썰물이 지면 여섯 개의 섬이 되는 오륙도가 바라보인다.

선상에서 불꽃축제와 디너를 즐기는 크루즈 여행

오후 7시, 동백섬 오른쪽 맞은편 바닷가 선착장에서 '티파니21' 크루즈 유람선이 출항한다. 소중한 사람과 함께 오른 선상에선 로드 스튜어트의 〈세일링sailing〉이 은은하게 들려온다. 바다 풍광이 환히 보이는 디너 파티장에는 부산 앞바다에서 잡아

올린 30여 가지의 싱싱한 활어 해산물 뷔페가 아주 근사하게 차려져 있다. 와인과 함께 아주 맛있게 그리고 멋지게 즐기고 선상으로 올라가면, 바다내음을 흠뻑 실은 밤바다 바람이 가슴에 안겨온다.

선상에서 바라보이는 부산의 야경은 그야말로 황홀경! 특히 10월 중순경에 광안리해수욕장과 광안대교 일원에서 밤바다 하늘을 화려하게 수놓는 '부산불꽃축제'는 세계 최고 수준의 첨단 불꽃쇼다. 40여 분간 8만 발 가량이 쏘아올려지는 첨단 멀티 불꽃쇼는 무려 백만 명이 지난 1년 동안 기다려온 판타지다. 불꽃 직경이 무려 500미터로 국내에서 가장 큰 25인치짜리 일명 '대통령불꽃'은 오직 이곳에서만 감상할 수 있는 불꽃이다.

관광객들 머리 위 창공에선 불꽃이 장착된 비행물체 '불새'도 날아다닌다. 광안대교 상판에선 마치 폭포처럼 불꽃이 쏟아져내린다. 그 모습은 '나이아가라폭포'처럼 거대하고 장엄하다. 불꽃관람유람선에 승선하여 사랑하는 가족들과 불꽃처럼 화려한 인생을 기약해 봄도 뜻 깊은 이벤트. 광안대교의 휘황찬란한 야경을

▼해운대 동백섬의 등대 광장에 서 있는 옛 등대

● **티파니21 크루즈**

에이펙 정상회담에 맞추어 특별히 만들어진 '티파니21'은 비단으로 짜인 천을 의미하는 '티파니'와 에이펙 참가국의 숫자 '21'이 만나 만들어진 호화유람선이다. 배는 사방이 유리로 되어 있어 해안가 풍경과 야경을 두루 감상하며 선상 디너 파티까지 즐길 수 있다. 주간운항코스는 해운대~이기대~오륙도~부산항~광안대교~해운대, 야간엔 해운대~동백섬(누리마루)~광안대교~동백섬. 2시간 30분 운항.

문의 : 051-743-2500 www.coveacruise.com 내국인 3일 전까지 인터넷, 전화예약 필수.

배경으로 기념사진 찍는 이들의 표정은 더 없이 행복한 추억을 약속해 준다. 바다 위를 달리는 광안대로는 '한국의 아름다운 길 100선' 중에서 최우수상을 받은 길이다.

해운대해수욕장을 지나 송정항으로 가는 길. 오른쪽 와우산 언덕 밑으로 망망대해와 해운대해수욕장이 내려다보이는 호젓한 길로 접어들게 된다. 열다섯 번이나 굽어지는 3킬로미터 가량의 이 고갯길은 대한8경의 저녁달을 구경할 수 있는 달맞이길이다. 달맞이고개 일원에서는 보름달을 가장 잘 볼 수 있다는 해월정海月亭을 중심으로 해마다 정월 대보름이면 달맞이축제가 펼쳐진다.

해안가 절벽 위에 군림한 달맞이고개 동네는 프랑스 남부 지중해 연안의 작은 왕국 모나코의 몬테카를로 풍광을 빼닮았다. 푸른 바다와 하늘 그리고 해송과 함께 다수의 갤러리들이 어우러진 이곳을 부산 사람들은 '한국의 몽마르트 언덕'이라고도 부른다. 이곳 갤러리 순례길은 여행의 품격을 높여준다.

해동용궁사와 멸치잡이축제가 펼쳐지는 대변항

기장 방면으로 차로 10여 분 달려가면 해동용궁사 가는 길의 이정표가 보이기 시작한다. 산길을 돌아가면 다시 열리기 시작하는 동남해안 바닷가 해안도로.

바닷가 바로 아래로 뻗은 108 석등계단을 따라 동해바다 속 용궁으로 빠져 들어가듯 아래로 내려가본다. 십이지상과 동굴을 지나니, 그 모습을 드러내기 시작하는 해동용궁사. 바로 눈앞은 망망대해 동해바다다. 이 땅에서 해가 가장 먼저 뜨는 절로 알려진 이곳에서의 새벽 해맞이는 황홀경에 빠질 만큼 장엄할 터다.

▲ 송정항

달맞이고갯길을 넘어서면 빨간색과 하얀색 등대가 쌍둥이처럼 서 있는 송정항이다. 자그마한 포구의 방파제 끝 등대까지 걸어가 보는 일은 이 여정의 낭만을 더해 준다. 해를 맞기 더없이 좋은 곳이다.

▲해동용궁사

용궁사 인근에는 아담하고 정겨운 풍광을 보여주는 대변항이 있다. 한반도 동해남단의 미항美港인 이곳은 기장미역과 기장멸치의 집산 어항이다. 구방파제 선착장에서는 날씨만 좋으면 사철 어느 때고 멸치잡이 어부들의 멸치털기 작업광경을 볼 수 있다.

"그물이 무거우면 황금이 쏟아진다 힘차게 털어내라
어~야 어~야 어요디요~ 어요디요~"

무려 네 시간 가까이 쉴 새 없이 유자망그물을 털어내는 어부들의 멸치잡이 노래다. 1.4킬로미터의 그물을 모두 털어낼 때까지 어부들은 오직 멸치털기에만 집중하고 있다.

"불빛을 따라 그물로 쏟아져 들어오는 은빛 물창 튀기는 멸치 떼의 요동이라니……. 좋았제, 쏟아지는 졸음에, 뱃멀미에 일은 뼈

● 달맞이 언덕 갤러리들

갤러리 몽마르트르 051-746-4202
김재성 갤러리 051-731-5437
갤러리 화인 051-741-5867
공간화랑 051-743-6738
조현화랑 051-747-8853
맥갤러리 051-744-2665
코리아아트센터 051-742-7799
NC갤러리 051-747-8550
가나아트부산 051-744-2020

부 모 와 자 녀 가 꼭 함 께 가 봐 야 할

▶ 대변항 멸치잡이

빠지게 고되었어도 그 희열만큼은 끝내줬었는데……."

　바다에 뼈를 묻으리라는 이곳 토박이 노인의 억센 사투리로 듣는 지난했던 멸치잡이 삶이다. 저 이야기는 한국판 《노인과 바다》가 아닐런가? 선착장 목로주점에서 멸치회를 씹으며, 멸치찌개를 뜨며 멸치잡이 어부들의 삶과 노인의 말씀을 다시금 새겨본다. 부산에서 이렇게 생기 넘치는 사람들과 풍경들을 경험하며 자녀들은 깨달을 수 있지 않을까. '오직 주어진 삶에 몰입하는 이만이 그 길 끝에 우뚝 설 수 있는 것'임을.

친절하고 똑똑한 여정 길라잡이

가는 길
- 경부고속도로 구서나들목 ➡ 도시고속도로 ➡ 태종대 ➡ 수영만 ➡ 해운대 ➡ 용궁사 ➡ 대변항

여행정보 안내
- 부산시청 관광진흥과 051-888-3505 부산 시티투어 051-851-0600
- 크루즈로 즐기는 부산 티파니21 해산물뷔페디너투어 051-743-2500(해운대 출항, 기장 대변항~동백섬~광안대교~부산항~태종대 운항), 팬스타드림호 051-464-6400(1박 2일 코스로 토요일 16시에 부산항 1부두 출항, 태종대~몰운대~광안대교~수영만~해운대 일출), 테즈락크루즈호 051-463-7680

주변명소 추천
- 해운대 아쿠아리움, 동래 범어사와 금정산성, 국립수산과학관, 토암도자기공원

행복한 쉼터
- 조선비치호텔 051-742-7411, 메리어트호텔 051-743-1234, 피닉스호텔 051-245-8061, 해운대 한화리조트 051-749-5200, 대변항의 꿈의 궁전 051-721-7488, 해운대레저타운찜질방(사우나) 051-701-0391, 달맞이모텔 051-747-4146

맛있는 여행
- 해운대 금수복국 051-742-3600(복요리), 전망좋은방 051-746-4323(바닷가재요리, 해산물리조또)
- 공수마을 기장 꼼장어 051-721-2934 · 외가집 051-721-7098(곰장어 짚불구이, 솔잎구이)
- 대변어항 남항횟집 051-721-2302 · 항구횟집 051-721-3336(멸치회, 멸치찌개)

※갓 잡아 올린 싱싱한 멸치를 새콤달콤한 양념에 버무려 한 입 쏘옥 맛보면 잃었던 입맛이 되살아 날 정도. 멸치는 아이들의 뼈를 튼튼히 해주는 칼슘 덩어리다.

남항횟집의 멸치회무침, 멸치찌개

공부도 쑥쑥 키우는 여행길

[초등학교]

《과학》 3학년 1학기 93~104쪽 : 물에 의해 변화되는 지형
《미술》 4학년 6쪽 : 움직이는 선과 형(불꽃놀이)
《사회》 5학년 1학기 7쪽 : 해안지역 사람들의 삶(고기잡이, 양식, 해운업 등) 49쪽 : 멸치잡이
《사회과 탐구》 5학년 1학기 8쪽 : 발전하는 해안도시 부산
의 이모저모 이해 55쪽 : 어머니의 고향-부산광역시

[중학교]

《사회과부도》(금성출판사) 23쪽 : 부산항 부두, 남부 지방의 수산업

경남 거제·고성

외도 | 해금강 | 공룡박물관 | 상족암

남해의 파라다이스 꽃섬 외도와 한반도의 공룡 발자국을 찾아

통영과 거제도 사이의 견내량 해협을 잇는 거제대교를 건너면서 '남해의 파라다이스' 외도의 여정은 본격적으로 시작된다. 이곳 거제도 여행의 백미는 배를 타고 나가 외도와 해금강 일원을 유람하는 것. 거제의 장승포항, 구조라항, 학동항 등 몇 군데 포구에서 그 섬으로 건너는 배를 탈 수 있다.

식물들의 낙원, 외도

항해 20여 분만에 깎아지른 듯한 해벽을 한 외도가 눈에 들어온다. 주황빛 기와가 얹혀진 아치 모양의 하얀색 외도 정문이 맨 먼저 반긴다. 지중해 연안의 섬이나 하얀 집들이 계단식으로 펼쳐져 있던 그리스의 산토리니 섬이 연상된다. '전망화장실'에서도 작은 창들을 통해 쪽빛 바다와 섬들을 파노라마처럼 즐길 수 있다.

원시 동백숲과 대나무숲 그리고 종려나무, 선샤인, 선인장 같은 아열대림의 조화 속으로 걸어 오르는 아름다운 산책 숲길. 동박새가 지저귀고 차이코프스키 음악이 잔잔히 흐르고 있다.

프랑스 베르사이유 궁전의 정원을 닮은 비너스 가든은 외도 정원의 절정이다. 자연과 인공의 조화를 완상하면서 중세 유럽의 격조 높은 귀족처럼 아주 천천히, 우아하게 걸어볼 수 있다. 비너스 가든 끝의 리스하우스는 인기 드라마 〈겨울연가〉 라스트 신 촬영 장소. 지독한 그리움 끝에 눈물 그렁그렁한 모습으로 재회한 두 연인 준상(배용준 분)과 유진(최지우 분)이 꽃과 바다와 함께한 그 집이다.

해풍에 사그락사그락거리는 소리가 싱그럽게 들려오는 대숲 사잇길로 오르면 제1 전망대에 이른다. 까마득한 해안벼랑 위로 등대처럼 올라앉은 둥근 전망대 카페에서의 차 한 잔은 최고의 여유와 낭만을 선사해 준다.

아랫녘에 해무를 두르고 신비롭게 유혹하고 있는 저 섬은 금강산 앞바다의 해금강에 비유되는 절경을 자랑하는 해금강. 그리고 서이말 등대. 섬 동쪽 끝 바로 아래로 바라보이는 새끼섬은 동도. 벼랑 아래 177개의 공룡 발자국이 발견된 공룡굴과 공룡바위는 그대로 '쥐라기공

▼비너스 가든

꽃섬 외도는 이창호, 최호숙 부부가 30여 년 전부터 천여 종에 이르는 희귀식물을 심고 가꾸어 이루어낸 환상적인 파라다이스다.

부모와 자녀가 꼭 함께 가봐야 할

원'을 연상시킨다. 170여 개의 육식공룡 발자국이 발견된 경상남도 문화재 지역이지만 배를 타야만 둘러볼 수 있다.

전망대에서 비탈길로 내려서면 기마전, 말뚝박기, 제기차기 등 전통 민속놀이를 하고 있는 아이들의 순간순간들을 포착해 놓은 놀이조각공원이 자리하고 있어 아련한 향수를 불러일으킨다. 이어지는 조각공원에서는 〈아담과 이브의 선악과〉 같은 조각 작품들이 탁 트인 바다를 배경으로 빛나고 있다. 제2전망대를 지나 이어지는 천국의 계단. 양산처럼 자란 편백나무 방풍림에 포근히 안기며 내려오는 천국의 계단길에서 외도 여정을 마무리하게 된다.

외도에서 다시 8분 남짓 파란 물살을 가르며 바위 두른 해안을 끼고 돌면 해금강이 그 모습을 드러내기 시작한다.

▼ 해금강
한낮에도 해무를 두르고 떠 있는 '해금강'은 금강산의 해금강에 비유되는 절경을 자랑하는 명승지다.

깎아지른 기암절벽으로 이루어진 무인도는 해상관광만 가능하다. 천년만년 쉼 없이 밀려온 파도와 해풍은 절벽 곳곳에 기기묘묘한 형상들을 연출해 놓고 있다.

바다를 향해 포효하는 사자바위를 비롯하여 촛대바위, 용틀임바위, 신랑신부바위 등이 이룬 풍광은 북녘의 해금강 못지않은 절경이다. 뱃머리에서 감상하던 여행자들의 거듭되는 탄성은 열십자를 이룬 십자동굴 해벽 틈새로 들어서는 순간, 뱃머리로 튀어 오르는 하얀 포말과 함께 절정을 이룬다. 진시황제의 명으로 불로장생초를 구하러 이곳까지 왔다던 서불 일행이 그네를 탔다는 전설이 실감나는 해상 명승지다.

▲ 놀이조각공원

몽돌들이 명상 음악을 들려주는 학동과 여차해변

장승포항에서 해금강 입구에 이르는 칠십 리의 동부해안 도로는 환상의 드라이브 코스다. 푸른 잎새들이 반짝반짝 그 윤기를 더하는 동백나무 가로수와 다도해의 아름다운 풍광이 이어지는 길은 윤돌도라는 고운 섬을 앞바다에 안고 있는 구조라 해변에 이른다. 조금 더 달리면 학동 몽돌밭 해변. 파도가 하얗게 포말을 토할 때마다 흑진줏빛을 자랑하는 몽돌들은 "짜르르르 짜르르르……" 연신 명상음악 같은 해조음 海潮音 을 선사해 준다.

다시 전망 좋은 해안도로를 따라가면 우리나라 최대 규모를 자랑하는 야생 동백나무 군락지 중 하나인 학동 동백림. 신비의 새인 팔색조가 깃을 친다는 바닷가 언덕, 3만여 그루의 동백나무숲 때깔은 찬연하다. 이 길 바로 남녘으로는 폭 30미터, 길이

200미터의 아주 작은 함목 해수욕장이 있다.

　1018번 지방도로를 따라 거제도 남단의 저구리부터 거제대교까지 이어지는 서부해안도로도 다도해 특유의 아늑한 풍광을 안겨주는 환상의 드라이브 코스다. 특히 무지개마을에서 여차마을에 이르는 십여 리 길에서는 수십 길 벼랑 아래 바다에 대·소병태도, 매물도 등이 마치 꽃점처럼 둥둥 떠 있다.

'한반도는 공룡나라의 수도'

　멀리 남쪽까지 내달은 김에 경남 고성 바닷가 상족암으로 길을 잡는다. 고성군 하이면 덕명리 바닷가에 자리한 상족암군립공원 해안 6킬로미터는 그야말로 공룡왕국이다. 파도가 부

▼학동 몽돌밭 해변
파도자락이 하얀 포말을 토하며 밀려들 때마다 흑진줏빛 몽돌들이 "짜르르르 찌르르르" 연신 천혜의 소리를 연주해낸다.

서지는 바닷가 벼랑길 여기저기에서 거대한 공룡 모형들이 울부짖고 있다. 이곳에서만 공룡 발자국 화석이 무려 1,900여 족이나 발견되었다.

이곳에 세계 최초로 들어선 공룡박물관을 먼저 들러본다. 거대한 공룡들의 화석은 중생대 백악기에서 다시 살아나올 것처럼 실감난다. 이곳 박물관에선 직접 공룡 화석에 석고를 부어 만들어 보는 '공룡 발자국 화석 뜨기'도 재미있는 체험이다. 거실이나 서재에서 백악기 시대의 공룡과 다시 만나게 될 거라는 환상에 젖어, 모두들 제작에 몰두 중이다.

이곳은 천연기념물 제411호로 지정된 덕명리 갯바위 바닷가. 공룡 발자국 화석을 직접 관찰할 수 있는 곳. 너른 암반 위에 찍혀 있는 공룡 발자국들을 직접 눈으로 확인하고 만져보고 싶으면 바닷물이 빠지는 물때를 잘 맞추어 찾아야 한다. 물론 물때가 어긋나도 공룡 발자국 해안가 탐방로는 열려 있다.

발자국 너비 24센티미터, 길이 32센티미터 크기의 이 발자국들은 70센티미터 간격으로 해안가로 이어지고 있다. 거대한 공룡이 상족암 쪽으로 걸어간 흔적이 암반 위에 선명하다. 그 뒤를 따르면서 공룡들의 생태를 상상하는 여행자들……. 신비로운 '공룡 나라' 속으로 걸어드는 환상에 젖는다. 조각류 공룡의 둥근 삼지창 같은 발자국, 뾰족한 삼지창 모양의 수각류 발자국, 용각류 공룡의 둥근 발자국 등 공룡의 종류에 따라 찍혀 있는 발자국 모양도 여러 가지다. 가장 큰 발자국은 무려 50센티미터에 이른다.

이 해안 탐색길은 중간쯤 가다가 바위산으로 불쑥 솟아나 있다. 상족암이다. 마치 수만 권의 책을 시루떡마냥 켜켜이 쌓아 놓은 듯하다. 높이 20미터, 둘레 150미터 정도의 바위산을 거대

▲ 세계 최다 공룡 발자국 화석지
경남 고성 지방에는 6킬로미터의 해안가를 따라 무려 4,300여 족의 갖가지 형태를 지닌 공룡 발자국이 산재해 있다.

▶ **공룡왕국 상족암군립공원**
세계 최초로 공룡박물관이 들어선 상족암 해안지대에는 신비감을 더해 주는 공룡 세계가 펼쳐져 있다.

부 모 와　자 녀 가　꼭　함 께　가 봐 야　할

한 상 다리가 떠받들고 있는 형상이다. 상족암의 상 다리 사이로는 신비스런 일곱 개의 해식동굴이 미로처럼 뚫려 있다. 동굴 안으로 들어서서도 공룡 발자국이 발견된다.

공룡 발자국 화석지는 이곳뿐만 아니라 고성 땅 곳곳에 산재해 있다. 이 곳을 중심으로 6킬로미터쯤에 이르는 해안지대를 따라 무수히 산재해 있는 공룡 발자국의 수는 무려 4,300여 족이나 된다.

브라질, 캐나다와 함께 이곳 고성 땅은 세계 3대 공룡 발자국 산지로 꼽는다. 그래서 고생물학자들은 곧잘 "한반도는 공룡 나라의 수도"라고 비유한다. 이런 공룡 유적지의 세계적 규모를 잘 살려 고성 사람들은 당항포와 이곳 상족암 일원에서 '경남 고성 공룡세계엑스포'를 열었다.

친절하고 똑똑한 여정 길라잡이

- **가는 길**: 경부고속도로 ➡ 대전통영고속도로 ➡ 통영나들목 14 ➡ 거제도(외도·해금강) ➡ 거제남동부 해안도로 ➡ 거제대교 ➡ 고성 ➡ 상족암(공룡박물관)
  외도행 배편 거제도의 장승포 055-681-6565, 구조라 055-681-1188, 학동 055-636-7755

- **여행정보 안내**: 거제시청 문화관광과 055-639-3253 www.geoje.go.kr

- **주변명소 추천**:
  거제도 지심도(동백섬), 거제박물관, 거제자연예술랜드, 거제포로수용소
  고성 삼천포해상관광유람선 055-835-0272

- **행복한 쉼터**: **거제도** 거제아일랜드호텔 055-687-7111(해금강과 바다 풍경이 한눈에 들어온다), 거제자연휴양림 055-632-2221, 망치펜션 055-681-0039, 거제펜션 055-636-7879 **고성 상족암** 경남청소년 수련원 055-834-6211, 브이모텔 055-834-6255, 상족장 055-834-6225

- **맛있는 여행**: **거제도** 백반석 055-637-6660(멍게비빔밥-신선한 바다의 향기가 입안 가득한 향토별미로, 곁들인 대구생선지리탕 역시 깔끔한 맛이다) 장승포선착장 앞 항만식당 055-682-4369(해물뚝배기탕-최고의 해물탕 맛으로 추천하고 싶은 곳), 고현정식당 055-637-2445(해물한정식), 풍년횟집 055-633-5115(졸복국) **고성** 동해한정식 055-674-4343(한정식), 고성바다횟집 055-833-7954(자연산 회와 매운탕)

백반석의 멍게비빔밥

항만식당의 해물뚝배기탕

공부도 쑥쑥 키우는 여행길

초등학교

《과학》 4학년 2학기 35~48쪽 : 화석을 찾아서(고성 상족암) - 공룡 뼈 화석이 전시되기까지의 과정

《미술》 4학년 10~12쪽 : 상상의 세계(공룡 시대를 찰흙으로 빚기)

《사회과 탐구》 5학년 1학기 72쪽 : 우리가 사는 지역(어촌의 생활)의 관광·휴양지 개발의 사례 131쪽 : 우리나라의 한려해상국립공원

《국어-읽기》 6학년 1학기 80~87쪽 : 자연과 더불어 사라진 공룡

중학교

《과학》(지학사) 2학년 172쪽 : 화석이 들려주는 옛이야기(고성군 하이면 덕명리 해안 공룡 발자국과 공룡알) 180~183쪽 : 옛날에는 어떤 생물이 살았을까

전남 여수

거문도 | 상백도 | 하백도

쪽빛 남쪽바다에 그리움으로 떠 있는 마법의 성, 거문도

그 섬에 가고 싶은 그리움을 달래주던 정현종 시인의 짧은 시 구절이 떠오른다. "사람들 사이에는 섬이 있다. 그 섬에 가고 싶다." 지금 내 마음속의 그 섬은 거문도. 남쪽 끝 여수항까지 달려가서도 다시 꽤나 공력을 들여야 할 터다. 그 섬에서 더 많은 여유를 즐기기 위해 여수항으로 밤을 새워 달리고 달려 얼추 다섯 시간 남짓, 항구 언저리가 아직 푸릇한 미명에 싸인 햇새벽에 미항 여수에 도착했다. 방파제 끄트머리 작은 무인 등대만이 졸린 눈을 깜박거리고 있다.

거문도는 여수여객선터미널에서도 뱃길로 115킬로미터. 시속 70킬로미터로 항해하는 쾌속선을 타고서도 두 시간 남짓 먼 바다로 나아가야 건너갈 수 있는 섬이다. 동도와 서도 그리고 고도, 세 개의 섬으로 이루어져 본디 삼도三島라 불리기도 했다. 바다로 나올수록 제법 큰 파도가 넘실넘실 달려든다. 그러나 "그 섬에 가고 싶다"는 그리움과 희망으로 두렵지 않다.

여객선이 닻을 내린 곳은 고도 선착장. 작은 면소재지의 면모를 그려내고 있는 어항이다. 칠흑같은 밤바다에서 어화魚火를 밝히며 밤을 꼬박 새워 만선을 이뤘던 갈치잡이배들이 또 다시 출어 준비로 분주하다. 선착장을 지나는 길가의 좌판에는 상자마다 눈부시게 빛나는 은빛 갈치가 제 때깔을 자랑하고 있다.

▲바닷길을 이어주는 여수·거문도 쾌속선 '오가고호'

'포트 해밀턴'으로 통했던 거문도의 영국군 묘지

고도항에서 정겨운 돌담길을 따라 20여 분 오른쪽 바닷가 언덕으로 에돌아 오르면 노란 유채꽃이 몽환적으로 피어난 곳에 이국적인 풍경이 숨어 있다. 유럽 여행길에서 봄직한 이 고풍스런 풍경은 영국군 묘지다. 이 묘지의 풍경은 열강들의 패권경쟁 틈새에서 시달려온 아린 우리 역사를 되새겨보게 하는, '살아있는 역사교과서'다.

한반도 남쪽바다 중간 최남단에 떠 있는 섬, 거문도 일원의 바닷길은 태평양으로 들고나는 배들이 반드시 지나야 하는 길목. 전략

▲ 영국군 묘지
유럽 여행길에서나 봄직한 이국적인 묘지의 모습은 열강들의 패권 싸움으로 인한 생채기를 말해 주는 듯하다.

적 가치가 그만큼 높았던 이 섬은 우리 땅 어느 곳보다 아팠다.

　1885년(고종 22) 4월, 평화로웠던 섬에 군함 6척과 대포 76문, 600여 명의 해군을 실은 영국 선단이 들이닥쳤다. 영국과 러시아의 대결시대였던 19세기 국제관계사에서 러시아의 남하정책을 막기 위한 명목이었다. 인도와 동남아시아 그리고 중국을 연결하는 해상을 장악하고 있던 영국에게 이 섬은 동지나해와 동해를 연결하는 요지였다. 섬의 이름까지 자기들 맘대로 해밀턴항 Port Hamilton으로 지어 붙여놓았다. 이후에 중국 주둔 영국함대도 이 섬으로 진입시켜 군함 13척, 2천여 명의 병력을 23개월 동안 주둔시킨 흔적을 남겨 놓은 것이다. "영국은 해가 지지 않는 나라"라는 그네들의 자랑처럼 제국주의의 원조임을 자랑하던 대영제국의 패권주의 잔흔인 것이다.

　영국으로 이장해 가고 남아 있는 세 기의 묘지명엔 "우연한 폭발 등으로 죽은 사람들……"이라고 적혀 있다. 그런데 물빛 고운 바다가 내려다보이는 비탈 밭에서, 잠시 허리를 펴는 노인의 말씀은 사뭇 다르다.

　"아 글씨, 그게 아니지라잉. …… 욕정을 참지 못한 영국 군인들이 주둔지인 여기 고도에서 저짝편 서도로 헤엄쳐 건너갔든 거라우잉. 그렇게 술에 취해 다시 바다를 헤엄쳐 귀대하다가 중간에서 익사한 것이라이. 쉽게 말해서, 우리 할매들을 욕보이려 한 놈들이지라. …… 생각해 보면 참 거시기하재이."

　영국군이 철군한 뒤에는 일본이 자국의 어민들을 집단으로 이주시켰다. 아직껏 남아 있는 일본식 여관집과 1938년에 세운 거문항

확충비 등은 그 시절의 잔흔이다.

동백숲길로 오르는 서도의 거문도 등대

다시 고도항으로 되돌아와 아치형 현수교인 거문도의 명물 삼호교를 건넌다. 고도와 서도 사이 짙푸른 바다를 가로지른 무지개 모양의 이 다리는 건너는 것만으로도 설렌다. 거문도의 최고 명물 서도의 수월산(196미터) 남쪽 끄트머리에 올라앉은 거문도 등대(061-666-0906)로 가는 통과 의례다.

선착장에서 서도 남쪽 끝의 수월산 봉우리에 솟아오른 등대까지는 3.5킬로미터. 한 시간 남짓 걸리는 트래킹 거리다.

활처럼 부드러운 곡선을 이룬 유림해수욕장을 지나 오르막길로 오르다 잠시 쉬어 가는 나무 의자 두 개가 있는 곳에선 섬 전체가

▼아치형 현수교 삼호교
거문도 등대로 가는 길은 고도와 서도 사이에 가로지른 무지개 모양의 삼호교를 건너야 한다.

한눈에 들어온다. 저 아래 삼호교 밑으로 쉼 없이 배들이 드나들고 있다.

거문도 등대로 가는 길에서 빼놓지 말아야 할 곳으론 해발 115미터의 신선바위가 있다. 유림해수욕장 쪽에서 시작되는 등산로를 타면 그리 어렵지 않게 신선바위를 경유할 수 있다. 신선바위 정상에 올라서면 정말 신선이 된 듯한 환상에 빠질 정도로 선경仙境이 펼쳐진다. 깎아지른 듯한 해벽 위에서 바라보이는 풍광은 탄성을 거듭케 한다.

등대가 있는 섬으로 건너가는 길목은 양쪽 해안이 거의 닿을 듯 바위땅이 잘록하게 들어가 바닷물이 넘나드는 '무넘이'. 예서부터 거문대 등대로 오르는 길은 약 1킬로미터 정도. 울퉁불퉁한 암반길을 지나면 동백숲길이 바로 이어진다. 2월부터 3월까지 동백꽃 터널을 이루는 이 길은 우리 땅에서 가장 아름답고 울울창창한 동백꽃길이다. 통째로 뚝뚝 떨

▼ 거문도

어진 붉디붉은 동백꽃 송이송이 낙화는 비장미마저 느끼게 한다.

산허리 숲길을 따라 20여 분 걸어들면 반도 끄트머리. 드디어 눈에 들어오는 하얀등대, 갈치잡이배들의 눈부신 모습이다. 기존의 거문도 등대는 1905년부터 점등되기 시작했다. 백년 동안 절해고도를 지켜온 등대 중의 등대. 그러나 이 등탑이 최초로 쏘아낸 불빛은 일본 제국주의의 야욕이 담겼던 '제국의 불빛' 이었음을 간과해선 안 되리라. 영일동맹을 충실히 대행한 러일전쟁 와중에 일본 군대 중에서도 대본영이 직접 세운 등대가 거문도 등대였다. 6.4미터 높이의 기존 둥근 등탑은 유물처럼 보존되어 있고, 최근에 완공된 새하얀 등대가 33미터 높이의 늘씬한 몸매를 자랑하듯이 해안단애 끝자락 위에 우뚝 서 있다. 154개의 나선형 계단을 통해 등탑 전망대에 오르면 이곳 등대섬은 물론, 거문도 일원과 저 멀리 망망대해 가운데 성채처럼 떠 있는 백도 등의 거문군도가 한눈에 들어온다.

하룻밤 이곳 등대에서 묵으며 등대체험도 해볼 수 있는 콘도형 휴양소도 있다. 망망대해 남쪽 바다를 밝혀주는 등대 불빛, 갈치잡이배들의 집어등이 밤바다를 환하게 수놓아주는 어화魚火……. 섬에서의 이채로운 체험은 밤늦도록 여행자를 들뜨게 한다.

등대 바로 앞의 관백정觀白亭은 반도 끝 중의 끝. 백도白島가 보인다고 해서 '관백정' 이라는 이름을 지닌 정자다. 한낮에도 전망이 대단하지만, 새아침에 백도 뒤 수평선 위로 떠오르는 해돋이는 숨을 멎게 할 것 같은 감동의 풍광을 연출한다. 발 아래 암벽 밑으론 눈이 시릴 정도로 새파란 파도자락이 넘실넘실 밀려와 하얀 포말을 일으키며 산산이 부서지곤 한다. 해풍을 가

▲ 거문도 동백꽃
거문도 등댓길은 우리 땅에서 가장 아름답고 울울창창한 동백꽃길이다. 2월부터 3월까지 동백꽃 터널을 이룬다.

▲ 백여 년 된 거문도 등대
거문도 최남단 해안단애에 우뚝 올라선 새하얀 등대는 1905년 점등되어 백년 동안 절해고도를 지켜온 등대 중의 등대다.

▲ 관백정

● 기와집 몰랑
'몰랑'은 용마루를 뜻하는 사투리로 지붕의 끝자락을 뜻한다.

숨으로 맞으며 하염없이 먼 바다를 바라보노라면, 더 나아갈 수 없는 바다는 수평선을 긋고 있다. 확 트인 바다 저 너머로 사그라드는 낙조 또한 일품!

등대로 오르던 길을 되내려와 무넘이 잔교를 건너면 보로봉으로 오르는 등산로가 나타난다. 280개 계단을 올라 동백나무 숲길을 다 오르면 해발 173미터의 보로봉 정상. 등대에서 20여 분 소요되었지만 사위가 이리 시원하게 펼쳐질 수 없다. 고도, 동도, 서도의 전경이 한눈에 내려다보이니. 바위 능선을 타고 해안절벽과 기암괴석이 물결처럼 이어지는 '기와집 몰랑'은 이번 거문도 여정의 보너스.

서도에는 '거문도 뱃노래 전수관'이 자리잡고 있다. 이곳에선 400여 년 전부터 전해오는 어민들의 뱃노래를 동영상과 글로 감상해 볼 수 있다. 거문도의 속내를 알게 되는 귀한 곳이다.

망망대해에 떠 있는 기암괴석의 전시장, '백도 신기루'

거문도 여정에서 백도는 필수 여정. "살아서 안 가보면 저승에 가서도 후회막급할 곳"이라고 선착장에서 만난 늙수그레한 뱃사람이 백도 자랑을 풀어낸다. 고도 선착장에서 동쪽으로 28킬로미터 떨어져 있는 섬, 섬, 섬인 백도. 더 먼 바다로 나아가야 하기 때문에 뱃멀미약을 챙겨 먹는 이들이 많다. 파도를 가르며 나아가는 배 안으로 튀어오르는 바닷물로 카메라 렌즈를 잘 챙겨야 할 지경이다.

그렇게 망망대해로 나아가길 50여 분. 갑자기 한 무리의 섬들이 병풍처럼 늘어서서 뱃길을 막는 듯하다. 여행자들의 탄성이 시작된다. 국가명승지 제7호로 지정된 백도다. 멀리서 보면 섬 전체가 하얀 빛을 띠고 있어 백도라는 섬 이름이 붙었다고도 하고, 섬 전체의 봉우리가 백 개에서 딱 하나가 모자라 백도라 부르게 되었다고도 말한다.

상백도와 하백도로 나뉘는 이 섬은 39개의 무수히 작은 바위섬들을 거느리고 있는 무인도다. 갖은 사연과 전설을 간직하고 있는 기암괴석의 바위섬들은 매바위, 서방바위, 병풍바위, 형제바위, 석불바위 등으로 불린다. 그 생김 생김새가 이름 그대로다. 이 가운데 하백도의 서방바위와 각시바위는 영락없는 남근과 여근 모양이어서 한바탕 해학적 감탄을 쏟아내 준다. 다가갈수록

▼ '마법의 성' 백도 선상투어

이리저리 겹쳐진 기암괴석의 크고 작은 바위섬들이 보여주는 파노라마는 어느 각도에서 카메라 앵글을 들이대도 탄성을 자아내게 한다. 백도는 날씨와 바라보는 각도에 따라 바위들의 모습이 색다른 모습을 자랑하기 때문이다. 이런 백도의 특징을 들어 사람들은 일명 '매직 캐슬(마법의 성)'이라고도 부른다.

 이곳 백도에는 믿기 어려운 이야기가 전해온다. 태풍이나 폭풍우가 몰려와 파도가 거세지기 전이면 백도 봉우리나 주변에서 돌멩이가 굴러 떨어지는 현상이 미리 나타난다는 것. 이럴 때 뱃길을 돌리면 화를 면하게 된단다. 거문도 뱃사람들은 백도의 이런 영험함을 가리켜 '백도 신기루'라 하며, 신앙처럼 따르고 있다.

 거문도로 다시 돌아가는 배에서 점점 아스라이 멀어지는 백도……. 왠지 모를 그리움이 왈칵 솟는다. 거문도, 백도……. 어렵게 찾은 먼 바다 위의 섬이었던 만큼, 두 섬은 보석처럼 빛나는 기억으로 내 여행수첩과 사진첩에 오래오래 간직되리라.

친절하고 똑똑한 여정 길라잡이

 가는 길
- 호남고속도로 순천나들목 ➜ 여수방향 외곽도로 17 ➜ 여수시 여객선터미널 ➜ 거문도·백도
여수항⇔거문도항 쾌속여객선 가고오고호061-663-2191, 거문도사랑호061-662-1144, 페가서스호061-663-2191(고흥 나로도항 경유) : 1일 4회 왕복운항(편도 소요시간-약 2시간)
고흥군 녹동항⇔**거문도항** 오가고호061-844-2700 : 1일 2회 왕복운항(편도 소요시간-1시간)
거문도항⇔**백도 유람** 온바다061-666-8215, 영신해운061-663-0100, 청해진해운061-666-2801 : 수시 운항(왕복 소요시간-2시간 30분)

 여행정보 안내
- 여수시청 문화관광과061-690-2225 www.yeosu.jeonnam.kr
남해안투어061-665-7788 www.namda.co.kr (거문도·백도 여객선표 예약 및 패키지 여행상품 전문)

 **주변명소 추천**
- 여수 향일암, 오동도, 진남관, 영취산 진달래, 흥국사

 행복한 쉼터
- 여수지방해양수산청061-650-6093(거문도 등대 숙박 체험, 매월 1일부터 전화예약)
여수 로또모텔061-654-3700   **거문도** 거문장여관061-666-8052, 동백여관061-666-8062, 뉴백도여관061-666-1874, 하얀집민박061-666-8053, 삼호장민박061-666-8533

 맛있는 여행
- 삼도식당061-665-5946(갓 잡아 비린내가 거의 안 나는 갈치회), 삼호교횟집061-666-1774(삼치·꽁치회), 일등횟집061-665-8303(다금바리·돔회), 매일횟집061-666-8478(미역국 백반), 서도 장촌타운061-665-1329(해물구이 바비큐) **여수항** 한일관061-642-5600(회정식), 원앙식당061-664-5567(꽃게장 백반)

삼도식당의 갈치회

공부도 쑥쑥 키우는 여행길

초등학교
《사회》5학년1학기 7쪽 : 해안 지역 사람들의 삶(고기잡이, 양식)의 모습
《과학》6학년1학기 39~44쪽 : 여러 가지 암석
《음악》4학년 61쪽 : 동요 〈바다〉

《음악》6학년 40~41쪽 : 전라도 민요 〈거문도 뱃노래〉
중학교
《사회과부도》(금성출판사) 101쪽 : 열강의 침투와 우리나라의 개항 105쪽 : 열강의 이군 침탈(영국의 거문도 점령)

'여행길에서 생명의 존엄을 느낀 우리 아이들은
 마음의 키를 훌쩍 키워, 세상을 더욱
 아름답게 사랑하리라.'

부모와 자녀, 함께
생명을 느끼다

2

●전남 구례·광양 사성암 | 매화마을 | 화개장터 | 산수유마을 | 지리산 화엄사 ●경남 창녕 우포늪 | 관룡사 | 용선대 마애불 | 화왕산 | 창녕박물관 ●전북 고창 선운사 | 도솔암 | 고창읍성 | 청보리밭축제 ●금강산 구룡폭포 | 만물상 | 해금강 | 삼일포 ●전북 임실 옥정호 | '섬진강 시인' 문학기행 | 장구목 | 임실 치즈마을 ●전북 김제 금산사 | 귀신사 | 아리랑문학관 | 벽골제 | 지평선축제 ●전남 순천 순천만 | 낙안읍성 | 《태백산맥》 문학기행 | 송광사 | 선암사

전남 구례·광양

사성암 | 매화마을 | 화개장터 | 산수유마을 | 지리산 화엄사

꽃비 내리는 섬진강 따라 봄마중 나가다

겨울 끄트머리에서, 아니면 이른 봄날 마중으로 떠나기 좋은 우리나라 대표 여행지는 어디일까? '봄의 전령사'라고 일컫는 매화도 보고, 산수유꽃도 볼 수 있는 섬진강 마을과 지리산 자락이 아닐까 싶다.

이번 여정에서는 그 동안 내 여행수첩에 꼭꼭 숨겨두었던 구례 오산 사성암부터 찾기로 한다. 지리산과 섬진강이 너르게 걸려있는 구례를 수없이 오고간 여행 베테랑들도 잘 모르고 지나치는 곳이다. 그도 그럴 것이 사성암은 섬진강이나 지리산 본 도로에서 벗어나 가파른 산길로 한참을 올라야 하기 때문이다.

● 김용택의 〈섬진강1〉 중에서
가문 섬진강을 따라가며 보라
퍼가도 퍼가도 전라도 실핏줄 같은
(……)
영산강으로 가는 물줄기 불러
뼈 으스러지게 그리워 얼싸안고
지리산 뭉툭한 허리를 감고 돌아가는
섬진강을 따라가며 보라

사랑의 전설이 아련한 구름 위의 절집, 사성암

나의 충실한 애마 사륜구동 렉스톤은 구례읍 남쪽 2킬로미터 지점에서 꼬불꼬불한 비탈길을 따라 오르기 시작한다. 심심치 않게 급경사로 덤벼대는 오름길에선 핸들 잡은 손에 절로 힘이 들어간다. 한순간 고막이 멍멍해지면서 아슬아슬하게 정상 가까이 올랐는가 싶을 때, 눈앞에 들어오는 절경!

산꼭대기에 깎아지른 듯, 절벽을 병풍 삼아 위태롭게 걸려 있는 절집의 풍광은 압권이다. 여수 돌산도의 향일암이나 남해 금산의 보리암보다도 더 기묘하게 벼랑에 매달려 있는 모습이다. '어떻게 저런 꼭대기에 암자를 지을 수 있을까?' 그저 놀랍고 신기할 뿐이다. 더욱이 암자는 바위 틈새로 파고 들어가 제 몸을 온전히 드러내지 않고 있다.

▼ 사성암
1,500여 년 전 연기대사가 창건한 이 절의 원래 이름은 오산암이었으나 그후로 원효대사, 도선국사, 진각선사까지 네 분 스님이 수도했다 하여 사성암四聖庵이라고 불린다.

여느 절과는 달리 손바닥만한 마당을 겨우 지니고 있는 사성암의 가파른 바위계단과 벼랑 끄트머리에서 굽어보는 산 아래 풍광도 기가 막히다. 구례 섬진강 일원 최고의 조망이다. 너른 품을 자랑하는 구례 들판과 지리산 연봉들의 능선자락이 마치 창공에서 내려다보는 것처럼 한눈에 들어온다. 그 한가운데에는 지리산 자락을 휘감으며 김용택 시인의 '섬진강'이 유장하게 흐르고 있다.

기암괴석이 많아 소금강이라고도 불리는 이곳 암

▲ 마애약사여래불

벽에는 원효대사가 손톱으로 새겼다는 마애약사여래불이 있다. 약사전 안으로 들면 마애불의 자비로운 미소가 반겨준다. 손톱으로 새기기에는 대단히 미려한 솜씨의 공력이다.

암자 뒤편으로 다 오르면 소원바위다. 그 옛날, 하동으로 땔감 팔러 나간 남편이 돌아오기를 소망하다 지쳐 세상을 떠난 아내와, 그 아내를 잃은 슬픔에 겨워 숨 거둔 남편의 전설이 애절하게 어린 바위라 하여 '뜀바위'라고도 부른다.

섬진마을 청매실농원과 청정 섬진강 재첩국

백운산 자락 2킬로미터의 섬진마을은 지금 새하얀 매화가 뒤덮고 있는 '매화공화국'이다! 마을길에서도, 산비탈 오솔길에서도 우리는 펑펑 쏟아져 내리는 눈꽃 세례를 맞는 듯하다.

이 매화잔치는 섬진마을 한가운데에 자리한 청매실농원을 중심으로 절정을 이룬다. 농원 뜨락에는 굵은 조선항아리가 무려 2천여 개나 정렬되어 있다. 봄햇살을 맞는 저 조선항아리 속에서는 잘 익은 매실 먹거리들과 매실주가 그 향을 더하고 있을 터다. 운 좋게도, 이 무렵 대한민국에서 가장 바쁜 사람 중의 한 분일 홍쌍리 여사가 직접 꺼내주는 매실 맛은 기가 막히다. '섬진강 봄꽃 마중' TV특집 녹화에 게스트로 출연하게 된 '섬진강 시인' 용택이 형을 간만에 만나는 반가움도 크고.

"아이구, 이게 누구지라이? 오래 간만이여, 잘 지냈능가? …… 글 줌 많이 쓰구? 매화구경 나왔구먼. 그랴, 꽃구경은 많이 했는감? …… 싸게 둘러봐라, 잉. 매화가 허벌나게 피었슨께."

푸르른 왕대나무 숲길을 지나 농원의 뒤안길로 넘어 돌아드는 순간, 바로 눈앞으로 너른 매화나무 단지가 펼쳐진다.

"농사꾼도 농사로 아름다운 작품을 만들 수 있다는 걸 잘 보여주고 싶었지요."

매화꽃 나라의 영주이며 매실 전도사인 홍쌍리 여사의 말이다. 갖은 고생으로 일군 매화꽃 천지는 이제 대한민국 봄철 여행의 성지가 되었다.

섬진강 하구에서는 지금 재첩잡이도 한창이다. 남한 땅 5대 강 유역에서 유일하게 남겨진 청정 섬진강변에서만 볼 수 있는 풍광이다. 어느 시인이 말했던가. 섬진강의 재첩국은 '섬진강의 순결한 원형'이라고. 섬진강변 사람들은 이 '섬진강의 순결한 원형'을 '보약을 달이는 정성'으로 고아서 손님 대접하고 있다. 과연 재첩국은 섬진강의 청정한 자연이 우려낸 국물이다.

● 이규보의 〈매화예찬〉
매화꽃 산 아래 초록들빛에 물들어가며
봄날을 즐기는 빛깔 고운 춤꾼들
봄비가 내리더니 하늘빛 청명하여 풀빛마저 푸르고 따스한 바람 타고 매화향 재 너머 오는가

▼ 청매실농원
매화공화국 청매실농원에는 무려 2천여 개의 조선항아리가 봄햇살을 받으며 매실먹거리 향내를 더해 가고 있다.

▶섬진강 매화마을

"꿈이로다~ 꿈이로다~ 모두가 꿈이로다~"로 시작되던 송화(오정해분)의 판소리를 들으며 팔순 노인 백사가 숨을 놓아가던 영화〈천년학〉의 마지막 장면, 그 숨막힐 듯 아름답던 매화초당의 영상미가 담겨진 곳이다.

그리운 화개나루 줄나룻배와 벚꽃터널길

다시 섬진강을 길동무 삼아 거슬러 오르는 하동에서 화개에 이르는 19번 국도. 이 2차선 강변길은 우리나라에서 아름답기로 이름난 벚꽃나무 터널길이다. 이 무렵도 좋지만 4월초 이 길의 아름다움은 절정에 이른다. 그 화사함을 이루는 꽃무리는 어디 벚꽃뿐이랴. 길 따라 이어지는 저 비탈밭 배나무 재배단지에서 눈부시게 새하얀 배꽃은 또 어쩔 것이고……. 섬진강을 끼고 달리는 이 드라이브 길은 사계절 언제고 좋다.

섬진강을 거슬러 오르는 길은 악양 평사리를 지나 화개장터 들목에 이른다. 몇 해 전만 해도 이곳 화개나루에는 강을 가로지르는 줄나룻배가 있었다. 전라도, 경상도 사람들과 물산을 건네주던 섬진강마을 사람들의, 삶의 탯줄이었는데…….

"여어이—건너올랑가? 기둘려요—잉, 내 싸게 건네 줄라니께잉."

아직도 강 저편에서 뱃사공의 목소리가 들려오는 듯하다. 섬진강마을 사람들의 삶의 기억은 저 강물처럼 모두 쓸려가 버리고, 나루터 바로 아래에는 최근에 걸쳐놓은 화해의 다리(?)가 아주 거창하게 버티고 있다. 오고 가는 길은 편해졌을지 몰라도 섬진강의 본래 서정과는 전혀 어울리지 않는다.

화개장터는 김동리가 쓴 소설 〈역마〉나 조영남이 부른 〈화개장터〉로 우리에게 더 익숙해진 곳이다. 복원된 장터에서는 지리산 골짜기와 섬진강변에서 뜯어왔다는 달래랑 냉이, 씀바귀 같은 봄나물들이 할머니들 손에 얼마 안 되는 잔돈을 쥐어주고 있다.

4월이 오면, 화개花開의 봄날은 연분홍꽃빛으로 화사하기 이를 데 없을 터다. 그 무렵 화개골에서 쌍계사에 이르는 십여 리 길은 벚꽃터널을 이루며 봄의 환타지를 그려낼 것이다. 여행자들은 그 으슥한 지리산 야생차를 마시며 정담을 나누리라.

샛노란 꽃구름 내려앉은 산수유마을과 화엄사

구례 산동면은 산수유의 고장이다. 국내 산수유 생산량의 60퍼센트를 차지할 만큼 산수유의 명소다. 지리산 온천단지를 지나 4킬로미터 가량 오르면 이곳 산동에서도 산수유가 가장 토속적이라는 상위마을에 이를 수 있다. 지리산의 눈과 얼음이 한창 녹아내리는 묘봉 골짜기가 지나는 산골 마을이다.

마을 앞으로 흘러내리는 계곡가에는 샛노란 물감을 풀어놓은 듯 산수유꽃이 수줍게 만개했다. 무려 3만여 그루의 산수유가 봄볕 다툼을 하고 있어 마치 온 마을을 노오란 꽃구름 띠로 두른 듯하다. 산수유꽃이 절정으로 피

▲산수유마을 안의 돌담길

부모와 자녀가 꼭 함께 가봐야 할

▲ 화엄사 효대

효심이 깊었던 연기조사가 어머니의 명복을 빌기 위해 공양하는 자신의 모습을 석등의 형태로 조각하도록 했다는 이야기가 전해온다. '효대孝臺'는 대각국사 의천이 이러한 전설을 바탕으로 시를 읊었던 데에서 나온 탑 이름이다.

● 지리산 관련 문학작품들

이병기의 소설 《지리산》, 고은의 소설 《화엄경》과 《피안행》, 이태의 소설 《남부군》 그리고 이원규의 시집 《빨치산 편지》……

어나는 3월 중순 무렵, 이곳 산동마을에서는 '산수유축제'가 펼쳐진다. 이끼 낀 돌각담이 고풍스럽게 에돌아 이어지는 마을 안길과 산비탈밭 곳곳이 분주해진다. 화가들과 사진작가들은 물론, 산수유사생대회에 참여한 꼬마 화가들까지 합세하여 햇봄의 환한 첨병을 아름답게 재현해 내고 있기 때문이다.

산수유마을을 뒤로하기를 한 시간, 해는 아직도 중천이다. 여기까지 와서 그대로 올라가기 아쉽다면 구례읍내를 옆으로 하고 지리산 일주도로로 꺾어 들어 화엄사를 들러볼 수도 있다. 화엄사는 신라 진흥왕 5년(544년)에 인도 승려 연기가 세운 절. 선덕여왕 11년(642년) 자장이 중창한 선교 양종 대가람의 지위를 얻은 천년 고찰이다. 고건축사에서 중요한 건물로 인정받고 있는 대웅전은 보물임에도 각황전으로 인해 조금은 밀려있는 듯. 각황전은 당당한 위용을 지녔으면서도 안정된 비례에 엄격한 조화를 이루어 고졸古拙함을 자랑하고 있다. 과연 '화엄사를 화엄의 근본 도량답다'고 느끼게 하는, 빼어난 고건축물이다.

각황전 뒤쪽의 '효대孝臺'로 이어지는 계단길. 호젓한 길은 퍽 운치가 있다. 송림에 둘러싸인 효대는 4사자삼층석탑이다. 상층기단에 네 마리의 사자를 각 귀퉁이에 앉히고 그 대각선 중앙에 합장한 스님상을 세운 탑은 여느 탑과는 다른 모습이다. 불국사의 다보탑과 함께 쌍벽을 이루고 있는 작품이다.

삼층석탑 양옆에 한 아름 피어난 파란 수국은 석등의 공양상 표정과 함께 숭엄한 분위기를 자아내고 있다. 탑 주변의 동백 숲과 반송이 천년 고찰의 기품을 더해 주고 있는 가운데……

친절하고 똑똑한 여정 길라잡이

 **가는 길**
- 호남고속도로 전주나들목 ➡ 전주시내 우회도로 [17] ➡ 남원 춘향터널 지나서 바로 오른쪽 고가도로 ➡ 남원시 우회도로 [19] ➡ 밤재터널 ➡ 구례읍 군청로터리에서 좌회전 ➡ 문척교 지나 이정표 ➡ 구례(사성암) ➡ [861] ➡ 하동(섬진 매화마을) ➡ 섬진교 건너 ➡ [19] ➡ 악양평사리 ➡ 화개장터 ➡ 구례 산동(산수유마을) ➡ 지리산 일주도로 ➡ 화엄사

 여행정보 안내
- 광양시청 문화홍보담당관실 061-797-2363 www.gwangyang.go.kr

 주변명소 추천
- 쌍계사, 칠불암, 운조루, 악양 평사리, 청학동, 하동송림

 행복한 쉼터
- 지리산송원리조트 061-780-8000(산수유마을이 가깝다), 지리산프라자호텔 061-782-2171, 지리산온천랜드 061-783-2900, 섬진강호텔 061-781-2000, 미리내호텔 055-884-7292(객실에서도 섬진강이 시야에 들어온다), 쉬어가는 누각 055-884-0151, 청매실농원의 민박 055-772-4066

 맛있는 여행
- **하동** 동흥식당 055-883-8333 · 화개장터 시장집식당 055-883-0784(재첩진국, 재첩회덮밥은 섬진강 맛길의 원형으로 불리는 토속별미)
- **구례** 그옛날산채식당 061-782-4439(산채정식), 지리산식당 061-783-0997('남도음식명가'로 선정, 지리산대통밥특식), 동백식당 061-883-2439(참게탕·은어회)

동흥 식당의 재첩회덮밥과 재첩국 · 지리산식당의 지리산대통밥특식

공부도 쑥쑥 키우는 여행길

[초등학교]

《사회과 탐구》 5학년 1학기 19쪽 : 기후와 여행(남쪽지방부터 시작되는 꽃소식)

《사회》 5학년 2학기 132~135쪽 : 불교가 우리 생활에 끼친 영향(훌륭한 문화유산, 호국 정신)

《사회과부도》(금성출판사) 89쪽 : 통일 신라의 문화(화엄사의 각황전과 석등, 4사자석탑)

《과학》 6학년 1학기 56~60쪽 : 꽃이 피는 식물의 특징

《음악》 4학년 6~7쪽 : 전래 동요 〈나물 노래〉

59쪽 : 동요 〈봄맞이 가자〉

《음악》 5학년 58쪽 : 동요 〈봄바람 등을 타고〉

[중학교]

《국어》 1학년 1학기 66~71쪽 : 〈섬진강 기행〉

《국어》 1학년 2학기 108~117쪽 : 〈우리 꽃 산책〉

《국어》 2학년 2학기 55~63쪽 : 〈아기 장수 우투리〉의 공간적 배경(지리산)

경남 창녕

우포늪 | 관룡사 | 용선대 마애불 | 화왕산 | 창녕박물관

생명의 경이로움이 그리운 날은 우포늪으로 가보라

살아있는 자연생태계의 보고, 우포늪

나날이 생명을 온전히 부지하기 힘든 이 땅에서, 생명의 신비와 경이로움을 온전히 간직하고 있는 곳이 아직도 우리 땅에 남아 있을까? …… 그 대답은 '있다'이다. 그곳은 바로 우포늪. 삶이 건조하게 느껴지는 날, 원시 자연이 그리운 날, 생명의 신비와 경이로

움을 만나러 우포늪으로 가보자.

'아, 드넓다'라는 표현으로도 이를 수 없을 만큼 눈앞의 우포늪은 아늑하고 아득한 풍정風情을 보여주고 있다. 무위無爲의 표정으로, 지극히 평화로운 풍경으로. 그것도 1억 4천만 년 전부터의 억겁 세월을 고스란히 간직한 채……

우포 사람들은 '소벌'로 불리던 우포, 나무가 많아 나무벌이었던 목포, 뻘보다 모래가 더 많아 모래벌로 불리던 사지포, 이 일원 늪 가운데 가장 작은 쪽지벌을 통틀어 흔히 '우포늪'이라 부르고 있다.

낙동강이 범람하여 퇴적물이 쌓이고 천연 제방에 남은 물이 오랜 세월을 거쳐 습지가 된 천연 늪지다. 창녕군 유어면과 이방면, 대합면과 대지면에 걸쳐 펼쳐져 있는 이 늪의 수면 넓이는 자그마치 70여 만 평! 과연 한반도 최대의 자연 늪지라 할 만하다.

이 늪지는 1997년 '자연생태계보전지역'으로 지정되어 보호되다가, 1998년 습지 보전에 관한 국제적 협약인 람사협약Ramsar Convention에 등록될 만큼 생태학적으로 중요한 곳으로 인정되고 있다. 그러나 '늪' 하면 우선 떠오르는 이미지는 악어가 금세라도 무시무시한 입을 딱 벌리고 나타날 것 같은 음습한 풍경, 아니면 한번 빠지면 머리끝까지 잠겨들어 세상을 영원히 볼 수 없고, 다시는 헤어나올 수 없는 그런 곳이 아니었을까?

우포늪으로 진입하는 길은 모두 네 곳, 그 모습이 제각각이다. 우포늪 전체를 일주 관찰할 수 있는 일반적인 코스는 회룡 진입로로 든 세진 주차장에서부터 시작된다. 이곳에서 우포늪 왼편부터 시계 방향으로 이동하면 된다. 대략 네 시간 정도 소요되는 탐방길이다. 먼저 우포생태학습원에서 사전지식을 얻어두고, 20여 분 서

● 이광석 〈우포에 가면〉 중에서

우포 찾아가는 날은 소풍가는 기분입니다.
사람과 늪, 새와 갈대들이 개펄에 주저앉은 듯
서로 보듬고 빠지는 '푸른우포사람들'의 마음
태고의 신비가 시방도 알몸으로 누워 있습니다.
밝아진 별들도 내려와 민박을 하고 갑니다.
별들이 지불하고 간 새벽 이슬도 좋은 모이가 됩니다.
우포에 가면 그리움이 보입니다.
우포에 가면 아직은 희망이 보입니다.

● 우포늪의 사계절 특색

봄 : 가장 먼저 냇버들과 왕버들이 꽃피고 미나리, 창포 등의 새싹이 나며, 물가에서는 냉이, 꽃다지, 자운영이 꽃을 피운다. 백로와 왜가리, 물닭 등이 둥지를 틀며 어류, 양서류 등이 번식을 한다.

여름 : 얕은 물에서는 부들, 갈대, 줄, 물억새 등이 무성해지고 노랑머리연꽃, 가시연꽃이 꽃을 피운다. 식물성 먹이가 풍부해 물곤충, 파충류, 양서류, 어류, 패류 등이 왕성하게 성장한다.

가을 : 물가에는 갈대, 부들, 물억새들의 이삭이 여물고, 큰고니, 큰기러기, 고방오리 등의 겨울 철새가 날아들기 시작한다.

겨울 : 부스러진 수생식물과 습지식물은 겨울 철새들의 낙원을 이루어주며, 어류와 물곤충 등의 훌륭한 먹이가 되어 준다.

▲▲ 물풀
얕은 물가에서 웃자란 부들과 물억새, 세모고랭이, 나도미꾸리낚시 등 숱한 물풀들이 왕성한 생명력을 자랑하고 있다.

▲ 가시연꽃
커다란 제 잎을 뚫고 솟아 오른 가시연꽃은 가시로 고운 자태를 무장하고 경계심을 풀지 않는다.

정적인 풍광을 지닌 길을 걷다 보면, 드넓은 우포늪을 한눈에 조망할 수 있는 전망대에 오르게 된다.

한여름 우포늪은 마치 거대한 녹색 융단을 깔아놓은 것 같다. 연둣빛 생이가래, 마름, 자라풀, 개구리밥 등 갖가지 물풀이 그려놓은 연둣빛 화폭은 끝없이 광활하다. 그야말로 '생명 다양성의 표본'이다. 더구나 여름은 다양한 우포늪의 생물들이 만개하는 절정기!

공룡 발자국과 해식동굴도 접할 수 있는 쪽지벌에서 목포늪 주변을 따라 올라가다 보면, 잎의 지름이 1미터나 되는 가시연 군락이 나타난다. 우리나라 식물 가운데 가장 잎이 큰 이 '물풀의 여왕'은 우포늪의 자랑거리다. 7~8월, 운이 꽤나 좋아야 볼 수 있다는 가시연꽃도 피어 있다. 푸른 우산처럼 너른 제 잎을 뚫고 올라, 가시로 고운 자태를 무장하고 경계심을 풀지 않는 보라색 꽃봉오리의 자태. 살짝만 벌린 가시연꽃의 자태는 마치 절제미 넘치는 '동양 미인'과 같다.

이렇게 다양한 수생식물들은 끊임없이 늪의 수질을 정화하는 소중한 생명체들이다. 그래서 우포늪은 고여 있지만 절대로 썩는 법이 없다. 생생한 자연만이 살아 숨쉬는 습지인 것이다.

태고의 숨결을 가르며 쪽배를 저어 가는 우포늪 사람들

장재마을 방향으로 가는 길목의 늪가에서는 왕버드나무 군락도 감상할 수 있다. 초록빛 수생식물들이 뒤덮여 있는 늪 속에 뿌리를 내리고 서 있는 왕버드나무는 늪의 신비감을 더해준다.

소목마을 전에 꼭 들려야 할 곳은 1997년에 출범한 환경단체 '푸른우포사람들'이 운영하는 우포자연학습원. 우포늪의 자연을 그대로 재현해 놓은 야외 생태체험학습장에서 생태 가이드의 안내를 받으며 우포늪의 자연을 체계적으로 체험해 볼 수 있다.

'푸른우포사람들'의 송세규 씨는 "우포늪은 아는 만큼 보이는 곳"이라며 늪에 대한 도움말을 해준다.

"늪은 그 깊이가 중요하지요. 물의 깊이에 따라 수온이 달라지므로 늪에 사는 식물이나 동물 종의 분포도 달라지니까요. 여느 때 우포늪의 평균 수심은 1미터 정도지만, 많은 비가 내리는 한여름 철엔 그 수심이 3미터까지나 깊어져요. 이때 물에 가라앉은 수생식물들은 흙에 뒤덮여 빛을 받지 못해 그만 녹아 없어집니다. ……

● **우포자연학습원 생태체험**
'푸른우포사람들'이 운영하고 있는 야외 생태체험학습장. 미리 예약하면 생태 가이드의 안내를 받을 수 있고, 20명 이상은 숙박도 가능하다.
문의 : 055-532-8989

▼ **왕버드나무들이 서 있는 늪**
소목마을에서 우포자연학습원으로 가는 길목에는 늪에 뿌리 내리고 서 있는 왕버드나무군들이 신비한 분위기를 연출하고 있다.

부 모 와 　 자 녀 가 　 꼭 　 함 께 　 가 봐 야 　 할

▲ 우포늪의 장대나룻배
쪽배가 떠 있는 풍경을 보려면 이방면의 목포늪으로 가야 한다. 이곳 목포늪에는 생이가래, 자라풀, 개구리밥 같은 수생식물들이 수면을 온통 녹색으로 덮고 있다. 이곳의 어민들이 잡아올리는 붕어와 메기는 맛 좋기로 유명하다.

가을이 오면 수생식물들이 거의 사라지고 억새와 갈대만 남기 때문에 늪 속을 볼 수 있지요."

처음엔 늪에 들어가길 두려워하는 여행자들. 아이들과 함께한 가족 여행자들이 머뭇머뭇거리다가 늪에 들어가 논우렁이를 잡는다. 그러나 일단 늪에 발을 들여놓으면 이내 표정이 평온해진다. 진작에 들어간 아이들은 나오려고 하질 않는다. 늪은 그렇게 사람들에게 훌륭한 친구가 되어 준다. 쪽배도 타본다. 이곳의 쪽배는 동요 속 쪽배처럼 앙증맞은 크기의 작은 배다. 이곳 우포 사람들은 긴 장대를 뒤로 밀어 앞으로 나아가는 배라 하여 '장대나룻배'라고도 부른다. 고기잡이배로 이용하고 있다.

우포늪의 이미지를 잘 형상화한 배한봉 시인의 〈우포 사람들〉을 떠올리면서, 우포 사람들과 우포늪의 상생相生을 찾아 이른 곳은 사지포제방. 부레옥잠이 동동 떠 있는 수면 위론 떡붕어들이 무시로 뛰어오르고 있다.

"우포늪은 지금 물 반, 고기 반이여."

"수초가 워낙이 많아 산소량과 먹을거리가 풍요롭기 때문이지."

나무쪽배를 저으며 고기잡이를 나가는 늙은 어부의 말이다. 나무쪽배 바닥을 툭툭 치면, 놀란 물고기들이 땅속으로 머리를 처박는다. 어부들은 가래라고 불리는 대나무 통발을 박아 손으로 물고기를 건져내고 있다.

"원래 여게 사람들은 우포늪을 '소벌'이라고 불렀어. …… 소가 느릿느릿 풀을 뜯어먹던 벌판이었다고 해서 '소벌'이라고 불렀던 겨."

장대나무 고기잡이 쪽배가 마치 소처럼 한가로이 늪 수면 위로

미끄러져 나간다. 장대로 늪의 바닥을 밀어나가는 나무쪽배는 우포의 자연과 우포마을 사람들이 더불어 살아가도록 도와주는 연결고리다. 물 위로 고무 다래끼를 띄워놓고 물 속 바닥에 맨손을 집어넣어 논우렁이를 건져 올리는 아낙네들의 모습에서 사람은 분명 자연의 하나라는 것을 알 수 있다.

430여 종의 다양한 생명체들을 품고 있는 우포늪은 고즈넉함 속에서도 끊임없이 푸른 생명들의 태곳적 숨결을 들려준다. 그래서 우포늪가에 서면 세속과는 또 다른 '작은 우주'의 신비로움에 감싸이게 되나 보다. '푸른우포사람들'은 이런 우포늪의 특성을 일컬어 '살아있는 생명의 보고', '자연사박물관', '자연의 콩팥'이라는 찬사를 아끼지 않는다. 우포 사람들의 이런 자긍심은 2008년에 '환경올림픽'으로 불리는 '세계람사총회'를 이곳 우포늪에서 펼치게 했다. 그만큼 우리 땅은 보물처럼 아껴야 할 귀하고 귀한 원시적 자연환경을 지니고 있는 것이다.

사바세계를 굽어 살피는 관룡사 용선대와 화왕산

1박 이상의 우포여정에서 빼놓고 올 수 없는 곳은 근처의 화왕산이다. 화왕산으로 오르기 전날 밤, 행복하게 머물 만한 휴양지는 '스파의 대명사'로 명성 떨쳤던 부곡온천 일대가 적절하다.

창녕읍내에서 남동쪽으로 20여 킬로미터 떨어진 곳에 자리한 부곡온천은 천혜의 웰빙 온천욕을 즐겨볼 수 있는 곳. '옴샘'이라 불리기도 한 이곳 온천은 우리나라 온천 가운데 가장 수온이 높다. 78도의 수온에서는 계란이 그대로 익을 정도다. 온천욕을 즐기다 보면 여행자들의 심신은 완벽하게 재충전된다.

화왕산은 사계절 모두 볼 것이 많은 산이다. 창녕에서 영산면으

● 배한봉 〈우포 사람들〉 중에서

우포 사람들은
늪과 함께 하루를 연다
물안개 자욱한 새벽
쪽배를 타고
마름과 생이가래,
개구리밥이 만든 초록의 비단 위를
미끄러지듯 나아가 고기를 잡고
늪 바닥이나 수초 줄기에 붙은
고동을 건져 올린다
그들에게 늪은
모든 것을 내주고
그들의 모든 것을 받아들인다
(······)

로 가는 5번 국도를 8킬로미터쯤 타다가, 왼쪽으로 1080번 지방도로를 탄다. 가장 먼저 맞닥뜨리는 것은 한 쌍의 돌장승. 툭 불거진 왕방울 눈과 뭉툭한 코가 여간 우스꽝스럽지 않다. 조금 더 오르면 관룡사 일주문으로 들게 된다. 크고 작은 자연석으로 석축을 쌓아 돌문을 만들고 그 위에 기와지붕을 올린 모양새는 여느 절집에서는 볼 수 없는 일주문. 관룡사는 대웅전 용마루 위로 치솟아 오른 관룡산 암봉들이 눈길을 끄는 고찰이다. 신라의 고승 원효가 화엄경을 설파했던 8대 사찰 중 하나다.

관룡사의 하이라이트는 명부전과 요사채 사이로 난 오솔길을 따라 20여분쯤 더 걸어 올라야 만날 수 있다. 두어 번 땀을 훔치다 보면, 갑자기 집채만한 바위봉우리가 앞을 가로막는다. '아! 용선대다.' 통일신라시대에 만들어진 석가여래좌상이 올라 앉아 있다. 잘생긴 모습의 불상이다.

절묘한 자리에 올라앉은 이 석가여래좌상을 제대로 볼 수 있는 곳은 능선 쪽으로 10여 미터쯤 떨어진 곳에 솟아 있는 바위 위. 산 아래 점, 점으로 보이는 마을들과 그 하늘 위로 두둥실 떠 있는 듯한 용선대의 위용이 한눈에 들어온다. 불상의 장엄한 배치가 매우 돋보인다. 지혜의 배를 탄 부처가 그윽한 눈길로 저 아래 사바세계를 내려다보며 중생들을 구제하는 듯한 모습이다. 선인들의 안목이 새삼 놀랍게 느껴진다.

▲사극 세트장
화왕산성 동문을 앞둔 길에서는 드라마 〈허준〉과 〈상도〉의 세트장에 들게 된다. 이곳 화왕산성에서 드라마 〈대장금〉도 촬영되었다.

해발 757미터의 화왕산 정상 분지 부분은 신라 전성기에 축성된 화왕산성과 목마산성이 에둘러 감돌고 있다. 봄엔 진달래가 정염의 꽃바다를, 가을엔 은빛 억새바다를, 정월 대보름날엔 남한 땅 최대의 들불바다가 넘실넘실댄다. 일명 '정월대

◀관룡사 일주문

원효대사가 제자와 함께 이곳에서 백일기도를 드리던 중, 갑자기 연못에서 아홉 마리 용이 하늘로 용솟음쳐 오르는 것을 보고 그때부터 이 절의 이름을 관룡사觀龍寺라고 부르게 되었다는 전설이 유래되고 있다.
대웅전에는 '지혜의 빛으로 세상을 두루 비추는 세 분의 부처'인 비로자나삼존불이 모셔져 있다.

보름 화왕산 억새태우기축제'다. '큰불의 뫼'라는 뜻을 지닌 화왕산火旺山에 불기운이 들어야 풍년이 들고, 재앙이 물러선다고 믿어온 창녕 사람들이 옛부터 펼쳐온 불의 축제다.

그 무렵, 화왕산 마루에 대보름달이 둥둥 떠오르면, 달집과 소원들이 짚단에 붙인 불씨는 5만 3천여 평의 드넓은 억새평원을 장엄한 불바다로 연출해 낸다.

'제2의 경주'라 불리는 창녕의 옛 영광

창녕은 낙동강 유역을 바탕으로 선사시대부터 부족국가가 형성되어 역사적 유물이 많은 곳이다. 창녕시내로 들어가는 길목인 교동과 송현동 일대에는 왕릉이라 불리는 거대한 고분 16기가 자리하고 있다. '제2의 경주'라 부를 만한 가야시대 창녕의 그 옛날 영광 속으로 걸어드는 듯하다.

화왕산 아랫녘의 석빙고도 그런 유물 중 하나다. 보물 제564호로 지정된 석빙고는 가야시대에 얼음을 저장해 두기 위해

부모와 자녀가 꼭 함께 가봐야 할

▲ 정월대보름 화왕산 억새태우기축제

돌을 쌓아 만든 창고로 추정되는 일종의 냉장고다. 한여름 실내온도가 19도에서 20도를 유지된다 하니, 옛 조상들의 지혜에 감탄할 뿐이다.

석빙고 부근에 올록볼록한 모습을 한 가야 고분 10여 기도 눈길을 끈다. 1,500여 년 전의 무덤들이다. 창녕박물관에 들르면 고분에서 출토된 유물들인 무기류, 마구류, 토기류, 생활용구 등이 전시되어 있다. 창녕 사람들이 즐겨 찾는 만옥정 공원 꼭대기에는 국보 제33호 신라 진흥왕 척경비가 세워져 있다. 진흥왕 22년인 561년에 당시 비사벌이라 불리던 가야를 정복하고 세운 비다.

친절하고 똑똑한 여정 길라잡이

 가는 길
- 중부내륙고속도로 ➡ 구마고속도로 ➡ 창녕나들목에서 나와 첫 번째 사거리에서 우회전, 회룡리 ➡ 세진리 우포늪 ➡ 전망대
- 목포늪 코스 창녕나들목으로 나와 ➡ 창녕읍내 통과 ➡ 사거리에서 이방면 방향으로 좌회전 1080 (15분 주행) ➡ 목포늪 길목 장재마을 초입 ➡ 왕버들 군락지(5분쯤 직진) ➡ 우포자연학습원 (사)푸른우포사람들 055-532-8989
- 화왕산 코스 창녕나들목 20 ➡ 창녕읍 5 ➡ 계성면 계성리(좌회전) ➡ 옥천리 ➡ 관룡사(산행 시작) ➡ 용선대, 화왕산성 동문 ➡ 정상

 여행정보 안내
- 창녕군청 문화공보과 055-530-2231 www.cng.go.kr, 우포늪안내소 055-530-2161, 우포홈페이지 upo.or.kr, 푸른우포사람들 055-532-8989 www.wooporman.co.kr

 행복한 쉼터
- (온천을 겸하려면 부곡온천 단지가 좋다) 부곡하와이호텔 055-536-6331 · 일성부곡콘도 055-536-9870 · 그랜드온천 055-536-6300 관룡사 아래 옥천계곡통나무집 055-521-0035, 옥천관광농원 055-521-2400(흑염소불고기도 맛볼 수 있다), 옥천산장 055-521-1292

 맛있는 여행
- 옥천관광농원 055-521-2400(흑염소불고기), 옥천리의 고향보리밥 055-521-2516(보리밥), 고향민속쌈밥 055-536-2295(쌈밥), 전통전골 055-536-5767(전골, 특히 장아찌가 맛있기로 소문났다), 부곡한성가든 055-536-5131(한정식), 우포늪 민물나라 055-532-6202(참붕어찜 - 우포늪에서 직접 잡은 참붕어로만 요리)

우포늪 민물나라의 참붕어찜

공부도 쑥쑥 키우는 여행길

초등학교
《국어-읽기》 5학년 2학기 38~39쪽 : 우리 주위의 장승들 얼굴
《사회》 5학년 2학기 106~107쪽 : 과학 문화재 탐방(석빙고)
《사회과부도》 95쪽 : 전통 문화축제 현황과 창녕군 화왕산의 억새태우기축제 60쪽 : 하나로 뭉친 겨레 – 창녕 일대에서 화려한 문화를 꽃 피운 가야 지도
《도덕》 6학년 108~109쪽 : 자연을 사랑하는 마음 갖기(우리나라 최대의 자연 늪지인 우포늪 소개)
《음악》 6학년 18~19쪽 : 동요 〈개구리 소리〉

중학교
《사회과부도》(금성출판사) 85쪽 : 가야 연맹

전북 고창

선운사 | 도솔암 | 고창읍성 | 청보리밭축제

선운사 동백꽃·꽃무릇에 붉어진 마음, 청보리와 메밀꽃 사잇길로 들다

'호남의 내금강'이라 불리는 선운산의 해 바른 기슭에 자리하고 있는 선운사禪雲寺. 그 이름처럼 마음을 가다듬어 자기 자신마저 떨쳐내 무아정적의 경지에 이르는 '선禪'과 사람의 오욕을 덧없게 만드는 '구름雲'이 어우러진 절집이다.

백제 위덕왕 24년(577년)에 검단선사가 창건한 이 천년 고찰로 드는 천왕문은 듬직해 보인다. 그러나 사천왕상의 엄청난 발 아래에 깔려서도 속세에 대한 독기가 여전한 음녀의 눈빛은 여간 요염하고 섬뜩하지 않다. 이 절의 건물을 짓고 남은 목재로 지었다는 만세루는 다른 절집에서는 찾아보기 힘든 명물. 보물로 지정된 대웅보전을 비롯하여 영산전 등 당우 10여 개 동이 그윽한 정취를 자아내고 있다.

그리움이 사무치는 날엔 선운사로 떠나라

이곳 선운사의 봄과 가을빛은 유난히 붉디붉다. 봄날엔 제 고개를 뚝뚝 떨구는 붉은 동백꽃 송이송이들이 그리운 날들을 수놓고, 가을날엔 빼어나게 고운 불꽃으로 쑥쑥 오른 꽃무릇이 처연한 가슴을 흔들어 놓기 때문이다.

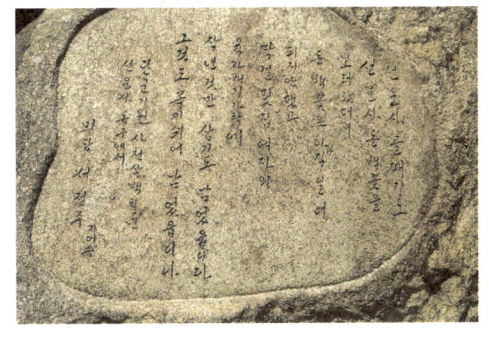

▲ 서정주 시비문

봄날, 대웅전 뒤란 산자락이 온통 천년 동백나무숲과 붉은 꽃점들로 황홀한 선운사 여정에서 빼놓을 수 없는 동백꽃 이야기 두 가지가 있다. 하나는 이곳 선운사 아랫녘 질마재 고향 이야기를 완벽한 시로 토해 낸 미당 서정주의 '아직 일러 피지 않은' 동백꽃. 선운사 들목에 세워져 있는 그의 육필로 새겨진 시비〈선운사 동구〉를 읊어보면, 그 감흥을 더해준다.

또 하나의 동백꽃 이야기는 가수 송창식이 부른 노래〈선운사〉다. '선운사 산사음악회'의 초청가수로 선운사 경내의 무대에 오른 그는 의외의 사연을 풀어 놓았다.

"선운사 동백꽃이 있어서 부르게 된 노래가〈선운사〉였는데, 오늘에서야 처음으로 선운사에 와서 이 노래를 부르게 됐네요."

그가〈선운사〉를 부르는 순간, 선운사는 모두 그의 것이 된 듯했다.

● 송창식의 노래〈선운사〉중에서

선운사에 가신 적이 있나요
바람 불어 설운 날에 말이에요
동백꽃을 보신 적이 있나요
눈물처럼 후두둑 지는 꽃 말이에요
나를 두고 가시려는 님아
선운사 동백꽃 숲으로 와요
떨어지는 꽃송이가 내 맘처럼 하도 슬퍼서
당신은 그만 당신은 그만 못 떠나실 거예요

부모와 자녀가 꼭 함께 가봐야 할

초가을녘 선운사는 지독히도 붉디붉은 꽃불로 내내 달구어진다. 선운계곡이 흘러내리는 사하촌 그 길섶에서부터 큰 나무들의 먹빛 그늘 아래에서 환한 불꽃처럼 터지는 선명한 꽃빛 천지! 이름조차 아름다운 '꽃무릇'이다. 선운사 입구 전나무 숲 속 고적한 부도밭에도 상사화는 핀다. 송곳으로 파낸 것 같은 예리한 필치를 자랑하는 추사 김정희 글씨가 새겨진 백파율사비 주변도 불그죽죽하다. 한 송이 한 송이 피어난 자태는 마치 아름다운 화관 같다. 특히 새벽녘에 이슬 머금은 꽃무릇의 자태는 화사하고도 단아함이 이를 데 없다.

꽃무릇을 불가佛家에서는 '돌 틈에서 자라는 달래'란 뜻으로 '석산石山'이라고 부른다. 하지만 사람들은 석산이란 이름 대신 '상사화相思花' 또는 '이별초'라 부르길 더 좋아한다. '서로를 그

▲ 꽃무릇의 생태와 전설

선홍빛 꽃들이 무리지어 피어난다고 해서 '꽃무릇'이란 이름을 붙인 이 꽃은 수선화과의 여러해살이 식물이다. 선운사 일원의 꽃무릇은 양력 9월 8일경의 백로 무렵부터 꽃을 피우기 시작하여 9월 25일을 전후로 절정을 이룬다.
'상사화'(진짜 상사화는 이와 다른 종의 꽃으로, 주로 8월에 꽃이 핀다)라 불리는 '꽃무릇'에는 애틋한 사랑의 전설이 깃들어 있다.
오랜 옛적 산사 깊숙한 토굴에서 정진하던 젊은 스님이 불공드리러 온 어느 여인에게 반해 사랑의 열병을 앓게 되었다. 수행도 멈추고 가슴앓이를 하던 그 스님은 석 달 열흘 만에 상사병으로 붉은 피를 토하고 운명을 달리하고 말았다. 그 쓰러진 자리에 해마다 9월이면 붉은 꽃이 피어나게 되었다고 한다.

▶ 선운사

리워하는 꽃', '이룰 수 없는 사랑'이란 꽃말과 함께 아린 사랑의 이야기가 가슴에 더 닿아서일까?

도솔암 가는 길에는 희망이 기다리고 있다

선운사만 둘러보고 발길을 돌린다면 선운산을 온전히 보았다고 할 수 없다. 이곳에서 왕복 서너 시간만 발품을 팔면, 작가 정찬주의 표현대로 "인간 세상에서 하늘로 가는 기분 좋은 길"로 걸어 들 수 있다.

원래 선운산은 도솔산이라고 불렸다. 선운사 경내에서 주춤거렸던 꽃무릇의 그리움은 '미륵의 집'이라는 도솔암까지 3킬로미터 내내 이어진다. 이 꽃무릇 계곡 길가에서는 두 팔을 가슴에 끼고 서 있는 해맑은 인상의 민불民佛도 기다리고 있다.

참당암 갈림길에서 곧장 가면 왕위에서 물러난 신라 진흥왕이 왕비 도솔과 공주 중애를 데리고 수도했다고 전해지는 진흥굴로도 들어가 볼 수 있다. 굴 앞에서 부챗살처럼 퍼진 모습이 그럴듯한 소나무는 장사송이라고 한다.

숲 지나는 바람소리, 물소리를 들으며 얼마간 더 걸어 오르다보면 마침내 도솔암에 이르게 된다. 오른편의 바위 계단으로 오르면 '미륵부처의 궁전'을 뜻하는 내원궁에 들게 된다. 이곳에서 바라보이는 눈앞의 천마봉 풍광은 절경 중의 절경!

도솔암 서편의 거대한 암벽에는 미륵불좌상이 새겨져 있다. 40미터도 넘는 깎아지른 암벽에, 높이 17미터로 새겨진 미륵은 한일자의 두툼한 입술에 소박한 미소를 띠우고 있다.

이곳에서 이어지는 산행에는 선운산 최고의 전망이 기다리고 있다. 낙조대로 오르는 오솔길에서 '만 필의 말이 노는 듯

▼도솔암 마애불좌상

마애불 배꼽 부분은 하얀 회칠을 한 흔적이 역력한데, 여기에 전해 내려오는 이야기가 있다. 오래 전부터 마애불 배꼽에 부처님의 비기가 들어 있다고 하여 전라감사 이서구가 꺼내려 하자 천둥 벼락이 내리쳤고, 펼쳐진 그 첫장에는 "이서구가 열어 본다"고 적혀 있었다. 또다시 내리치는 날벼락으로 인해 더 이상 보지 못하고 원래의 자리에 넣어 봉했다. 그후 동학의 접주 손화중이 배꼽을 열고 비기를 꺼냈지만 벼락은 떨어지지 않았고, 농민군의 사기를 진작시키게 되어 뜨거운 혁명의 불길로 타오르게 되었다. 해방 후 텅 비게 된 자리를 메우기 위해 회칠을 한 것이 오늘에 이르렀다고 한다.

▶용문굴

'한' 첩첩 바위들을 만나기 시작한다. 오솔길은 커다란 구멍이 뻥 뚫린 용문굴을 지나게 되는데, 드라마 〈대장금〉에서 장금이 어머니 무덤을 촬영한 그 굴문이다.

능선을 따라 남쪽으로 조금만 더 오르면 드디어 낙조대. 서해바다의 환상적인 해넘이와 저녁노을은 오랫동안 기억에 남을 풍광을 그려준다. 이 암봉에서 바라보는 칠산 앞바다의 낙조는 천마봉에서 내려다보는 도솔천 계곡의 풍광과 아울러 선운산 최고의 절경!

사하촌寺下村에서는 낮밤 구분 없이 '대한민국 최고의 장어구이'가 여행자들을 유혹해 댄다. 이름하여 '풍천장어'라는 별미다.

"고창 가서, 그것도 선운사까지 가서 '풍천장어와 복분자술'을 맛보지 않은 사람은 헛 다녀온 겨!"

기다림의 애린愛隣이 함께하는 '질마재 신화'

1박 2일 선운산 여정에서의 나의 쉼터는 언제고 미당 서정주가 선운사를 찾아들었을 때마다 머물렀다는 동백호텔이다. 밤하늘에 총총히 박힌 별자리를 헤며 숙소로 돌아오는 길에선 사랑하는 이의 손을 꼬옥 잡고 걸었다. 문득 낮에 들른 미당 문학관에서 다시 읽어둔 시집 《질마재 신화》에 실린 시 〈신부〉가 떠올랐기 때문이다.

▲ 서정주 시문학관과 질마재

선운사 인근 마을에는 미당 서정주 시인의 생가와 시문학관이 자리잡고 있다. 이곳 시문학관 전망대에서 아스라이 바라보이는 풍경도 멋지다. 10월 하순경이면 건너편 질마재와 미당 묘소에 1억 송이 국화가 피어난다. 그곳으로 가는 길목의 안현마을에는 미당의 시 〈국화 옆에서〉를 시각작품화한 1킬로미터 길이의 담장벽화가 그려져 있다.

　신부는 초록저고리 다홍치마로 겨우 귀밑머리만 풀리운 채 신랑하고 첫날밤을 아직 앉아 있었는데, 신랑이 그만 오줌이 급해져서 냉큼 일어나 달려가는 바람에 옷자락이 문돌쩌귀에 걸렸습니다. 그것을 신랑은 생각이 또 급해서 제 신부가 음탕해서 그를 못 참아 뒤에서 손으로 잡아당기는 거라고, 그렇게만 알고 뒤도 안 돌아보고 나가버렸습니다. 문돌쩌귀에 걸린 옷자락이 찢어진 채로 오줌 누곤 못 쓰겠다며 달아나버렸습니다.
　그러고 나서 40년인가 50년이 지나간 뒤에 뜻밖에 딴 볼일이 생겨 이 신부네 집 옆을 지나가다가 그래도 잠시 궁금해서 신부 방 문을 열고 들여다보니 신부는 귀밑머리만 풀린 첫날밤 모양 그대로 초록저고리 다홍치마로 아직도 고스란히 앉아 있었습니다. 안쓰러운 생각이 들어 그 어깨를 가서 어루만지니 그때서야 매운 재가 되어 폭삭 내려앉아버렸습니다. 초록 재와 다홍 재로 내려앉아버렸습니다.

고창 모양성밟기놀이와 판소리의 대가 동리 신재효

　고창읍내에는 우리나라에서 가장 원형이 잘 보존된 석성石城 중 하나인 모양성이 오롯이 자리하고 있다. 왜침을 막기 위해 조선 단

부모와 자녀가 꼭 함께 가봐야 할

▲ **고창 모양성**
"한 바퀴 돌면 다리 병이 낫고, 두 바퀴 돌면 무병장수하고, 세 바퀴 돌면 극락 승천한다"는 전설을 믿고 싶은 고창 사람들은 해마다 음력 9월 9일 중양절이면 '모양성밟기놀이' 축제를 펼친다.

종 원년에 쌓은 1,684미터 둘레의 석성이다. 자연석 성곽은 무너진 곳 없이, 거의 원형에 가까운 모습을 지니고 있다.

해마다 이곳 고창읍성에서는 '모양성밟기놀이'가 재현되고 있다. 고창 사람들이 음력 9월 9일 중양절 때면, 어김없이 펼치는 전래놀이다. 남녀노소 할 것 없이 누구나, 작은 돌 하나 둘씩을 머리에 이고 성벽을 타고 도는 성밟기놀이 풍경은 이채롭다. "한 바퀴 돌면 다리 병이 낫고, 두 바퀴 돌면 무병장수하고, 세 바퀴 돌면 극락 승천한다"는 전설을 믿어보고 싶은 마음, 아니 믿는 마음들인 게다.

천천히 성곽을 따라 걷는 데는 한 시간이 채 안 걸린다. 여행길에서 그곳에 사는 사람들과 그곳의 오래 전 사람들의 삶과 놀이를 재현해 보는 것은 여행의 진정성을 더해준다. 숲이 우거진 성 안에는 동헌, 객사 등 옛 관아건물이 잘 복원돼 있다. 여느 고궁 못지않은 운치가 깊은 곳이다.

읍성 입구 바로 옆에는 고창 나들이의 마지막 보너스가 기다리고 있다. 단아한 초가는 전래 판소리 여섯 마당의 사설을 집대성한 동리 신재효(1812~1884년)의 고택(중요민속자료 제39호)이다. 본래 천석지기였던 그가 살던 시절엔 여러 채의 살림집과 정자는 물론 연못까지도 갖춘 대저택이었으나, 지금은 달랑 이 초가 사랑채만 남았다.

그는 '판소리의 중흥조'라 불리며 집 안에다 노래청까지 마련해 놓고 당대의 명창들과 교류하면서 진채선(1847~?)을 비롯 숱한 소리꾼들을 길러낸 예인藝人이었다. 또한 병자년(1876년) 대기근으로 많은 사람들이 굶주리게 되자, 곳간의 곡식을 모두 풀어낸 의인이기도 했다. 고창 사람들은 그런 신재효를 아끼고 자랑스러워한 나머지 그럴 듯한 판소리박물관을 지어 놓았다.

삘릴리 삘릴리 보리피리 부는 봄언덕의 '청보리밭축제'
푸르른 가을날엔 새하얀 꽃구름밭 같은 '메밀꽃축제'

4월 중순경부터 5월 중순경에 찾은 전북 고창군 공음면 선동리 학원농장에는 보리밭이 드넓게 펼쳐진다. 그 넓이만 해도 무려 30여 만 평. 우리나라에서 최대 규모를 자랑하는 이곳 보리밭은 전국 최초의 경관농업특구로 선정된 곳.

이 무렵, 이곳 학원농장에서는 '고창청보리밭축제'가 펼쳐진다. 어릴 적 추억을 살려 어른들은 즉석에서 직접 만든 보리피리를 '삘릴리 삘릴리' 부는 재미에 취해 볼 수 있다. 신기해하는 아이들도 아빠 엄마를 따라 만든 보리피리로 '삘릴리 삘릴리' 부르다

● 신재효의 〈도리화가〉

신재효는 특히 35세 연하의 진채선을 각별히 아꼈는데, 진채선이 경복궁 중건 축하연에 불려갔다가 흥선 대원군의 눈에 띄어 '대령 기생'으로 발탁되어 오래도록 돌아오지 못하자, 애틋한 그리움의 노래 〈도리화가〉를 지어 그녀에게 보냈다고 한다.

● 고창 고인돌군은 세계 최대!

전 세계의 고인돌 수는 5만 5천 기쯤 된다. 이중 절반 가량인 2만 6천 기 이상이 한반도에 있다. 하여 인류학자들은 "한반도는 고인돌의 나라"라고도 한다. 특히 고인돌 수가 가장 많은 곳은 고창군이다. 고창읍 죽림지와 아산면 하갑면 고인동굴 일대는 442기의 고인돌이 산재해 있어, 전 세계에서 가장 고인돌 밀도가 높은 지역. 우리나라의 고창 강화, 화순 지역의 고인돌들은 유네스코가 지정한 세계인류문화유산이다.

부모와 자녀가 꼭 함께 가봐야 할

보면, 즉석 가족 보리피리 연주회가 된다. 농악한마당도 흥겹게 펼쳐진다. 길놀이를 펼치는 마을주민 농악대를 따라 청보리밭 사잇길로 접어든 여행자들은 누가 먼저랄 것도 없이 어깨춤을 들썩들썩 추어댄다. 축제장 한편에선 배고팠던 '보릿고개' 시절 농경생활도 재현된다. 옛날 시골 아낙들의 물레베틀 시연, 지게지기 등에 참여하는 부모들은 추억으로, 아이들은 호기심과 신기함으로 진지하다.

보리개떡은 물론 보리미숫가루, 보리찐빵 등은 간식거리로도 인기다. 푸성귀와 함께 된장, 고추장에 썩썩 비벼 먹는 보리밥 맛은 추억의 꿀맛을 되살려준다.

이곳 청보리밭은 초가을이 되면 또 다른 별천지를 그려낸다. 9월 중순부터 하순 사이에 온통 하얀 메밀꽃을 피워 꽃구름밭으로 변신하기 때문이다. 청보리를 그 자리에 거둬들이고 난 후 그 자리에 메밀을 심어 얻어낸 진풍경이다. 영화 〈웰컴투 동막골〉에서 남한군과 북한군 병사들이 함께 어우러져 신나게 풀썰매를 타던 메밀꽃밭 장면이 촬영된 곳도 바로 이곳이다.

▼ 청보리밭축제
보리피리 만들어불기, 보리개떡 만들기, 도리깨 보리타작, 보리밭 사잇길 걷기 등의 체험과 각종 전통놀이들을 할 수 있다. 학원농장에서는 봄에는 보리, 가을엔 메밀꽃 군락을 볼 수 있다.
문의 : 063-560-2600 www.borinara.co.kr

친절하고 똑똑한 여정 길라잡이

가는 길
서해안고속도로 선운산나들목 ➡ 22 ➡ 선운산도립공원(선운사) ➡ (이정표 따라) 고인돌군 ➡ 고창읍내 모양성 ➡ 공음면 학원농장(청보리밭·메밀꽃밭)

여행정보 안내
고창군청 문화관광과 063-560-2235 www.gochang.go.kr, 학원농장 063-564-9897

주변명소 추천
하전리 갯벌체험장, 석정온천, 구시포 해수월드, 고인돌들꽃학습원 063-561-4809

행복한 쉼터
선운산유스호스텔 063-561-3333, 산새도호텔 063-561-0204, 동백호텔 063-562-1560, 햇살가득한집 펜션 063-9562-0320 고창읍내 동방호텔 063-563-7070

맛있는 여행
동백식당 063-563-3488 · 연기식당 063-562-1537(2대에 걸쳐 30년간 장어를 구워온 원조장어집) 산장회관 063-562-1563(풍천장어구이), 학원농장 063-564-9897(보리밥) 고창읍내 조양식당 063-564-2026(한정식) 구시포 털보네 063-563-0219(쭈꾸미 요리)

※ 풍천장어구이는 설명이 필요 없는 스태미너 강장요리로 고창지방의 명주 복분자술과 함께 즐기면 더없이 훌륭한 별미가 된다.
※ 보리밥 한 그릇을 뚝딱 비운 후에, 보리밭 사잇길로 걸어들면 고산 윤선도의 〈산중신곡〉 한 수가 절로 읊어진다. "보리밥 풋나물을 알마초 먹은 후에 바위 끝 물가에 슬카지 노니로라 그나믄 녀나믄 일이야 부릴 줄이 있으랴."

연기식당의 풍천장어구이

학원농장의 보리밥

고부도 쑥쑥 키우는 여행길

초등학교
《사회》 4학년 2학기 앞표지: 고창 읍성 33~36쪽: 문화재와 박물관 – 고인돌의 정의, 유래, 유적
《사회》 5학년 2학기 132~135쪽: 불교가 우리 생활에 끼친 영향(훌륭한 문화유산, 호국 정신)
《국어–읽기》 5학년 2학기 72~73쪽: 뱀장어의 수수께끼
《음악》 4학년 8~9쪽: 동요 〈종달새의 하루〉

중학교
《사회》(금성출판사) 2학년 88~89쪽: 일본과 한국의 근대화 운동(동학 농민 운동)
《사회과부도》(금성출판사) 99쪽: 동학의 성립과 전파 103쪽: 동학 농민 운동(동학농민군의 백산 봉기, 황토현 전적지와 녹두장군)

금강산

구룡폭포 | 만물상 | 해금강 | 삼일포

꿈에도 그리던, 그리운 금강산에 마침내 안기다

금강산길의 서두는 낯선 북녘 땅에 첫발 디디기

가곡 〈그리운 금강산〉을 부르다 보면, 눈앞에 한없이 삼삼해지던 금강산! 그렇게 노래로만 부르다가 분단 60여 년 만에 군사분계선이 열리고 금강산 여행길이 육로로 시작되던 날, 우리는 얼마나 가슴 설레었던가.

금강산으로 향하는 날, 가슴은 한껏 벅차오른다. 그러나 최전방 경계지역임을 알리는 표지판과 길옆의 위험을 알리는 붉은 지뢰밭 표시들은 이 길녘이 지구상에서 가장 군사적으로 긴장감이 높은 지역임을 대변해 주고 있다. 여정의 서두부터 바짝 긴장된다.

통일전망대 남측 출입사무소에서 출국 심사를 거친 후 오른 전용버스. 남쪽의 금강통문이 열린다. 부동자세로 경계를 서고 있는 헌병을 뒤로하고 비무장지대를 지나기 시작하자, 정말 북으로 간다는 실감이 난다.

드디어 오른쪽으로 짙푸른 동해를 끼고 서서히 몸을 열어 주고 있는 북녘 땅. 만감이 교차하는 중에 차창 밖으론 금강산 일만 이천 봉 중 첫째 봉우리인 구선봉과 갈대가 일렁이는 호수 감호가 맨 먼저 눈에 들어온다. 그렇게 누그러지던 긴장감도 잠시, 버스가 멈춘다. 어느새 군사분계선을 넘어 북녘 땅에 들어선 것인가?

짙은 고동색의 커다란 모자를 쓴 북한군 병사가 차에 오른다. 구릿빛 피부에 꽉 다문 입, 절도 있는 걸음걸이는 판문점 공동경비구역 TV뉴스에서 보아왔던, 그 전형적인 북한군 모습이다. 술렁이던 버스 안에 일순간 정적이 흐른다. 금강산을 오가며 가장 긴장되는 순간이다. 차 안에 올라 무뚝뚝한 표정과 눈길로 관광객들을 훑어보는 북한 병사들의 눈길……. 숨을 죽이고 있던 관광객들은 병사들이 내리자, 안도감에 이내 다시 술렁거린다.

버스는 다시 움직이기 시작한다. 금강산 골짜기에서 모여든 물이 동해로 흘러드는 적벽강을 건너고 있다. 차창 밖으로 북쪽 마을들이 보이면서, '자력갱생 강성대국' 같은 붉은 글씨의 체제 강화를 주창하는 여러 가지 선전구호들이 눈길을 끈다. 그 붉은 글씨 아래에서 쟁기로 밭을 갈고 있는 농부 몇 명, 협동농장에 동원된

● 가곡 〈그리운 금강산〉 중에서
누구의 주제런가 맑고 고운 산
그리운 만 이천 봉 말은 없어도
이제야 자유 만민 옷깃 여미며
그 이름 다시 부를 우리 금강산
수수 만년 아름다운 산못 가본 지 몇몇 해
오늘에야 찾을 날 왔나
금강산은 부른다.

● 금강산 관광 출입 심사와 주의사항
북측 출입사무소에서 출입증 검사와 소지품 검사를 받는다. 휴대전화와 160밀리미터 이상의 망원 렌즈, 24배 이상의 줌 렌즈가 달린 비디오 카메라, 신문·잡지 등은 소지해선 안 된다. 장전항을 비롯한 군사지역에서는 사진촬영이 전면금지다.

것 같은 어린 학생들, 길가에 전신주처럼 일정한 간격으로 꼿꼿이 서 있는 북한 병사들……. 마치 시간을 거꾸로 돌려, 남녘 땅의 1960~70년대를 재현해 놓은 듯한 가난한 풍경에 남쪽 관광객들의 마음은 애잔해진다.

아홉 마리의 용이 하늘로 오르는 구룡폭포

일만 이천 봉우리 중 1천 미터가 넘는 고봉만도 백여 개가 넘는 외금강. 반나절 동안의 트래킹으로 옥류동을 거쳐 구룡폭포와 상팔담까지의 명소를 둘러볼 수 있는 구룡연 구역은 외금강을 대표하는 관광코스다. 가파르지 않은 산행길은 남녀노소 누구나 즐길 수 있다. 옥류동 초입까지는 버스로 이동한다. 하늘을 가릴 듯 쭉쭉 뻗은 금강송숲. 그 사이를 가로지르는 길 오른편으로 한

▶옥류동 계곡

옥류동 물 빛깔은 보석 에메랄드를 닮은 옥빛. 그 까닭은 게르마늄이 함유되어 있기 때문이다. 옥류동 계곡은 너무나 맑고 깨끗하여 물고기가 살 수 없을 정도다.

창 복원 중인 절터는 금강산 4대 명찰로 꼽던 신계사 터다.

계곡을 끼고 오르는 구룡폭포 산행 발걸음은 큰 바위 사이로 뚫린 금강문을 지나면서부터 호쾌해진다. 이곳에서부터는 본격적으로 삼색삼청을 즐겨야 하리. 삼색三色은 맑은 옥빛의 계류와 바위틈의 늘 푸른 소나무, 깎아지른 듯한 기암괴석과 봉우리. 삼청三聽은 맑게 우짖는 새 소리와 옥구슬 구르는 듯한 계곡물 소리와 실바람 소리다.

산삼과 녹용이 녹아 흐른다는 이름을 지닌 약수 삼록수로 목을 축이고 나니, 눈앞에 선경仙境이 펼쳐져 있다. 너럭바위 위로 넓게 누운 폭포를 이루며 떨어지는 계곡물의 넓이는 630미터, 깊이 6미터의 담소를 이루고 있는 옥류동이다. 옥빛 이슬로만 채워진 듯한 이곳 옥류동의 물 빛깔은 내 생애 가장 아름다운 물 빛깔! 옥류폭포도 티끌 하나 없다. "이래서 금강이로구나!"라는 찬사를 거듭케 한다.

계곡으로 들어가면 갈수록 10분이 멀다하고 선경들이 펼쳐진다. 점입가경이란 말은 이런 경우가 아닐까. 아래위로 이어진 맑은 소沼에서 그 맑은 물이 흘러내리는 연주담, 비봉폭포, 무봉폭포가 눈을 호사시켜 준다.

상팔담 전망대 갈림길 왼편으로 얼마간 더 오르면 거대한 바위 위에 올려진 구룡각이 나오고, 그 앞으로 구룡폭포가 모습을 드러낸다. 금강산 산행의 정점이다. 수직 높이 74미터, 폭 4미터나 되는 웅장한 폭포수가 하얀 포말을 일으키며 장쾌하게 내리꽂히고 있다. 이 구룡폭포수가 첫 번째로 떨어지는 곳이 바로 구룡연九龍淵. 깊이 13미터가 되는 소에는 그 옛날 용 아홉 마리가 살았다고 한다. 과연 금강산 구룡폭포는 '성폭聖瀑'이다.

▲ **구룡폭포**
일찍이 구룡폭포의 절경에 도취했던 조선시대 화가 최북(1712~1786). 제 스스로 한쪽 눈을 찔렀다는 이 광기의 화가가 "천하 명사 최북이 천하의 명산 금강에서 죽으니 족하다"며 몸을 날린 절경이다.

사진제공 : 현대아산

▲상팔담
'선녀와 나무꾼'의 전설이 어린 상팔담은 금강산 최고의 절경 중 하나다.

시간이 허락되고 급경사 산행길을 40여 분 더 오를 수만 있다면, 금강산 최고의 절경 중 하나인 상팔담을 내려다볼 수 있다. 그 유명한 '선녀와 나무꾼'의 전설이 깃든 이 아름다운 절경은 온전히 숨겨진 천상의 세계다. 높은 산 계곡 사이에 놓인 여덟 곳 천연 욕조라고나 할까?

온정각에서 상팔담까지의 왕복산행 시간은 네 시간 정도 소요되었다. 삼색삼청을 완벽하게 벗하게 해준 금강산 산행길. 눈을 떠도, 감아도 오감 만족의 즐거움을 안겨주었다. 하산길에 임산배수로 자리한 북한 음식점 옥류관에서 맛보는 북한식 평양냉면은 조미료가 전혀 들지 않아 담백하다. 땀 흘린 뒤여서인지, 그 맛이 더없이 좋다.

구룡폭포나 만물상 같은 산행을 바탕으로 한 금강산 구경은 값진 눈요기만큼 다리도 뻐근해져 온다. 그래서인지 온정리의 천연 온천수가 넘쳐흐르는 노천탕은 산행 뒤 여독을 완벽하게 풀어주는 곳. 금강산 온천수에 몸을 담그고 있노라면, 눈 앞으로 장엄하게 펼쳐져 있는 외금강의 절경이 다가온다.

동해의 파도가 빚은 '금강의 바다 풍경' 해금강

온정리에서 버스로 30여 분 거리 달려간 동해안에는 해금강海金剛이 펼쳐져 있다. 홀로 동편으로 뻗어나가던 금강산 줄기 향로봉이 동해바다와 부딪혀, 바닷가에 삐쭉삐쭉 솟구친 끝자락이다. '금강의 바다 풍경'이란 표현이 딱 맞다. 본래의 해금강은 군사분계선 부근부터 고성의 총석정에 이르는 60여 킬로미터의 절경이지만, 아쉽게도 지금 볼 수 있는 해금강의 경치는 해만물상이라고 불리는 향로봉 중심의 2킬로미터 정도뿐이다. 그래도 "해금강을 보지 않고선 금강의 미를 알지 못한다"는 말 그대로, 금강산의 아름다운 기암괴석을 동해바닷가에 그대로 옮겨 놓은 듯한 절경이다.

　맑고 고요한 물 속 바닷가에 홀로 솟아 빨려들어 가는 듯, 고고한 자태를 선보이고 있는 향로봉. 바닷가 주변 붓으로 찍어 놓은 듯한 수많은 작은 섬들과 어우러진 해안 풍광은 내 카메라 앵글 속에서 잘 찍은 그림엽서가 되어 준다.

　향로봉 북쪽은 북한군 해안포대가 설치되어 있는 진지지역. 사진촬영 절대금지구역이다. 저 너머로 해금강의 꽃이라는 총석정이 있을 터인데……. 언제 다시 와 그 옛날 선인들처럼 쪽배를 띄우고, 해금강의 절경을 온전히 볼 수 있을는지. 아쉬움에 자꾸 눈길이 간다.

▼해금강
금강산의 아름다운 기암괴석을 동해바닷가에 그대로 옮겨놓은 듯하다 하여, '금강의 바다 풍경' 이라고 일컫는다.

● **북한 노래 〈반갑습니다〉**

동포 여러분! 형제 여러분! 이렇게 만나니 반갑습니다.
얼싸안고 좋아 웃음이요, 절싸안고 좋아 눈물일세.
오오오 오오오 오 오 닐리리야(닐리리야)
반갑습니다. 반갑습니다.
반갑습니다. 반갑습니다.
(간주)
동포 여러분! 형제 여러분! 정다운 그 손목 잡아 봅시다.
조국이 한마음 뜨거우니 통일 잔치 날도 멀지 않네.
오오오 오오오 오 오 닐리리야(닐리리야)
반갑습니다. 반갑습니다.
반갑습니다. 반갑습니다.
반갑습니다. 반갑습니다.
반갑습니다. 반갑습니다.

신선들이 놀다간 호수에서 환호받는 미녀 안내원 동무

금강산 줄기에서 뻗어 내린 화강암 봉우리 36개가 굴곡진 호수 주변 10여 리를 병풍처럼 감싸고 있는 삼일포三日浦. 이곳은 관동8경 중의 하나로 꼽는 명승지다. 더없이 온화해 보이는 호수 분위기는 마치 어머니의 품안에 안긴 기분이 들게 한다. 이 아늑함은 옛날 어떤 왕이 하루 동안 놀러왔다가 그만 3일을 놀다 가서 '삼일포'가 되었다는 유래를 실감나게 해준다.

호수 산책로가 시작되는 단풍각 야외에서 북한 여성 안내원이 막걸리를 4달러에 권하고 있다.

"맛이 좋습네다. 선생님, 드셔 보세요."

꼬치구이는 그냥 지나치기 어려운 별미. 특히 막 구워낸 가리비 조개구이는 양념 맛이 강한 남녘 땅의 것과 전혀 다른 맛을 자랑한다. 자연 그대로의 담백하고 맛깔스러움을 입안 가득 머금게 한다.

삼일포 호수를 한눈에 내려다볼 수 있는 봉래대에 오른다. 조선 중엽의 문필가 양사언이 공부하였다는 이곳 봉래대에서 내려다보이는 삼일포 경치는 그대로 천상의 호반! 한반도에서 가장 빼어난 호수 경치가 펼쳐지는 곳이다. 그 감흥을 일찍이 읊었던 양사언의 〈봉래풍악 원화동천〉으로 더해본다.

산 위에 산 솟으니 하늘 위에 땅 생기고
물가에 물 흐르니 물 가운데 하늘일새 아득해라
세상 사람 이르는 말 내 들었노라
고려국에 태어나기 소원이라고
금강산 좋은 경치 바라다보니
이천 봉이마다 옥이로세

북측 여자 안내원 특유의 설명을 들으면서 옛 선비의 눈길로 호수의 풍광을 감상해 본다.

"반갑습네다. 금강산 여행 참 좋지요. (……) 이곳 삼일포 풍경의 아름다움을 더욱 빛나게 해주는 저 섬은 소가 누워 있는 모양을 닮았다 하여 '와우섬'이라 합니다. 그리고 정자가 세워져 있는 바로 앞의 섬은 네 명의 신선들이 놀다간 사선정四仙亭입니다. 또 그 곁의 작은 바위섬은 단서암丹書岩입니다. 바위에 쓰여진 붉은 글씨는 지금 볼 수 없게 되었지요. 행차가 잦은 양반 관리들에게 시달린 인민들이, 단서암을 짓이겨 물 속에 처박았기 때문입니다."

안내원의 설명이 끝나자, 관광객들은 박수와 함께 노래 한 곡조를 청한다. 의외로 북측 여자 안내원은 여유를 가지고 상냥히 응해 준다. 수줍은 듯 뽑아내는 노랫가락은 〈반갑습니다〉. 정겨운 노랫소리가 삼일포의 잔물결마냥 남측 사람들의 가슴에 수놓아진다.

"앵콜! 앵콜! 미녀 안내원 동무, 앵콜! 앵콜!"

●북한 교예단 공연

금강산 관광 3대 명물 중 하나로 공연 명칭 그대로 인간 한계에 도전하는 아크로바틱이다.
이 공연은 남측 관객들을 세 번 울도록 만든다. 첫 번째는 '얼마나 피눈물 나는 연습을 했을까' 하는 안쓰러움에서, 두 번째는 같은 민족이라는 점에서, 마지막은 박수를 많이 쳐서 손이 아파서 저절로 울게 된다.

◀삼일포의 봉래대

봉래대에서는 한반도에서 가장 빼어난 호수이며 관동8경 중 하나인 삼일포가 한눈에 들어온다.

안녕히……, 다시 만나요!

이제는 남녘으로 돌아가야 할 시간. 다시 북한군 앞에서 북으로의 입국 심사 때와 같은 출국심사를 받는다. 그러나 입국 때 팽팽하게 고조되었던 그 긴장감은 어느 새 많이 완연해져 있다. 이따금씩 북한군들도 친근감 어린 정담을 건네온다.

"구경 잘 하셨습네까? 금강산 참 좋지요."

"사진 많이 찍었나요? 사진 찍는 동무! ……또 만납세다."

'이렇게 만나고 다시 또 만나고 해서, 우리 시대의 분단 사슬은 머지않아 끊어지리라.' 매순간 희망을 보고 느낀 여정이다. 뿌듯함과 함께 왠지 모를 아련함이 듦은 금강산의 절경과 함께 남루한 북한 군인들과 주민들의 생활이 교차되어서인가. 북측 비무장지대 길가에 부동자세로 서 있는 북한군 병사에게 손을 흔들고 있는 버스 안의 남녘 사람들. 누가 먼저랄 것도 없이 귀에 익은 북한 노래를 흥얼거리고 있다.

> 백두에서 한라로 우리 하나이듯이
> 헤어져서 얼마나 눈물겹던 날 얼마였던가
> 잘 있으라 다시 만나요 잘 가시오 다시 만나요
> 목 메어 소리칩니다 안녕히 다시 만나요 안녕히 다시 만나요

그러나 이 한반도 최고의 여행지에서의 2박 3일 동안 나는 내내 답답했음을 아니 토로할 수 없다. 조태일의 시 〈국토 11〉로 그 마음을 대신해 본다. 어서 빨리 통일이 이루어져, 북녘 사람들과 함께 어우러져 다시 오를 금강산의 그 날을 기려보면서……

●조태일의 〈국토 11〉
물과 물은 소리 없이 만나서
흔적 없이 섞인다.
차가운 대로 혹은 뜨거운 대로 섞인다.

바람과 바람도 소리 없이 만나서
흔적 없이 섞인다.
세찬 대로 부드러운 대로 섞인다.

빛과 빛도 소리 없이 만나서
흔적 없이 섞인다.
쏜살같이 혹은 느릿느릿 섞인다.

한 핏줄끼리는 그렇게 만나고 섞이는데
한 핏줄의 땅을 딛고서도
사람은 사람을 만날 수가 없구나.
사람이면서 나는 사람을 만날 수가 없구나.

친절하고 똑똑한 여정 길라잡이

 **가는 길**

- **금강산 관광 코스**

  만물상 코스 왕복 3시간 30분

  구룡연 코스 목란관~옥류동~구룡폭포~상팔담(왕복 4시간)

  해금강 코스 온정리~삼일포~해금강(왕복 3시간)

  평양모란봉교예단 공연 매일 오후 4시 30분 또는 6시 온정각

  금강산 온천 온정각에서 600미터 거리로 낮 1시~밤 9시 운영

북으로 가는 금강산 육로관광 버스행렬 (사진제공 : 현대아산)

 여행정보 안내

- **금강산관광 예약안내** 금강산관광 상품 취급 여행사나 현대아산 www.mtkumgang.com 02-3669-3000을 통해 신청서 접수(출발일로부터 최소한 20일 전까지 접수해야 함)

 맛있는 여행

- 금강산 산행 후 북한음식점 옥류관에서 맛보는 북한식 평양냉면은 조미료가 전혀 들지 않아서 담백한 맛을 선보인다. 목란관에선 비빔밥을 맛볼 수 있다.

옥류관의 옥류냉면 (사진제공 : 현대아산)

공부도 쑥쑥 키우는 여행길

초등학교

《음악》 5학년 24~25쪽 : 동요 〈우리의 소원〉

《음악》 6학년 8~9쪽 : 동요 〈금강산〉

《사회》 6학년 2학기 131쪽 : 통일을 위한 우리의 노력 – 남북한이 한 나라로 통일이 되어야 하는 까닭 이해(금강산 관광)

중학교

《국어》 1학년 2학기 234쪽 : 조태일의 시 〈국토 11〉 감상

《국어》 2학년 2학기 112~135쪽 : 〈들판에서〉 감상 (분단현실에서의 갈등과 화해)

《생활국어》 3학년 1학기 121~144쪽 : 남북한 언어의 차이점과 그 차이를 극복할 수 있는 방안 이해

《국사》 323~325쪽 : 남북한 간의 화해와 교류(금강산 관광)

《사회》(디딤돌) 1학년 97쪽 : 금강산의 아름다움을 표현한 사진들 감상과 통일 후 국제적 관광지 개발 방안 탐구

99쪽 : 북부 지방의 전통 음식(냉면)

《사회과부도》(금성출판사) 25쪽 : 금강산·설악산 연계 관광 개발 계획

옥정호 | '섬진강 시인' 문학기행 | 장구목 | 임실 치즈마을

전북 임실

몽환의 구름바다 옥정호수와
행복한 임실 치즈마을 체험

운해雲海의 군무가 선계仙界를 이루는 옥정호

주산지와 함께 사진작가들이 최근 가장 가보고 싶어하는 새로운 로망이 된 사진촬영 명소로 급부상한 옥정호. 전북 임실군 운암면과 강진면, 정읍군의 산내면에 걸쳐 있는 이 호수는 섬진강댐 조성으로 생겨난 저수면적 26.5제곱킬로미터의 인공호수다. 이

일원은 널리 알려진 관광자원이 그리 많지 않기 때문인지, 자연은 물론 사람들까지도 아직 때 묻지 않은 순수 그대로여서 더욱 매력적인 여행지다.

운암면 소재지인 쌍암리에서부터 시작되는 옥정호 호반길은 '한국의 아름다운 길'로 선정되었을 정도로 멋진 드라이브 코스를 열어놓고 있다. 실핏줄처럼 구불구불 뻗어나가는 749번 지방도. 길모퉁이를 돌아들 때마다, 때 묻지 않은 절경이 펼쳐진다. 특히 운암교에서 범호마을 사잇길은 옥정호에서 가장 운치 깊은 호반길. 맑은 호숫물에 제 얼굴을 고스란히 담고 있는 산그림자가 명상적이다.

옥정호의 최고 매력은 이른 아침의 운해雲海일 터다. 일교차가 큰 11월부터 4월초에는 더 좋은 운해를 볼 수 있다. 그 조망의 최적기는 11월경. 그 절경을 보기 위해서는 꽤나 부지런해야 한다. 동트기 전까지 천연전망대 구실을 하고 있는 운암면 입석리의 국사봉까지 올라야 하기 때문이다. 국사봉 기슭에 하룻밤 머물 자리를 편다. 옥정호에서 갓 잡아 올린 붕어찜의 얼큰한 살 한 점 떼어 입안에 가득 넣고 밥 한 술, 동치미 국물을 더하는 맛! 곁들여 기울이는 소주잔은 호반의 밤에 운치를 더한다.

새벽잠을 설쳐가며 계단과 등산로로 30여 분 올라 가파른 벼랑을 깎아 만든 국사봉 전망대(475미터)에 이른다. 꼭두새벽부터 삼각대를 촘촘히 세워 놓고 기다리는 전국의 사진작가들이 장사진을 이루고 있다. '아, 빛을 기다리는 열정의 모습들!'

드디어 여명이 어두운 사위를 물리자, 눈앞에 펼쳐지기 시작하는 온통 구름바다! 생전 처음 대하는 몽환적 장관에 숨이 턱 막힐 지경⋯⋯. 망망대해 같은 운해 가운데에 산봉우리가 작은 섬처럼 솟아

◀◀**옥정호**
1926년 호남평야에 물을 대기 위해 첩첩산중을 돌아드는 섬진강 물줄기를 막으면서 생겨난 인공호수다. 그 풍광이 대단히 아름다워 17킬로미터 호반도로는 환상의 드라이브 코스가 되어 준다. 새벽녘 국사봉 전망대에 올라 내려다뵈는 옥정호의 뭉실몽실 피어나는 운해의 군무는 선계를 그려놓는다. 그 한가운데에 금붕어처럼 떠 있는 섬 아닌 섬이 '외안날'이다.

부 모 와 자 녀 가 꼭 함 께 가 봐 야 할

▲ **새벽녘의 국사봉 동녘 운해**
동녘이 밝아오면서 진안의 마이산 일대까지 첩첩 준봉들이 파노라마처럼 제 모습을 드러낸다.

난다. 쉴 새 없이 들려오는 경쾌한 셔터 소리들. 그 사이에 구름바다 위로 시나브로 떠오르는 붉은 해오름은 숨이 막힐 정도로 아름답다.

찬란한 햇살이 바람과 함께 몽실몽실 피워 올린 운해를 한편으로 흘려보내기 시작하면서 옥정호는 구름 아래로 제 모습을 드러내기 시작한다. 옥정호 일대의 절경이 한눈에 파노라마처럼 들어온다. 동편으로는 진안의 마이산, 서편으로는 오봉산, 남으로는 나래산, 북쪽으로는 모악산 등의 준봉들이 첩첩이 파노라마처럼 펼쳐진다.

입암리에 접한 옥정호 한가운데 금붕어처럼 신비롭게 떠 있는 섬은 '붕어섬'으로도 불리는 '외안날'이다. 인공호수에 의해 생겨난 섬이다. 외안날로 건너가려면 국사봉 아래 구암산장 앞 나루터에서 직접 노를 젓는 배를 이용해야만 한다. 일주일에 한두 차례 우체부만이 드나드는 이 섬에는 지금 두 가구밖에 살지 않고 있다.

'섬진강 시인' 김용택을 찾아가는 문학기행길

영화 〈아름다운 시절〉의 촬영지였던 구담마을은 아직껏 수수한 자연미를 그대로 간직하고 있는 오지 마을이다. 이 마을회관 뒤편에서 넉넉한 숲 그늘을 만들어주고 있는 느티나무 언덕은 영화 속에서 아이들이 친구의 가묘를 만들어주던 곳.

산그림자가 곱게 떠다니는 구담계곡. 이 물길 따라 가다 보면, '섬진강 시인'으로 유명한 김용택의 고향인 진뫼마을이다. 시인의 방이 잘 정리되어 있는 생가가 자리한 이곳은 그의 삶의 터전이자 시원詩原이다. 그가 어릴 적 심었다는 느티나무가 제법 큰 그늘을 드리우고 있는 마을에서 천담마을의 천담분교까지 4킬로미터에 이르는 오솔길을, 시인은 '걷고 싶은 길'이라고 입에 침이 마르도록 강력 추천한다. 진뫼마을 바로 앞으로 흐르는 큰 냇가 섬진강 상류는 시인의 탯줄이다. 그의 시와 산문들은 대부분 섬진강을 젖줄로 하여 영위되는 사람들의 삶을 서정적으로 노래하고 있다. 단순히 섬진강의 한가로운 풍광만을 그린 것이 아니다. 소월시문학상 수상작 선정 평가처럼 그는 "자연의 아름다움과 그 순리의 철학을 인정과 세태에 연결시켜 서정적으로 노래"해 왔다.

가문 섬진강을 따라가며 보라

▲ 김용택 시인과 생가
'섬진강' 문학기행에 한국여행작가협회 소속 여행작가들이 시인 김용택(뒷줄 왼쪽에서 세번 째)의 생가에서 함께했다.

● 섬진강
전북 진안군에서 흐르기 시작한 섬진강은 전남 순창, 곡성, 구례, 하동을 지나 남해로 흘러드는 총 길이 212킬로미터 강이다.
고려시대 1385년, 섬진강 하구에 왜구가 침입하자, 수십만 마리의 두꺼비 떼가 울부짖어 왜구들이 광양만 바다 쪽으로 피해 갔다는 이야기가 전해지고 있다. 그때부터 사람들은 이 강줄기의 이름을 '두꺼비 섬蟾'자를 붙여 '섬진강'이라고 불러왔다.

> 퍼가도 퍼가도 전라도 실핏줄 같은
> 개울물들이 끊기지 않고 모여 흐르며
> 해 저물면 저무는 강변에
> 쌀밥 같은 토끼풀꽃
>
> 숯불 같은 자운영 꽃 머리에 이어주며
> 지도에도 없는 동네 강변
> 식물도감에도 없는 풀에 어둠을 끌어다 죽이며
> 그을린 이마 훤하게
> 꽃등도 달아준다

문명文名이 널리 알려진 시인이건만, 그는 섬진강가의 오지 분교에서 아이들과 함께하겠다는 초심을 버리지 않고 승진도 저버린 채, 시작詩作 활동에만 전념하고 있다. 범상치 않은 그만의 매력이다.

4년 만에 되돌아온 장구목의 '요강바위'

구담, 싸리재 같은 강마을을 끼고 온 길은 동계면 어치리를 지나 장구목에 이른다. 물 위로 드러난 넓디넓은 바위들은 장관을 이루고 있다. 수억 년 동안 강물의 흐름에 제 몸을 맡겨온 바위들은 지금, 모난 곳 하나 없이 부드럽고 매끄러운 몸매를 자랑하고 있다. 그야말로 장구목은 장엄한 바위공화국이다.

이곳 장구목 한가운데에는 내룡마을의 안녕과 풍요를 지켜주고 있는 영험한 바위가 있다. 높이 2미터, 폭 3미터가 넘는 이 바위를 이곳 강가 사람들은 '요강바위'라고 부른다. 정말 그 이름대로 요강처럼 한가운데가 움푹 패인 바위는 그 무게만도 무

▲바위공화국 장구목
억겁의 세월 동안 흐르는 강물이 빚어놓은 바위들이 별천지를 이루고 있다

려 25톤. 두 사람이 들어앉을 만큼 오목하게 패여 있다. 아들 낳기를 원하는 여인네가 이 요강바위에 걸터앉으면 소원을 이룰 수 있다는 영험한 속설이 전해지고 있다.

 이 바위는 몇 해 전에 이곳을 떠나야만 하는 큰 수난을 겪기도 했다. 도심의 돈 많은 이들의 정원 조경용 바위로 팔아먹으려는 20여 명의 떼도둑이 중장비를 이 오지까지 끌고와 요강바위를 뽑아갔던 것. 경기도 한 야산에 숨겨놓고 살 사람을 물색하다가 섬진강 바위임을 알아챈 주민의 신고로 도둑떼는 붙잡혔다. 바위의 당시 호가는 10억 원이 넘었다. 다행히도 장물로 인정된 요강바위는 전주지검 남원지청 앞마당으로 운반되었다. 그러나 이곳 장구목 물가 원래의 자리에 25톤의 바위를 옮기는 중장비 사용료로 무려 500만 원이나 들여야 했다. 장구

▲요강바위
두 사람이 들어앉을 만큼 오목하게 깊이 패여 있는 이 요강바위에 아들 낳기를 원하는 여인이 걸터앉으면 소원을 이룰 수 있다는 속설이 있다.

목마을 열두 가구 사람들이 추렴해 모은 운반비로 4년 만에 요강바위는 지금의 자리로 돌아오게 되었다. 장구목마을 사람들에게 요강바위는 그만큼 영험스런 존재였던 것이다.

요강바위가 제자리에 되돌아오던 날 이곳 장구목 마을과 싸리재 마을 사람들은 이 물가에서 돼지를 잡고 떡과 술을 나누며 흥겨운 잔치를 벌였다.

사랑으로 만드는 세상에서 단 하나뿐인 치즈

▲모짜렐라치즈 만들기 체험
쟁반처럼 늘어나는 치즈를 보며 자아내는 탄성!

피자 위에 얹혀 쭉쭉 늘어나는 새하얀 치즈를 즐겨 먹는 우리 아이들에게 임실 치즈마을로 가는 길은 상상만으로도 신나는 여행길이다. 국내산 치즈의 원조라고 할 수 있는 '임실치즈'를 직접 만들어볼 수 있기 때문이다.

치즈마을에서의 체험은 마을 어르신들이 운전하는 여러 대의 경운기를 타고 치즈체험장으로 향하는 일명 '딸딸이' 체험부터 시작된다. 싱그러운 느티나무 가로숫길을 따라 '딸딸딸' 경운기 소리가 요란스럽지만 생전 처음 누려보는 이색적인 탈거리 체험에 가족과 함께한 여행자들의 환호와 웃음소리는 초록 들판을 흔들어 놓는다.

"발효식품인 치즈를 만들기 위해서는 우유에 유산균을 넣어야 해요."

운영자이신 친절한 목사님 부부의 설명에, 아이들은 고개를 끄덕끄덕하면서 유산균을 넣은 우유를 조금이라도 더 많이 저어보려고 신경전(?)을 벌인다. 유산균이 잘 자라기 위해서는 "사랑해!"가 필요하다는 말에 저마다 유산균에게 속삭인다. 달콤하고 감미로운 목소리로 "사랑해~", "사랑해~".

　우유를 응고시킨 응유를 만들기 위해서는 소의 네 번째 위액인 레닛을 섞고 잠시 기다려야 한다. 그 사이 치즈에 관한 재미있는 퀴즈를 풀어본다. 맞추는 사람에겐 신선한 요구르트가 선물. 이윽고 응고된 치즈 덩어리를 잘게 부수어 뜨거운 물을 붓고 반죽을 해대면 신기하게도 쫀득쫀득한 치즈가 만들어진다. 이제부터가 치즈 만들기의 절정. 네 명이 한 조가 되어 숙성된 모짜렐라치즈 덩어리를 사방으로 잡아 늘리며 펴야 한다. 금세 '쭈욱 쭉~' 잘도 늘어나는 치즈. 아주 커다란 쟁반같이 늘어날 땐, 너무도 신기해서 모두들 "와!" 탄성만 자아낸다. 더 늘어나지 않으면 모짜렐라 치즈로 완성!

　치즈만들기에 이어서, 세상에 단 하나뿐인 수제 치즈를 맛보는 시

● 임실치즈의 원조

임실군에는 40여 년 전에 국내 최초로 치즈공장이 세워졌다. 벨기에 출신 지정환(본명 : 디디에 세스테벤스) 신부가 산간벽지인 임실성당의 주임신부로 부임하면서 가난한 농민들에게 산양을 보급하였는데, 우유 재고가 남게 된다. 직접 프랑스, 이탈리아 등의 공장을 찾아다니며 치즈 생산 기술을 전수받아 '우유로 만든 두부'라며 농민들을 설득하고 가르친 것이 '임실치즈'의 시초다.

▼ 송아지에게 어미젖 먹여보기

아이들은 커다란 눈망울의 송아지와 금세 친숙해지며, '동물 사랑'을 온몸으로 느껴볼 수 있다.

▲ 직접 만들어 시식하는 치즈샐러드

간. 치즈를 비스킷에 얹거나 식빵에 끼워 넣고 오븐에 구워, 과일에 요구르트를 부어 만든 신선한 샐러드와 함께 먹으면 그 맛은 고소하고 향기롭기 이를 데 없다. 모짜렐라치즈 피자와 스파게티도 맛볼 수 있다. 포장된 즉석 치즈는 기념으로 본인들이 가져갈 수도 있다.

치즈체험장 야외는 온통 파릇파릇한 초록 풀밭이다. 유유자적 풀을 뜯어 먹고 있던 송아지 무쏘와 느티가 어슬렁어슬렁 다가온다. 녀석들이 이리 반기는 이유는 아이들 손에 제 어미의 젖이 담긴 우윳통이 들려 있기 때문이다. 우윳통을 사이에 두고 송아지와 밀고 당기기를 몇 차례 하는 아이들. 그러나 그 머뭇거림도 잠깐. 커다란 눈망울의 어린 송아지들과 금세 친해진다. 온몸으로 동물과 하나가 되는 귀한 체험이다. 송아지들은 한순간에 우유 한 통을 뚝딱 해치운다. 한가로이 풀을 뜯고 있는 얼룩젖소들을 바라보는 어른들도 복잡한 일상을 까맣게 잊어버리고 있는 듯하다.

이 초록 풀밭에는 유난히 네 잎 클로버가 많다. 풀밭에서의 행운 찾기는 덤! 운 좋으면 네 잎 클로버의 주인공이 될 수도 있다. 이곳의 비탈진 풀밭은 그대로 천연 풀썰매장이다. 가족이 함께 탄 썰매들이 순식간에 미끄러지듯 내달린다. 쏜살같은 속도감에 환호성을 지르는 가족들. 아빠와 엄마는 어릴 적 비료 포대로 썰매를 탔던 추억에, 환호를 더한다.

이곳 치즈마을에서는 치즈만들기 체험 이외에도 '방앗간 견학' 과 '산양유 짜기' 체험도 즐길 수 있다. 산양목장에서 산양에게 풀을 먹여보기도 하고, 산양의 젖도 짜보며, 엄마젖과 가장 흡사하다는 산양젖도 시음해 볼 수 있다. 뿐만 아니라 20명 이상 단체일 경우, 필봉농악전수관(063-643-1902)에서 중요문화재로 지정돼 있는 '필봉농악'의 기본기에 취해볼 수 있다.

● 임실 치즈마을 슬로푸드 체험 여행
- 달구지와 트랙터 타기
- 치즈와 발효유 제조과정 듣기
- 치즈, 발효유 만들기
- 임실치즈로 만든 모짜렐라치즈 돈가스 식사
- 송아지 우유 먹이기
- 풀썰매 타기

문의 : 임실군청 063-643-3700
www.imsil.go.kr 일주일 이상 전에 사전 예약 필수

친절하고 똑똑한 여정 길라잡이

 **가는 길**
호남고속도로 전주나들목 ➡ 전주시내 ➡ 27 순창 ➡ 완주군 구이면 ➡ 운암대교 건너기 직전 호반상회 삼거리에서 좌회전 5킬로미터 직진 ➡ 국사봉

 여행정보 안내
임실군청 문화관광과063-640-2220 www.imsil.go.kr
숲골유가공 치즈체험장063-643-6544 www.soopgol.com, 임실 치즈마을063-643-3700

 주변명소 추천
사선대, 운서정, 신흥사 대웅전, 도화지도예문화원
금화양조의 산머루와이너리투어063-642-7350(예약 방문 필수)

 **행복한 쉼터**
국사봉모텔063-643-0440(이른 새벽 국사봉 정상에 올라 해돋이와 운해를 조망할 수 있다)
운암 호반가 리버사이드063-221-7968, 하얀집063-221-2590, 플로라펜션063-538-1377, 호렙산펜션011-9436-0764

 맛있는 여행
옥정호 호반가 구암산장063-643-0349ㆍ입석산장063-543-2898, 산내매운탕063-538-4067ㆍ수어촌063-643-1295ㆍ어부집063-221-6246(민물매운탕ㆍ붕어찜), 강촌063-222-6362(용봉탕) 완주군 구이면 도로변 꽃밥전문점 옛마당063-221-8446(꽃밥ㆍ꽃샐러드)
사선정063-642-8212(한방오리탕), 갈마가든063-642-6606(청둥오리고기 요리-직접 기른 청둥오리를 버섯, 파, 양파 등과 함께 불에 익혀 먹는 통오리 요리는 쫄깃쫄깃한 맛이 일품)
※옥정호 새벽 운해 감상 후에, 호반에 자리한 국사봉휴게소에서 맛보는 '시래기백반'은 값이 싸면서도 푸짐하고 맛깔스럽다.

국사봉휴게소의 시래기백반

 ## 공부도 쑥쑥 키우는 여행길

초등학교
《과학》 4학년 2학기 3~14쪽 : 동물의 생김새
《과학》 6학년 1학기 45~60쪽 : 주변의 생물들 특징 관찰 조사
《사회과 탐구》 5학년 2학기 124~125쪽 : 농악과 함께 부른 농요
《음악》 5학년 59쪽 : 동요〈네 잎 클로버〉
《음악》 6학년 30쪽 : 동요〈끼리끼리〉

중학교
《국어》 1학년 1학기 66~71쪽 : 〈섬진강 기행〉-아름다운 여정과 표현 찾아보기
《국어》 2학년 2학기 24~32쪽 : 〈창우야, 다희야, 내일도 학교에 오너라〉의 지은이 김용택의 삶과 글의 배경
《사회과부도》(금성출판사) 21쪽 : 호남 지방(호남 지방의 물 자원 개발)

전북 김제

금산사 | 귀신사 | 아리랑문학관 | 벽골제 | 지평선축제

하늘과 땅이 맞닿은 황금빛 지평선에서 누리는 풍요

미륵신앙이 숨 쉬는 어머니 같은 모악산과 금산사

황금빛 지평선의 풍요를 오감으로 누리게 될 김제 지방으로 향하는 여행길. 그곳으로 가는 길에서는 먼저 모악산母岳山에게 인사를 올려야 하는 것이 순리일 터. '대한민국의 곡창'으로 불리는 김제·만경의 너른 들을 품에 안고 있는 모악산은 '어미산'으로 섬

김을 받는 산. 그 너른 들판은 모악산에서 흘러가는 물들을 젖줄로 삼고 있다. 광활한 평원을 벗어나 712번 지방도로를 따르다가 장흥리를 지나면, 그 기슭에 자리한 금산사 들목에 이르게 된다.

▲금산사 들목의 무지개형 석문

금산사는 백제 법왕 원년(599년)에 세워진 천년 고찰. 이 절이 미륵신앙의 근본도량과 법상종의 본산으로 자리매김한 것은 신라 경덕왕 21년(762년)에 진표율사가 크게 고쳐 짓고, 쇠로 만든 33척의 미륵불상을 모시면서부터다. 이 대가람에서 제일로 먼저 눈길을 끄는 것은 금산사의 상징처럼 여겨지는 미륵전. 언뜻 보아도 아주 독특한 양식으로 지어진 고건축물이다. 외관상으로는 속리산 법주사 팔상전과 부여 무량사 구조와 같은 팔작지붕의 3층 건물이다. 그러나 안으로 들어가서 올려다보면, 위로 모두 트인 통층 구조의 웅장한 건물. 이 법당 안에는 무려 그 높이가 10미터도 넘어 보이는 미륵삼존입불이 나란히 모셔져 있다. 법당 건물 안에 있는 불상으로는 세계 최대의 높이를 자랑한다.

미륵전 왼편에 있는 방등계단은 금산사 기행에서 절대 빼놓을 수 없는 곳. 석가모니의 진신사리가 봉안되어 있고, 불교의 법을 받고 승려가 되는 수계의식이 집행되는 곳이다. 사리탑을 감싸고 서 있는 올망졸망한 인물상의 얼굴은 세월만큼 흐릿하게 지워져 가고 있다.

이곳에서 머지않은 청도리에 자리한 귀신사에 들러 가자면, 일행들은 눈이 휘둥그레지면서 "정말 귀신이 있는 절집인거?" 하면서 한마디씩 거든다. 하지만 한자로 말할 것 같으면 귀신사鬼神寺가 아니라, '믿음으로 돌아간다'는 뜻을 지닌 귀신사歸信寺다.

▲남근석

귀신사 대웅전 바로 뒤편 계단 위에는 사자가 남근석을 등에 짊어진 형상의 돌상이 있다. 풍수지리적으로 터의 기를 제압하기 위해 세운 토속 성신앙의 유물이며, 조선 후기 민간신앙과 융합된 불교의 또 다른 모습이기도 하다.

부 모 와 자 녀 가 꼭 함 께 가 봐 야 할

▲금산사 방등계단
금산사 방등계단은 석가모니의 전신사리가 봉인되어 있는 곳. 불교의 법을 받고 승려가 되는 수계의식이 집행되는 곳이다.

전주 방향 도로에서 운치 있는 돌담에 둘러싸인 마을을 지나면 바로 귀신사에 이르게 된다. 입구 곳곳의 감나무엔 선홍빛 홍시가 꽃등처럼 매달려 있다. 작은 정원을 거느린 대웅전은 색 바랜 나뭇결을 드러내고 있다. 경내에서는 명부전 및 연화대석, 장대석 등 세월을 고스란히 간직하고 있는 유물들이 늦가을 산사의 호젓한 분위기를 더한다. 대웅전 뒷편 계단 위에서는 독특한 사자석상 한 마리가 기다리고 있다. 등에 짊어진 것은 '남근석男根石'이다.

원래 이 절은 의상대사가 창건한 화엄10찰의 하나로 금산사를 말사로 거느린 대가람이었지만, 임진왜란으로 폐허가 되었다가 다시 중창되었다.

수탈과 저항의 세월을 웅변하는 '아리랑문학관'

마음까지 답답해져 오는 도심의 빌딩 숲에서 빠져나온 가을. 김제 들판은 가없이 너른 들판을 곳곳에서 보여주기 시작한다. 나라 안에서 유일무이하게 지평선을 볼 수 있는 땅이다. 그 들판 가운데에는 이 너른 들에서 살아온 이들의 고단한 삶을 집대성한 위대한 작가의 집이 기다리고 있다. 부량면 용성리에 몇 해 전 들어선 아리랑문학관이 바로 그곳. 작가 조정래의 대하소설 《아리랑》의 모든 것을 간직하고 있는 문화예술공간이다.

1층 제1전시실에서는 어른 키보다 더 높이 쌓여 있는 원고지가 먼저 눈에 들어온다. 작가의 육필원고다. 그 장수는 무려 2만 장! 이 엄청난 창작물의 유물은 문학기행 여행자들을 단번에 압도한다.

오래 전 한 목로주점에서 작가 조정래가 들려준 비유가 정말 실감난다.

"대하소설 《아리랑》을 집필하는 그 기간은 '글 감옥에 갇힌 것'이나 다름없었어요. 사람들도 거의 만나지 않고, 그저 낮이나 밤이나 '먹고 자고 쓰고, 먹고 자고 쓰고'의 연속이었지요."

그 무렵 그는 어깨의 참기 힘든 고통으로 틈만 나면 손바닥에 가래를 쥐고 주물럭거렸다.

문학관의 전시물들은 갑자기 한 세기를 훌쩍 거슬러 20세기 초 일제강점기로 우리를 이끈다. 우리 민족의 수난사가 아려온다. 아리랑의 주인공, 김제 내촌·외리 사람들의 고난의 대장정이 각 부의 줄거리와 함께 시각자료로 보여진다. 제2전시실에 있는 작가의 취재노트에는 그림까지 구체적으로 그려져 있다. 이런 창작과정의 산고産苦들은 《아리랑》에 내재된 치열한 역사적 증언을 말해 준다.

"일제강점기, 그 36년 간 죽어간 우리 민족의 수가 400만여 명.

▲아리랑문학비

"그들 세 사람은 걸어도 걸어도 끝도 한정도 없이 펼쳐져 있는 들판을 걷기에 지쳐 있었다. 그 끝이 하늘과 맞닿아 있는 넓디나 넓은 들녘은 어느 누구나 기를 쓰고 걸어도 언제나 제자리에 헛걸음질을 하고 있는 것 같은 착각에 빠지게 만들었다. 그 벌판은 '징게맹갱 외에밋들'이라고 불리는 김제·만경평야로 곧 호남평야의 일부였다. 호남평야 안에서도 김제·만경벌은 특히나 막히는 것 없이 탁 트여서 한반도 땅에서는 유일하게 지평선을 이루어 내고 있는 곳이었다."

－조정래의 《아리랑》 중에서

▲아리랑문학관
어른 키를 훌쩍 넘는 높이로 쌓여 있는 대하소설 《아리랑》 원고지.

200자 원고지 18,000매를 쓴다 해도 내가 쓸 수 있는 글자 수는 고작 300여 만 자뿐!"

작가 조정래가 《아리랑》의 시발점으로 삼았던 "들은 흔하고 산이 귀한" 상상력의 배경은 주산면 내촌마을. 소설 속의 무대다. 마을에는 아직껏 일제에 의한 수탈이 극성스러웠던 그 무렵, 이 일대 농경지를 거의 장악했던 일본인 하시모토의 농장 건물이 그대로 남아 있다.

'신털뫼와 되배미'의 전설과 동양 최대의 수리시설 벽골제

"우와! 끝이 안 보여라이, 땅 끝이 안 보여잉."

"아니, 저기 저기 들판 끝은 하늘과 땅이 맞닿아 있잖아요!"

여행자들의 두 눈을 휘둥그레지게 만드는 것은 눈앞에 끝 간 데 없이 펼쳐지진 '징게맹갱 외에밋들'. 징게는 김제요, 맹게는 만경 그리고 외배미는 이 배미 저 배미 할 것 없이 모두 한배미로 툭 트인 땅이라는 의미를 지닌 이곳 사람들의 사투리다. 그 땅이름 유래만 알아들어도 가슴이 확 트여오는 이곳 '징게맹갱 외에밋들'은 우리나라에서 유일하게 산이 없는 지역이다. 노오랗게 익어가는 벼들이 펼쳐내는 광활한 황금벌판과 그 끝의 지평선은 도시인들에게 잊을 수 없는 감동의 풍경이 되어 준다.

이 너르고 너른 들 한가운데, 부량면 원평천 하류에는 벽골제가 자리잡고 있다. 우리나라에서 가장 오래된 인공저수지다. 백제 비류왕 27년(330년)에 축조된 벽골제는 삼국시대부터 나라 차원의 기간 산업시설로 관리되었던 동양 최대의 수리시설 유적이다.

어마어마한 수리시설이었던 벽골제에는 그 엄청난 규모를 가늠

할 수 있는 전설이 오늘까지도 전해져오고 있다. '신털뫼와 되배미'라는 전설이 그 중 하나다. '신털뫼'는 벽골제 쌓는 일에 동원되었던 일꾼들이 신에 묻은 흙을 털어 이룬 산이고, '되배미'는 당시 수많은 일꾼들을 하나하나 헤아릴 수 없어, 500명들이 논을 만들어 되로 되듯이 한꺼번에 500명씩 헤아렸다는 이야기가 어린 논을 말한다.

농심과 어우러지는 '김제지평선축제'

벽골제 일원에서는 해마다 9월 하순부터 10월 초순 무렵에 '김제지평선축제'가 펼쳐진다. 높디높은 쪽빛 가을 하늘엔 풍년을 구가하는 연들이 하늘 높은 줄 모르고 춤춘다. 그러나 눈높이를 수평으로 두면 그 높은 하늘과 끝 간 데를 가늠할 수 없는 황금 들판이 만나는 곳이 한일자로 그어져 있다. 나라 안 유

● **수리민속유물전시관**
벽골제 제방 아래 수리민속유물전시관에서는 수리농업사회를 일구어 온 조상들의 슬기로운 삶의 풍속사를 가늠해 볼 수 있다.

◀ **벽골제**
'벼의 고을'이란 의미의 '볏골'을 한자로 표기한 것이 '벽골'이다. 눈길을 끄는 거대한 돌기둥 한 쌍은 옛날 벽골제 수문의 자취다. 이곳에는 높이 5.6미터의 제방이 남북으로 3.3킬로미터가 남아 있다.

일의 지평선인 것이다.

　지평선축제장에는 가족과 함께 즐길 거리가 곳곳에 널려 있다. 입석줄다리기, 허수아비 만들기, 볏짚을 이용한 행위예술, 지평선 연날리기, 지평선 그림그리기, 새끼꼬기, 가마니짜기, 외국인 쌀음식 솜씨 경연 등등……. 이 가운데 무자위와 용두레, 맞두레 체험은 도시에서는 생각지도 못할 다양한 농경문화체험이다. 아이들에겐 즐거운 농촌체험을, 어른들에게는 잊고 지냈던 농심農心을 다시금 느끼게 해주는 축제다.

　아이들은 축제의 캐릭터 쌀눈이와 함께 황금들판에서 벼메뚜기를 잡느라 한바탕 신바람이 드높다. 축제에서 아이들에게 가장 인기 좋은 것은 황금 들녘 우마차여행. 논둑길 사이로 우마차가 왔다 갔다 한다.

　예서부터 죽산을 지나, 진봉반도가 심포에 이르러 서해바다로 떨어지는 곳까지 애마로 달려본다. 세상은 온통 '광활' 한 지평선이다. 가도 가도 벌판은 끝날 줄 모른다. 거칠 것이 없다. 오죽하면

▶ 축제객의 탈곡체험
▶▶ 축제객의 용두레체험

땅 이름도 '광활면'일까. 성덕면 심평리에서 광활면 창제리까지의 논둑길은 무려 15킬로미터나 된다. 지독히도 너른 이 가을 들판은 지금 글자 그대로 '황금 벌판'! 누렇게 익은 벼들로 만경창파를 그려내고 있다. 이렇게 진봉반도 끄트머리까지 내달려서는, 방금 지나온 뒤편을 바라본다. 질주하느라 온전히 못 다 느낀 광활한 대지가 그곳에 펼쳐져 있다.

▲ 김제지평선축제
소가 끄는 우마차를 타고 황금벌판 사이를 누비는 체험이 재미난 어린이들.

바다를 바라보는 절집, 망해사

끝없이 달려온 진봉반도의 지평선은 심포항 일대에서 수평선과 만난다. 발아래 드넓은 '갯들'은 하루에 두 차례씩 어김없이 제 속살을 드러내고 있다. 조수간만의 차가 커서 썰물 때면 40여 분 이상이나 걸어 들어가야, 바닷물가에 이를 정도로 너른 '갯벌 지평선'이 펼쳐진다. 갯고랑에 낚시대를 드리운 채 망둥어 낚시 삼매경에 빠져 있는 사람들이 그려내는 풍경은 세월을 낚는 한 폭의 한국화다. 광활한 갯벌에 들어간 사람들은 호미로 갯벌을 뒤져 제법 씨알이 큰 백합을 주워내느라 분주하다.

누군가 일러줬다. 심포항에 가면 반드시 백합죽(생합죽)을 먹어봐야 한다고. 20여 개의 횟집이 밀집해 있는 심포항. 이곳 횟집에서는 백합조개 요리가 별미로 차려지고 있다. 백합조개 요리들은 한창 살이 올라 쫄깃쫄깃한 맛이 제대로 난다.

이곳 심포 바닷가는 수평선 너머로 사라지는 낙조를 감상하기에도 딱 좋은 곳이다. 특히 심포항에서 진봉면 소재지 방향으로 2킬로미터 정도 가면 이르는 '망해사望海寺'. 우리나라에서 유일하게 지평선과 수평선을 함께 볼 수 있는 절집으로, 특히 낙조 감상의 명소다. 바닷가 끝에 올라서 있는 망해사는 백제 의자

▶**망해사**

망해사의 앞마당은 끝없이 펼쳐진 갯벌이다. 지평선과 수평선을 함께 볼 수 있는 이 절집에서의 낙조 감상은 매우 인상적이다.

왕(642년) 때, 부설거사가 세운 절집. 오랜 역사에 비해 규모는 작지만 아담한 절집 옆의 전망대에 오르면 두루 바라보이는 만경강이 빚어낸 갯들과 낙조, 그리고 심포항의 불빛이 무심코 보인다. 뒤돌아보면 황금벌판인 금만평야와 그 너머로 금산사를 품은 모악산이 뉘엿뉘엿 넘어가는 석양에 바알갛게 물들고 있다. 우리 아이들에게 꼭 보여주고 싶은 해넘이 광경이다.

친절하고 똑똑한 여정 길라잡이

 가는 길
- 호남고속도로 서전주나들목 ➡ 지평선 드라이브 코스 29 벽골제 ➡ 죽산 ➡ 광활면 ➡ 심포항
- 서해안고속도로 서김제나들목(20킬로미터 구간은 시속 110킬로로 황금들판 드라이브) ➡ 김제읍 방향 29 ➡ 벽골제 일원

 여행정보 안내
- 김제시청 문화관광과 063-540-3324 www.gimje.net

 **주변명소 추천**
- 강증산 유적지, 스파랜드

 행복한 쉼터
- **심포항 부근** 심포장 063-545-1662, 사보이장 063-544-6790 **금산사 부근** 모악산유스호스텔 063-548-4401, 모악산장 063-548-4411

 맛있는 여행
- **심포항** 연서활어횟집 063-543-1900(백합죽·우럭회) 망해사 063-545-4356 · 김제횟집 063-543-6535(생합탕) **금산사 입구** 일범식당 063-548-5661(산채백반) **김제시내** 포석정 063-546-1567(간장게장정식), 시골장터(쌀음식)

※서해안 특유의 고급조개인 백합은 갯벌에서 금방 잡아올려도 모래앙금이 없는 것이 특징. 심포항 횟집들이 차려 내놓는 백합죽은 백합 특유의 향긋함과 감칠맛을 더하는 토속별미다.

연서활어횟집의 백합죽(생합죽)

공부도 쑥쑥 키우는 여행길

초등학교

《국어-읽기》 6학년 2학기 82~87쪽 : 〈좋은 쌀, 맛있는 밥〉
《사회》 5학년 1학기 7쪽 : 평야지역 사람들의 삶(논과 밭농사) 12~13쪽 : 〈농가월령가〉에 나타난 우리 조상들의 생활 모습
《사회과부도》 4~10쪽 : 평야가 발달한 서·남쪽지역과 전북 김제 평야지역
《음악》 4학년 44~45쪽 : 동요 〈가을길〉
《음악》 6학년 36~37쪽 : 동요 〈가을맞이〉 46쪽 : 경기도 민요 〈풍년가〉

중학교

《미술》(대한교과서) 1학년 9쪽 : 생활 속 미술의 기능과 역할 (가을 들녘의 허수아비 조형물)
《국사》 91쪽 : 후삼국의 통일(금산사)
《사회》(금성출판사) 3학년 144쪽 : 생산 기반이 흔들리는 우리나라 쌀의 문제 해결 방안 모색
《사회과부도》(금성출판사) 21쪽 : 호남 지방(호남 지방의 논의 비율) 107쪽 : 일제 강점기의 토지 수탈과 산업 수탈, 일제의 미곡 수탈

순천만 | 낙안읍성 | 〈태백산맥〉 문학기행 | 송광사 | 선암사

전남 순천

남도의 서정을 노래하는 순천만과 아름다운 절집들

'여귀가 뿜어 내놓는 입김' 같은 무진의 안개

비릿한 갯내음을 따라 이른 순천만 대대포구의 새벽. 가장 먼저 나와 반겨야 할 갈대숲은 보이지 않는다. 한 치 앞도 허락지 않고 있는 안개 무리 속에 숨어 있기 때문이다. 이 지독한 안개는 김승옥의 단편소설 〈무진기행霧津紀行〉의 무대이기도 하다.

대 한 민 국   베 스 트   여 행 지

"밤 사이에 진주해 온 적군들처럼"에워싼 지독한 안개가 갯강 수면 위로 옅게 피어오르며 썰물처럼 걷히기 시작하자, 시나브로 나신을 드러내는 순천만의 갈대숲. 가을 끝부터 날아들기 시작한 흑두루미, 저어새, 뒷부리도요, 가창오리 등이 갈대숲 위로 아득히 날아오른다. 동천과 이사천의 두물머리 지점부터 순천만의 갯벌 앞까지 펼쳐지는 갈대밭은 무려 15만여 평이나 된다. 우리나라에서 가장 좋은 습지를 자랑하는 순천만은 람사 보존지역으로 선정된 영예로운 습지다. 다양한 갯벌 생물과 희귀 철새들 140여 종을 보듬고 있는 천연자원이다. 갈밭 한 편에선 한창 살이 토실토실 오른 '문저리'라 부르는 망둥어 낚기에 분주하다.

이곳 갯벌은 바다가 육지화 되어 가는 유일한 염습지이며, 일곱 가지로 색이 바뀐다는 칠면초의 군락지다. 9월엔 자줏빛 색오름이 이채로운 칠면초 군락이 진경을 이룬다. 아름다운 한국의 화첩 같았던 임권택 감독의 영화 〈취화선〉에서 인상 깊었던 그 칠면초다.

순천만 일원 갈대밭 전체의 풍광을 가장 쉽게 조망해 볼 수 있는 곳으로는 '전망대가든' 앞마당 둑길 위가 제격이다. 고운 뻘 위로 2~3미터 키의 갈대숲이 거대한 파노라마처럼 펼쳐져 있다. 갈대숲에선 갈대 무리가 갯바람에 일렁이며 서로서로 몸을 부비고 살아가는 소리가 들려온다.

드넓은 갈대밭 사이의 수로를 따라 갯벌 구경을 제대로 하려면 순천만 탐사선에 올라야 한다. 탐사선 앞머리에서 갯바람을 온몸으로 맞아들이면 마음은 어느새 갈대가 된다. 선창도 지나고 무진교 다리 아래도 지나 수로를 따라 상류로 올라가는 탐사선 흑두루미호. 멀리 고흥의 팔영산이 가까이 다가오면 탐사선

● **김승옥의 〈무진기행〉 중에서**

안개는 마치 이승에 한이 있어 매일 밤 찾아오는 여귀가 뿜어 내놓은 입김과 같았다. 해가 떠오르고, 바람이 바다 쪽으로 방향을 바꾸어 불어가기 전에는 사람들의 힘으로써는 그것을 헤쳐 버릴 수 없었다. 손으로 잡을 수도 없으면서도 그것은 뚜렷이 존재했고 사람들을 둘러쌌고, 먼 곳에 있는 것으로부터 사람들을 떼어 놓았다. 안개, 무진의 안개, 무진의 아침에 사람들이 만나는 안개, 사람들로 하여금 해를, 바람을 간절히 부르게 하는 무진의 안개, 그것이 무진의 명산물이 아닐 수 있을까!

● **순천만자연생태공원**

생태공원 안에 있는 비지터센터를 둘러보면 순천만 갯벌과 갈대밭의 고마움을 알 수 있다. 갈대밭 10만 평은 4만 명 인구가 배출하는 오염물질을 정화해 내는 능력이 있다 하니 이곳은 '순천 땅의 허파'라 할 수 있다.
10월 하순경에는 '순천만갈대축제'가 펼쳐진다. 대대포구 입구에 위치한 순천자연생태관에서는 CCTV를 통해 순천만 곳곳의 모습을 실시간으로 구경할 수 있다(월요일과 공휴일은 휴관).

은 뱃머리를 돌린다.

최고의 낙조를 자랑하는 와온포구 금빛 S라인 물길

순천만의 하이라이트는 와온포구의 해넘이다. 순천만 동쪽에 자리한 해룡면 와온포구는 대대포구를 물 건너로 마주 보는 곳. 촬영 적기인 이즈음엔 오후 4시 30분까지는 용산전망대에 올라야 한다. 대대포구 선착장에서 무진교 다리를 건너면 갈대밭 한가운데. 갈대밭 사이 나무테크를 따라가다가 20여 분 정도 산등선을 타

▼용산전망대에서 내려다보이는 와온포구 갯골의 금빛 S라인 물길과 해넘이

고 오르면 용산전망대다. 사진작가라면 꼭 한 번 찍어보고 싶었던 그 풍경이다. S자 라인으로 휘돌아 나가는 물길과 크고 작은 원형의 갈대밭! 앵글 안에서 미스터리 서클처럼 펼쳐진다.

드디어 물길은 황금빛 노을을 싣기 시작하더니, 이내 홍시보다 더 바알갛게 물든다. 때맞춘 듯이 등장하는 탐사선은 S자 물길에 잘 펴진 공작새 날개를 연출해 낸다. 아, 감탄만 하고 있기엔 너무나 시간의 흐름이 빠르다. 순간순간 물길 끄트머리로 해는 떨어진다. 그러나 해가 꼴깍 져도 자리를 뜨질 않고 있는 사진작가들. 진짜 황금빛은 해넘이 20여 분 후에 나타나기 때문이다.

뻘배를 타고 돌아오는 아낙들의 모습과 물 빠진 갯고랑에 기울어진 고깃배, 솔섬을 오렌지빛 그리움으로 채색하는 와온포구의 해넘이는 저무는 것도 아름다움을 느끼게 하는 장관이었다.

낙안읍성에서의 하룻밤은 조선시대로의 시간여행

보성, 화순, 고흥, 벌교 등 순천 일원 여행길이라면 낙안읍성 초가에서 하룻밤 머물며 재충전을 하는 것도 좋다. 인심이 좋아 '즐거울 낙樂', 물산이 풍부해 '편안할 안安'이라고 붙여진 지명 '낙안'. 잘 표시된 이정표를 따라 20킬로미터도 안 되는 호젓한 시골길을 달리면 낙안읍성에 닿는다. 인조 4년 충민공 임경업 장군이 낙안군수로 부임하면서 중수한 돌성이다.

이 읍성 내에 자리한 향토음식점들은 옛날 주막거리처럼 정겹다. 마당 한가운데 펼쳐진 평상에 둘러앉으면, 차려 내놓는 남도 음식의 진수에 이 여정은 더없이 풍요로워진다. 잔칫집이 따로 없다.

"역시 음식하면 전라도 손맛이 최고지라이?"

▼ **낙안읍성 전통문화 체험여행**

조선시대 인조 4년 임경업 장군이 낙안군수로 부임하면서 중수한 낙안읍성은 세트화된 민속촌이 아니라 실제 남도 사람들의 삶의 내음이 배어있는 민속마을이다. 동헌과 객사 초가집들이 원형 그대로 보존되어 있는 마을 안에서는 짚풀공예와 천연염색도 체험해 볼 수 있다.
문의 : 061-749-3347

전통체험
짚풀공예, 길쌈시연, 천연염색 : 매주 월요일 빼고 10시~오후 7시
대장간(풀무질, 농기구 제작) : 끝자리 2, 7일을 제외한 모든 날
문의 : 낙안읍성마을 www.nagan.or.kr

민속공연
수문장 교대식 : 읍성 동문에서 매주 토, 일요일 오후 2시~4시(3회)
닭놀이 : 매주 일요일 오후 2시~4시
소달구지 : 매주 토, 일요일 9시~오후 6시

부 모 와 자 녀 가 꼭 함 께 가 봐 야 할

● 팔진미와 사삼주

팔진미는 이순신 장군이 낙안읍성을 방문했을 때 백성들이 여덟 가지 재료로 각각의 요리를 만들어 대접했다는 낙안의 별미다. 사삼주는 낙안민속양조 박장호 씨가 빚어내는 전통주로, 더덕 향내가 쌉싸래하면서 약간은 달큰한 술이다. 팔진미에 곁들여 마시는 맛이 조화롭다.

● 남도음식문화큰잔치

10월 초순경이면 낙안읍성 민속마을에서 6일간 펼쳐지는 남도음식 잔치다. 이곳 한자리에서 남도사람들의 자존심 어린 '맛의 예술'을 만끽하면서 직접 체험도 할 수 있다.

● 조정래의 대하소설 《태백산맥》

조정래는 선암사에서 태어나 유년시절까지 지냈다. 그곳 부주지로 있던 아버지가 사회 개혁을 위해 절의 논을 소작인들에게 나눠줌으로써 주지와 충돌하여 선암사를 떠나게 되었다. 그후로 지독하게 우경화 되어가는 남한 땅에서 그 가족은 모질게 살았다. 작가의 삶은 200자 원고지로 무려 1만 6,500장에 이르는 대하소설 《태백산맥》에 녹아든다. 집필한 지 6년, 고난의 창작과정 속에 마침내 완성시킨 《태백산맥》에서 작가는 남북 겨레의 상생相生을 그의 예혼藝魂에 담아냈다.

걸쭉한 남도 사투리가 정겹게 묻어나는 이 말은 백 번, 천 번 맞는 말이다.

중요민속자료로 지정된 가옥 중 95호 초가집에서는 하룻밤 묶을 수도 있고 우리 조상들의 옛 생활도 체험해 볼 수 있다. 따끈따끈한 토방의 온돌 위에 일상에 눌린 허리를 쭈욱 펴본다. "으으으아하~" 절로 탄성이 난다.

"꼬끼오!" 참으로 오랜만에 들어보는 새벽 닭울음소리에 새벽 잠자리를 떨치고 올라선 성곽길. 성안 마을을 넉넉히 감싸 안은 높이 4미터 장방형의 자연석으로 세워진 네모형 성곽 길은 아주 훌륭한 산책로다. 그 둘레는 1,400여 미터. 지은 지 400여 년이 지났건만 끊긴 곳 하나 없이 웅장하다.

백여 세대가 오순도순 살아오고 있는 성안의 민가들……. 낙안 들녘에서 피어오르는 새벽 안개가 자욱이 읍성을 감싸고, 초가집 지붕 위로는 밥 짓는 연기들이 모락모락 피어오른다.

고샅길 야트막한 돌담 너머론 소박한 초가들이 고스란히 잘 보존되어 있다. 싸리나무와 대나무로 정성스레 엮은 바자울과 사립문 그리고 초가집 처마 아래 흙벽에 매달린 호박꼬지와 곶감타래, 시래기 다발들……. 대대로 살아온 사람들의 숨결이 생생히 살아 있다.

마을의 북쪽 중앙엔 동헌을 중심으로 고을 수령의 숙소였던 안채, 외부 손님을 맞이하던 객사, 향교 등이 자리잡고 있다. 사또가 금시라도 나타나 호령할 것 같은 동헌 마루에 올라선 아이들은 "이리 오너라~" 하면서 마냥 즐거운 표정들이다.

이렇게 가장 한국적인 옛 모습을 오롯이 간직하고 있는 낙안읍성을 눈썰미 좋은 영상감독들이 그냥 둘 리는 만무하다. 드라마

〈대장금〉,〈허준〉을 비롯하여 영화〈아름다운 시절〉,〈춘향전〉,〈태백산맥〉,〈취화선〉 등도 모두 이곳에서 그 영상을 담아 갔다.

참꼬막 맛이 기찬《태백산맥》의 산실, 벌교 문학기행

새벽 해무海霧 속으로 모습들을 드러내는 벌교 아낙네들. 갯벌에서 건져낸 꼬막자루들을 이고 지고 건너온다. 그렇게 소화다리를 건너 벌교역전 앞의 5일 장터(4, 9일)에 모여든다. 이렇게 아침을 여는 벌교 땅은 조정래의 대하소설《태백산맥》의 주 무대다.

▼조정래 소설〈태백산맥〉문학기행지들
홍교 ➔ 현부잣집 ➔ 현부잣집 안채 ➔ 남원정

순천 사람들은 이곳 벌교에 문학과 영화 그리고 드라마의 테마기행여정을 마련해 놓고 있다.《태백산맥》문학기행길은 벌교읍과 순천시의 경계인 진트재부터 시작된다. 매일장터를 거쳐 소설 속에 등장하는 남원장, 금융조합, 염상진이 그를 따르는 농민전사 하대치를 시켜 압류한 지주의 쌀을 쌓아 놓았던 횡계다리, 벌교의 이름이 비롯된 홍교, 염상진의 야산대가 한때 해방구로 삼았던 율어의 지세, 우익 행동대장인 염상구가 담력을 자랑삼아 뛰어내린 벌교 철다리, 서민영이 야학을 열었던 회정리 돌담교회 등등…… . 고스란히 남아있는 예스런 건축물들은 50여 년 전 소설 속 시대 배경을 그대로 살려내고 있다. '태백산맥' 이라는 간판을 단 가게들도 눈에 들어오는 벌교역. 부근엔 꼬막자루를 높이 쌓아놓고 파는 노점상들이 많다. 작가가 소설 속에 묘사한 꼬막 맛이 다시 살아나는 듯한 풍광이다.

매달 음력 말일에서 그 다음달 보름 사이, 썰물에 맞춰 이곳에서 멀지 않은 갯가 장암2리를 찾아가면 진풍경이 펼쳐진다. 갯가에 바닷물이 빠지면 30~40여 명의 마을 아낙네들이 개

▲ 벌교 꼬막

꼬막은 벌교포구의 차지고 질긴 넓고 넓은 뻘밭의 특산물이어서 벌교 여자치고 꼬막 무침 못하는 여자는 하나도 없다. (중략) 벌교에서 물 인심 다음으로 후한 것이 꼬막 인심이었고, 벌교 오일장을 넘나드는 보따리 장꾼들은 장터거리 차일 밑에서 한 됫박 막걸리에 꼬막 한 사발 까는 것을 큰 낙으로 즐겼다.

- 조정래의 《태백산맥》 중에서

뻘 위에 폭 50센티미터, 길이 3미터 정도의 널빤지를 올려놓고 한쪽 다리로 개펄을 차며 기차게 미끄러져 나간다. 그 속도는 웬만한 배보다 훨씬 빠르다. 허리께까지 물이 차는 바다 한가운데에서 꼬막을 잡아 올리는데, 한번 개펄로 나가면 보통 네다섯 시간은 작업을 하고 돌아온다. 장암리 선착장에서는 읍내에서보다 훨씬 싼 가격에 꼬막을 살 수 있다. 청정바다 여자만과 순천만을 끼고 있는 순천과 보성, 벌교 여정에서 '꼬막 요리'와 '짱뚱어 요리'는 빼놓을 수 없는 토속별미!

천년 고찰 송광사와 선암사를 품고 있는 조계산

송광사는 합천 해인사, 양산 통도사와 함께 우리나라 삼보사찰로 불려온 천년고찰이다. 송광사 최고의 비경은 절로 드는 문이면서 계곡 풍경을 즐기는 정자인 우화각. 우화각을 건너면 사천왕문에 이른다. 절 안에는 국사전, 목조삼존불, 고려 고종이 하사한 제서 등 국보 3점을 비롯하여 수많은 문화재가 보존되어 있다.

4천 명분의 밥을 퍼 담아 두던 비사리 구시는 이 절집의 규모를, 천자암 뒤뜰에 있는 12미터 높이의 쌍향수는 800여 년 역사를 말해 준다.

송광사의 내재된 참모습은 새벽 예불에서 찾을 수 있다. 무릇 생명들이 아직 잠에서 깨어나지 않은 오전 3시 30분, 잠 든 영혼들을 깨우는 힘찬 북소리와 종소리, 짧고 경쾌한 가락의 목어 두드리는 소리, 맑은 풍경소리가 울린 후 새벽 예불은 시작되고, 그 예불소리는 어둑어둑한 미명을 밀치며 땅을 딛고 하늘에 울려 천년 고찰의 여명을 열어놓는다.

● 자연과 함께 자신을 돌아볼 수 있는 산사로의 초대

송광사 템플스테이

한국전통문화의 보고이자, 불교문화의 원형이 잘 보존된 송광사에서는 사찰의 일상과 수행자적 삶을 경험할 수 있는 사찰문화체험 프로그램이 일반인과 청소년들을 대상으로 주말에 운영되고 있다. '참 나'를 찾아가는 '참선', 똑같이 음식을 나누어 먹는 '발우공양', 자신을 바라보는 시간 '다도', 여러 사람이 힘을 보태는 '울력' 등을 비롯하여 한국전통건축의 모든 형태를 알아볼 수 있다.
문의 : 061-755-0107~9 www.songgwangsa.org

송광사에서 조계산을 넘어가는 선암사 길도 좋지만, 차를 가지고 갔다면 이 길은 포기해야 한다. 태고종의 종찰인 선암사는 백제 성왕 7년(529년)에 아도화상이 창건한 절집. 조선 숙종 이후에 지어진 대웅전, 원통전, 팔상전, 강선루 등의 전각은 의연하고 당당하다. 단청이 바랬거나 칠하지 않은 절집에선 1,400여 년의 세월이 고스란히 묻어나고 있다. 맑은 계곡을 길동무 삼아 산길을 몇 굽이 돌아들면, 선녀가 하늘로 승천하는 것 같은 맵시를 지닌 무지개형 돌다리, 승선교昇仙橋가 나온다. 이 다리의 맵시를 온전히 감상하려면 다리 아래에서 올려다봐야 한다. 다리 아래 아치형 곡선을 지나 저 앞으로 올려다보이는 강선루降仙樓 풍경과 함께 고아한 운치를 더해준다.

▼송광사 우화각

우리나라 삼보사찰로 불려온 천년고찰 송광사로 드는 최고의 비경이다.

▲ 선암사의 승선교

● 선암사 해우소

300년 넘은 선암사 해우소를 두고 현대 최고의 불교건축가 김수근은 "대한민국에서 가장 크고 아름다운 뒷간"이라고 평했고, 《자전거 여행》의 작가 김훈은 "인류가 똥오줌을 처리한 역사 속에서 가장 빛나는 금자탑"이라고 평하면서 "전남 승주지방을 여행하는 사람들아, 똥이 마려우면 참았다가 좀 멀더라도 선암사 해우소에 가서 누도록 하라"고 일갈했다.

그러나 무엇보다도 선암사에서 가장 이채로운 명소는 해우소解憂所다. 무려 300년이 넘었다는 이 해우소는 다른 절간에선 쉽게 볼 수 없는 나무로 짜 맞춘 뒷간이다.

"볼 일 다 보고 옷을 추스를 때에야, 비로소 변이 바닥에 떨어지는 소리가 들려온다"고 거대한 크기를 자랑하던 선암사 스님들의 이야기가 헛말은 아니다.

다선일여茶禪一如의 전통을 이어온 선암사는 넓은 차밭도 보여준다. 일주문 앞의 활엽수림과 경내 뒷편의 산비탈 은행나무 주변에 자리잡은 야생차밭은 무려 800여 년이 넘은 곳.

언제 찾아들어도 이처럼 마음이 편안해지는 분위기가 너무 좋은 절집, 선암사. 이런 평화로움은 쉬이 변하지 않는 것들의 미덕이 아닐까 싶다. 이토록 고아한 산사의 풍경은 가장 한국적인 풍경을 촬영하기 좋아하는 임권택 감독의 단골 촬영지였다. 그의 영화 〈아제 아제 바라아제〉의 마지막 장면과 조선 말기 천재화가 장승업의 예술혼을 다뤄 칸 영화제 감독상을 수상한 영화 〈취화선〉 그리고 〈황진이〉도 이곳에서 촬영된 명화들이다.

선암사는 야생차 재배로 역사가 있는 절집. 주지스님이 주석하고 있는 칠전선원은 야생차 향기가 더없이 그윽하다. 뒤뜰에는 세 개의 돌샘이 대나무 홈통으로 이어진 삼탕에 맑은 물을 흘러내리고 있다. 눈에 익은 이 풍광은 영화 〈동승〉의 한 장면. 차에 대한 각별함은 맨 처음에 자리한 돌샘에서 뜨는 물로 차를 우려낸다. 그 다음 돌샘으로 밥을 짓고, 마지막 돌샘으로는 허드렛일을 하고 있다.

최근 순천시가 개관한 순천전통야생차체험관(061-749-4202)에 들르면 야생차체험은 물론 한옥체험도 누릴 수 있다.

친절하고 똑똑한 여정 길라잡이

 가는 길
경부고속도로 ➡ 천안·논산고속도로 ➡ 호남고속도로 순천나들목 ➡ 22 전라 ➡ 순천만 대대포구 ➡ 벌교 ➡ 송광사 ➡ 선암사
※순천역 앞에서 9시 50분에 출발하는 순천시티투어버스 이용(순천관광안내소 061-749-3107)

 여행정보 안내
순천시청 관광진흥과 061-749-3328 www.suncheon.go.kr, 낙안읍성관리사무소 061-749-3347, 순천만자연생태관 061-749-3006

주변명소 추천
금둔사, 드라마 〈사랑과 야망〉 촬영장, 상사호 드라이브

 행복한 쉼터
선암사 순천전통야생차체험관의 한옥 061-749-4202, 낙안읍성 내 초가민박집 안내 061-754-2515, 선암장 061-754-5666, 아젤리아 061-754-6000(상사호를 내려다보는 호텔) 순천 람세스 061-725-7001, 사파이어 061-722-6655, 시티관광호텔 061-753-4000

 맛있는 여행
벌교 읍내 갯벌식당 061-858-3332(꼬막정식), 그랜드식당 061-857-6168(꼬막정식, 짱뚱어탕), 국일식당 061-857-0588(한정식과 백반) 순천 한성관 061-723-9916·대원식당 061-744-3582(한정식), 강변장어구이집 061-742-4233·대대선창집 061-741-3157(장어구이, 짱뚱어전골, 천둥오리탕), 일품매우 061-724-5455(매실 먹여 키운 한우 생고기 전문점) 낙안읍성 향토음식점 061-754-6912(팔진미), 고향보리밥 061-754-3419

그랜드식당의 짱뚱어탕

갯벌식당의 꼬막정식

공부도 쑥쑥 키우는 여행길

초등학교

《미술》 5학년 1쪽 : 조선 시대의 건축미(벌교 홍교-무지개형의 곡선미)

《사회》 5학년 1학기 35쪽 : 남부지방 한옥 모양의 특징

《사회과 탐구》 5학년 1학기 40~45쪽 : 우리나라 자연의 환경과 생활 전통이 살아 숨 쉬는 민속마을(낙안읍성마을 소개)

《사회과 탐구》 6학년 1학기 55쪽 : 우리 민족과 국가의 성립(풍속화의 초가집을 통한 조선시대 농민들의 생활 모습 이해)

'역사기행을 나서는 길은
 우리들의 오늘과 내일을 바로 살기 위함이다.'

부모와 자녀, 함께
옛것에 취하다

3

● 경북 문경 새재 | 석탄박물관 | 레일바이크 | 선유동과 용추폭포 | ●전북 진안 마이산 | 수마이봉, 암마이봉 | 탑사 | 은수사 ●경기도 수원 화성 | 화성 행궁 | 정조대왕 능행차 | ●충남 공주·부여 공산성 | 백제역사재현단지 | 백제 왕릉원 | 정림사지 | 궁남지 | 부소산성과 백마강 ●충남 예산·아산 추사 고택 | 수덕사와 이응로 | 암각 추상화 | 외암리 민속마을 ●경북 경주 불국사 | 석굴암 | 안압지 | 경주 남산 | 감은사지 ●경북 봉화 청량산 | 청량사 | 오산당 | 닭실마을

경북 문경

새재 | 석탄박물관 | 레일바이크 | 선유동과 용추폭포

굽이굽이 아름다운 선비의 옛길 문경새재

시대에 따라 수없이 변하기를 거듭해 오고 있는 우리 시대의 길들……. 온 국토를 아우르고 있는 고속도로로 나라 안 곳곳에 쉽게 이를 수 있게 되었지만, 우리의 옛 정서가 남겨진 길은 이젠 쉽게 찾기 어렵게 되었다. 이런 나날 중, 문득 흙냄새 물씬 풍기는 옛길을 맨발로 걸어보고 싶은 날, '문경'으로 떠나본다.

문경새재 옛길로의 트래킹에 앞서 먼저 들러야 할 곳은 문경새재박물관. 산새 소리가 들려오는 가운데 전시된 문경의 자연을 알 수 있는 조령실과 문경의 문화와 볼거리를 전시한 조곡실과 주흘실에서 문경을 공부해 본다. 이곳 박물관에 걸린 고산자 김정호의 대동여지도에는 '과것길'로 유명한 문경새재길이 선명하게 표시되어 있다. 한양 중심의 왕권 사회에서 이 길은 넓은 세상을 갈망하는 선비들에게 '희망의 나들목' 이었으리.

● 문경새재
'새도 넘기 힘든 고개'라는 의미(《신증동국여지승람》에는 조령鳥嶺으로 기록됨)를 지닌 이 고갯길은 조선시대 영남과 한양을 잇는 영남대로의 시발점으로 아주 중요한 길목이었다. 과거급제를 꿈꾸는 영남의 수많은 선비들이 추풍령을 넘으면 추풍낙엽처럼 떨어질 것을, 죽령을 넘으면 주르륵 죽죽 미끄러질 것을 염려하여 일부러 찾았던 길. '경사(과거에 급제했다는)를 가장 먼저 듣는 곳'이라는 땅 이름 문경聞慶의 새재는 선비들이 행운을 걸었던 길이다.

과거로 들어가는 아름다운 옛길 문경새재

그러면 본격적으로 옛길 트래킹에 나서보자. 세 개의 관문關門이 기다리고 있는 이 고갯길은 표고차가 고작 300여 미터. 완만하여 산보하듯 걸을 수 있어, 답사기행을 겸한 가족 트래킹 여정으로는 최적이다.

문경 쪽 제1관문과 제2관문에서 괴산 쪽 제3관문까지의 옛길은 모두 6.5킬로미터. 새재로 가는 길에 제일 먼저 나와 선 제1관문은 주흘관主屹關. 거친 세월 동안 좌우로 조령산과 주흘산을 거느리고 있지만 뚜렷한 윤곽을 지닌 성곽은 위풍당당한 풍채를 자랑하고 있다. 제1관문을 지나면서부터 오르막 고개가 없이 내내 부드러운 흙길로 이어진다. 맨발로 천천히 걸으며 부드러운 흙길의 촉감을 느낄 수 있는 이 오솔길은 참 귀한 길이다.

계곡 건너에는 근래에 세워진 TV역사드라마 〈태조 왕건〉, 〈대조영〉 뿐만 아니라, 〈대왕 세종〉 등의 촬영 세트도 웅장하게 들어서 있다. 여기저기 기웃거리는 순간순간, 단역배우라도 된 듯하다.

촬영장을 지나 제2관문까지는 맨발지압로, 폭포동, 조령원터, 주막, 교구정, 산불됴심비, 조곡폭포, 소원 성취탑 등이 연이어 나

▼제2관문 조곡관
▼▼제3관문 조령관

▶ 〈대왕 세종〉, 〈왕건〉 세트장

조령산의 산세가 개성의 송악산을 닮았다고 해서 용사골에 들어선 고려 거리에는 궁예, 백제 거리에는 견훤이 거주하는 왕궁과 권세가와 서민들이 거주하는 마을로 구성되어 있다. 최근 이곳에서는 고구려의 영웅 〈연개소문〉과 발해국의 영웅 〈대조영〉에 이어서 〈대왕 세종〉이 TV 드라마로 부활하고 있는 중이다.

▲ 산불됴심비

조선조 정조 때 산불에 대한 경각심을 일깨우기 위해 자연석에 새겨놓은 자연보호비. 제1관문에서 제2관문으로 가는 길가에 세워져 있다.

타난다. 조선시대 관리들이 묵어갔던 조령원터의 돌담을 지나면 초가로 이엉을 얹고 흙벽을 세운 소담한 주막이 반겨준다. 반질반질한 나무마루에 올라앉으면 금방이라도 주모가 막걸리 한 사발과 김이 설설 나는 장국밥을 내올 것 같다. 새재를 넘던 당대의 인물 이이도 이곳의 방으로 들고 하룻밤을 유했을 터. 교구정은 신임·구임 관찰사가 업무를 인수인계하던 곳. 조곡폭포는 옛길 걷느라고 이마에 맺힌 땀방울을 시원스레 식혀준다.

이렇게 기분 좋은 숲속 길로 이름 모를 산새들의 노랫소리와 청아한 계곡물소리가 앞서거니 뒤따르는 사이, 길은 점점 녹색 그늘로 이어진다. 조곡폭포를 지나 얼마간 더 걸어 청정한 계곡물을 건너면 제2관문인 조곡관鳥谷關이 여행자들을 반긴다. 양옆으론 기암절벽이 서 있고 산자락에 에워싸인 풍광은 천혜의 요새였음을 짐작케 한다.

'한시가 있는 옛길'에서 절로 이는 옛 선비들의 감흥

제2관문을 조금 지나면 '한시漢詩가 있는 옛길'이 샛길로 열린다. '새재에 올라', '새재를 지나는 길에' 등 새재를 소재로 한 시 구절구절마다 문경새재를 넘나들던 당대 선현들의 감흥이 시공을 초월하여 절로 인다.

길은 이제 약간씩 오름을 보인다. 길 양옆의 계곡물길도 비탈을 이루며 급하게 흘러내린다. 진동해 오는 솔숲 향기에 폐부 깊숙이까지 맑아진다. 제2관문에서 30여 분쯤 몇 구비 돌면 점점 너르게 하늘을 열던 숲길이 한순간에 활짝 열리고 너른 잔디밭 저 뒤로 나타나는 마지막 관문인 제3관문 조령관鳥嶺關. 문경새재 옛길 여정의 끄트머리다. 백두대간의 능선에 자리한 이 관문은 경북과 충북의 경계. 이곳 성곽에 오르면 발아래 남쪽으론 문경의 진산인 주흘산의 빼어난 산봉우리들이 하늘장막을 두르고 있다. 매월당 김시습이 "조령은 남북과 동서를 나누는데 그 길은 청산 아득한 곳으로 들어가네"라고 읊었던 고개다.

쉬엄쉬엄 두 시간 남짓 과거로 걸어든 옛길 걷기는 삼림욕과 역사체험까지 겸한 1석 3조의 정취 높은 길이었다.

▲한시가 있는 옛길

살랑살랑 솔바람 불어오고
졸졸졸 냇물소리 들려오네.
나그네 회포는 끝이 없는데
산 위에 뜬 달은 밝기도 해라.
덧없는 세월에 맡긴 몸인데
늘그막 병치레 끊이지 않네.
고향에 왔다가 서울로 가는 길
높은 벼슬 헛된 이름 부끄럽구나.
　　　　　　　－유성룡의 〈새재에서 묵다〉

험한 길 벗어나니 해가 이우는데
산자락 주점은 길조차 가물가물
산새는 벼랑 피해 숲으로 찾아들고
야윈 말은 구유에서 마른 풀을 씹고
피곤한 몸종은 차가운 옷 다린다.
잠 못 드는 긴 밤 적막은 깊은데
싸늘한 달빛만 사립짝에 얼비치네.
　　　　　　　－이이의 〈새재에서 묵다〉

문경석탄박물관과 폐철로를 달리는 행복한 레일바이크

문경읍에서 남으로 3번 국도를 타다가 901번 지방도로로 우회전, 10여 킬로미터를 더 달리면 가은읍. 이곳은 얼마 전까지만 해도 태백탄전에 이어 전국에서 두 번째로 탄광이 많았던 곳. 1960, 70년대 무렵에는 "지나가는 강아지도 만 원짜리를 물고 다녔다"는 믿거나 말거나 한 이야기가 전해질 정도로 이곳은 내로라하는 탄광촌이었다.

부 모 와 자 녀 가 꼭 함 께 가 보 아 할

▲ 가은선 레일바이크
어른 3명과 어린이 2명을 동시에 태우고 달리는 가은선 철로자전거는 두 개의 코스가 운행되고 있다. 진남역(054-550-6478)에서 출발하여 경북8경 중 1경이라 불리는 '진남교반'을 스쳐 달리는 코스와 가은읍에서 출발하여 푸른 초원을 달리는 코스다. (석탄박물관 영수증이 있으면 30% 할인)

● 문경새재 과거길 달빛사랑 여행
4~10월(월 2회), 음력 보름날과 가장 가까운 토요일 오후 4시 무렵 이곳 문경새재를 찾으면 밤 9시까지 다섯 시간 동안 이색적인 트레킹 체험을 할 수 있다. 가족, 연인, 친구간의 사랑을 테마로 제1관문과 제2관문 사이 왕복 6킬로미터 과거길에서 달빛을 쐬며 정기를 받고 여러 가지 이색 체험을 하는 낭만적인 문화축제다.
문의 : 문경시청 문화관광과 550-6393
www.mamtour.com

연탄 모양새의 외관을 지닌 문경석탄박물관(550-6424)에 들면 우리나라 근대화를 이끈 후에, 역사의 뒤편으로 사라진 석탄의 모든 면을 한눈에 볼 수 있다. 석탄의 기원, 광물과 화석은 물론 석탄산업과 석탄을 캐는 과정 등이 펼쳐져 있다. 특히 이곳의 갱도 전시공간은 은성광업소 운영 시절 실제로 사용하였던 갱도 230미터를 재현해 놓은 곳. 국내에선 유일하게 실제 갱도체험을 생생하게 할 수 있다.

탄광들이 도산되자 무성한 잡초 속에 녹슬어 버리고만 가은선 폐철로. 몇 해 전부터 이곳 폐광촌 사람들은 이 폐철로 위에 희망의 '철로자전거'를 올려놓고 굴려대기 시작했다. 강원도 정선 아우라지~구절리나 전라도 곡성역의 레일바이크보다 더 먼저 굴렸으니, 가은선 철로자전거는 우리나라 레일바이크의 원조다.

진남역에서 출발한 레일바이크는 천혜의 요새인 고모산성 아랫녘을 지난다. 산성 아래 강변 따라 솟아오른 영남 제일의 층암절벽을 자랑하는 진남교반. 층암 절벽 허리께를 감아 도는 옛 사다릿길은 일명 '토끼비리'다. 철로자전거는 'S'자로 굽이 드는 강물줄기와도 함께 달린다. 이 철로자전거 여정의 하이라이트는 진남터널 통과. 블랙홀처럼 검은 입을 벌리고 기다리고 있는 275미터의 길이의 터널이다. '은하철도 999'처럼 울긋불긋 불 밝힌 유도등을 따라 털거덩털거덩거리다 이어지는 터널 밖은 강렬한 햇살로 화이트홀! 철로변을 수놓은 들꽃들과 왕버드나무가 푸른 머리카락을 휘날리는 영강의 물길과 벗하며 종착역을 향하여 달리고 있다. 아이들에게는 신기함을, 어른들에게는 아득한 향수를 불러일으키면서……. 각각 4킬로미터 정도를 왕복 30여 분간 달리는 색다른 체험은 특히 자녀와 함께한 가족여행자들에게 화목한 가족애를 안겨준다.

선유동계곡과 용추폭포에서의 신선놀음

문경시 가은읍에서 충북 화양동으로 넘어가는 길을 따라가다 보면 신선도 머물었다는 문경의 선유동계곡에 이르게 된다. 충북의 외선유동과 구분하여 내선유동이라고도 부른다. 수정처럼 맑은 계곡물이 대리석을 빚어 놓은 듯한 너럭바위들 위로 아홉 구비를 이루며 흐른다. '선유구곡仙遊九谷'이라는 계곡 명소다.

조선후기의 학자 손재 남한조는 벼슬길을 한사코 거부하며 관람담 위에 옥하정을 짓고 후학을 가르치는 일에 정진했다. 지금의 학천정은 용추폭포에 둔산정사를 짓고 칩거했던 조선 숙종 때의 문신 도암 이재를 추모하는 후학들이 그의 공덕을 기려 세운 고건축물. 학천정 앞 너른 바위에 고운 최치원이 각자한 '선유동'도 뚜렷

▼용추폭포

부 모 와 자 녀 가 꼭 함 께 가 봐 야 할

▲ 망댕이가마
문경 여정 마무리 단계에서 빼놓을 수 없는 여행지는 전통 망댕이가마터가 아직껏 숨쉬고 있는 문경새재 도자기전시관 일원. 4월 초순경 이곳 도요지를 찾으면 '한국전통찻사발축제'를 맘껏 즐겨볼 수 있다. 선조 도공들의 전통적 도예기법 그대로의 발 물레와 재래식 전통장작불가마를 고집하는 도예장인들의 모습에서 여행자는 이곳 문경이 전통 찻사발의 본향임을 실감하게 된다.

▲▶ 도자기전시관의 막사발 사진
이곳에 전시되어 있는 깨진 막사발 파편들은 문경 전통 막사발의 오래된 유래를 잘 나타내고 있다.

하게 읽힌다.

용추폭포에 이르기 위해서는 선유동계곡에서 1킬로미터쯤 더 가는 대야산 들목 벌바위마을을 지나야 한다. 부모들은 나무 그늘 아래로 흐르는 맑은 계곡물에 탁족濯足을 하면서, 물장구로 신바람 난 자녀들의 한낮을 바라만 보아도 흐뭇한 곳이다.

이 맑은 계곡을 조망하며 200여 미터 더 오르면 이 계곡의 상징이라 할 용추폭포가 그 오묘한 생김을 드러내고 있다. 이단으로 쏟아져 흘러내리는 폭포 물줄기는 마치 미끄럼을 타고 흐르듯 군더더기 하나 없다. 더 이채로운 풍경은 널따란 암반 사이 한가운데 파져 있는 소沼의 매혹적인 모양새다. 어떤 이는 "완벽한 하트 모양새다!"라고 말하는가 하면, 또 어떤 이는 "복숭아 모양이다!" "새악시의 맑은 옥수玉水 흘러내리는 음부 아녀?" 건강한 사내들은 밧줄을 잡고 내려가 이 폭포의 소를 더 가까이에서 들여다보느라, 도끼자루 썩는 줄 모른다.

친절하고 똑똑한 여정 길라잡이

 가는 길
- 영동고속도로 여주분기점 ➡ 중부내륙고속도로 문경새재나들목 ➡ ③ 문경새재(문경새재박물관) ➡ 901 가은읍 레일바이크 체험장 ➡ 문경석탄박물관 ➡ 선유동 ➡ 용추폭포

 여행정보 안내
- 문경시청 문화관광과 054-550-6393 www.gbmg.go.kr

주변명소 추천
- 문경도자기전시관, 관음리 전통 망댕이가마, 문경관광(클레이) 사격장

 행복한 쉼터
- 문경새재 입구 문경관광호텔054-571-8001, 문경새재파크054-571-6069, 새재유스호스텔 054-571-5533 문경온천단지 내 나이스054-571-2121, 썬054-571-0235, 문경종합온천054-571-2002, 문경오미자체험마을 054-553-5244, 강이 있는 풍경054-572-3375, 예인과 샘터 054-571-1961 수안보온천단지 수안보관광호텔054-846-2311

 맛있는 여행
- 약돌샤브샤브054-556-7192(약돌한방건강찜), 새재초곡관식당054-571-2020(약돌돼지구이), 새재할매집054-571-5600, 진남정054-552-7708(버섯요리), 소문난식당054-572-2255(묵조밥-옛날 먹고살기 힘든 시절, 문경의 시골에서 조밥에 도토리묵을 숭덩숭덩 채썰어 산채와 들기름에 비벼 흔히 먹던 대표적인 향토음식)

소문난식당의 묵조밥 　　 새재초곡관식당의 약돌돼지구이

공부도 쑥쑥 키우는 여행길

초등학교
- 《미술》4학년 34~37쪽 : 찰흙으로 그릇 만들기
- 《사회》5학년1학기 5쪽 : 우리나라의 자연환경과 생활-우리나라의 주요 고개로 소개되는 조령(문경새재)
- 《사회과 탐구》5학년1학기 6쪽 : 산간지역의 교통로(문경새재)
- 《사회과부도》79쪽 : 도립공원 문경새재의 주흘산
- 《국어-읽기》5학년1학기 32~37쪽 : 〈마음이 담긴 도자기〉 감상

중학교
- 《국사》147쪽 : 문경새재 제3관문 사진 설명-한양과 영남을 이어주는 교통의 요지이며 군사적 요충지
- 《사회》(디딤돌) 1학년 67쪽 : 문경 관문(조령)
- 《과학》(지학사) 2학년 172~175쪽 : 화석이 들려주는 옛이야기(문경석탄박물관 탐방)

전북 진안

마이산 | 수마이봉, 암마이봉 | 탑사 | 은수사

'한국의 불가사의' 마이산
천년 신비로 소망을 얹어놓다

하늘 밖에서 떨어진 기이한 봉우리, 마이산

차창 너머의 전북 진안 땅 풍광은 한 폭의 한국화처럼 친근하게 다가온다. 곳곳에 펼쳐진 인삼밭 풍경과 함께 장대한 봉우리 두 개가 첫눈에 들어온다. 영락없이 쫑긋이 세운 말의 귀와 같은 형상이다. 옛 사람 김종직이 표현한 바와 똑같다. "기이한 봉우리가 하늘

밖에서 떨어지니 쌍으로 말의 귀와 같구나."

조선시대의 인문지리서 〈신증동국여지승람〉의 기록에는 이 산의 유래를 이렇게 기록해 놓고 있다. "조선 태종이 나라가 태평하고 백성이 편안하길 기원하는 국가적 제향을 올리기 위해 이곳을 찾았다. 그는 두 봉우리의 모양이 마치 말의 귀와 같다고 해서 마이산馬耳山이라 이름지었노라."

마이산은 북부에서 곧바로 접근하는 것이 쉽지만, 남부 쪽에서 출발하는 편이 차량 이동하기가 더 수월하다. 일명 '연인의 길'로도 불리는 벚나무 터널을 지나 오르는 길에 만나는 탑영지塔影池는 호수에 비친 마이산을 사진 찍기에 좋은 곳. 탑영지를 끼고 돌아 오른 탑사와 은수사를 들러 두 봉우리 사이로 오르는 코스는 운치가 있다. 두 봉우리 사잇길을 따라 마이산을 구경하며 두 시간 정도 걸으면 웬만큼 답사할 수 있다.

장엄하고도 신비로운 영기를 지니고 있을 것 같은 마이산에서는 여느 산들과는 달리 흙 한 줌 찾아보기 힘들다. 오직 수성암으로만

▲ 마이산 약수

◀ 마이산 봉우리

동쪽 봉우리를 수마이봉(678미터), 서쪽 봉우리를 암마이봉(685미터)이라 부르는 마이산은 사계절에 따라 주변과 조화를 달리 이룬다. 봄엔 아침 안개가 감싸 안은 모습이 한 척의 돛단배 돛대와 같아 '돛대봉', 여름에는 봉우리를 에워싼 숲으로 마치 용이 하늘로 승천하는 것 같다고 해서 '용각봉', 가을에는 붉게 물든 단풍이 멀리서 보면 마치 천리마와 같다고 해서 '마이봉', 겨울에는 흰눈으로 덮인 봉우리가 선비의 손놀림을 기다리는 새 붓과 같다고 하여 '문필봉'이라고 불린다.

이루어진 민둥산이기 때문이다. 가까이서 본 암마이봉 남쪽 급경사면에는 벌집처럼 수많은 구멍들이 뚫려 있고, 온 산이 마치 콘크리트를 버무려 놓은 것 같다.

이 산을 쌓을 수 있는 기술은 물론이고 그 엄청난 물량의 시멘트를 어떻게 충당했느냐고, 한 외국인이 콘크리트 축조물로 착각하고 혀를 내둘렀다는 웃지 못할 에피소드가 실감난다. 그러나 천신이 이곳에 살았던 못된 마귀할멈을 혼내주기 위해 날벼락을 쳐내려 생긴 흔적이라는 전설이 전해온다.

좋은 세상을 갈망하는 '한국의 불가사의'

멀리서 보고 들어올 때는 아담한 말 귀 모습이었는데, 가까이 다가가 바라보이는 마이산 양쪽의 산봉우리는 기이하게도 각각 남녀

▼마이산 탑사

의 성기 모양을 빼닮았다. 암마이봉 앞에 바로 다가서니 앞이 턱 막히는 것이 대단히 위압적이다. 아마도 우리나라 최대의 남근**男根** 생김새일 터다.

범상치 않아 뵈는 암마이봉을 비켜 돌아드니 별천지가 들어 앉아 있다. 거대한 돌탑군을 품에 안고 있는 풍광이 한눈에 가득 들어온다. 마이산 최대의 명소인 탑사다. 신이 빚은 자연의 조형물을 배경으로 유구한 세월을 말해주듯 돌이끼를 피운 채 서 있는 돌탑들은 신비롭기 그지없다. 돌탑은 똑같은 크기의 돌들을 첩첩이 수십 개씩 쌓아올린 외줄탑과 크고 작은 돌들로써 3~4미터의 기단부를 만들어 놓고 그 위에 외줄탑을 세워놓은 원추형 돌탑 등등 여러 가지다. 돌탑들의 높이는 키보다 높은 것도 있지만 대부분 10여 미터, 20여 미터 정도로 하나같이 아슬아슬하게 하늘을 향해 곧게 솟구쳐 있다. 돌탑들은 사람이 서 있기도 힘든 절벽에도 쌓여져 있다.

"우와, 대단하구나, 대단혀! 누가 이 많은 돌탑들을 이렇게 잘 쌓은 것이여?"

"어떻게 공들여 쌓았기에 비바람에도 끄떡 안 했을까? 히야, 참말로 신기하네요, 고 탑들!"

여행자들은 인간이 만든 이 불가사의의 걸작품 앞에서 그저 감탄사만 거듭 토해낼 뿐이다. 기하학적인 원리로 볼 때도 도저히 축조가 불가능할 것 같은데, 그 축조법이 궁금하기만 하다. '어떤 연유로, 어떤 사람들이, 이곳에 비법의 정성을 이토록 쌓아놓은 것일까?' 아무리 둘러보아도 불가사의일 뿐이다. 제갈량의 팔진도법에 의해 돌탑을 배치하고 108번뇌를 상징하는 108개의 돌탑을 세웠다는데 아직껏 80여 개가 오롯이 서 있다. 더욱 경이로운 것은

▲타포니 지형, 마이산

지질학자들에 따르면 마이산은 지표와 땅 속의 온도 차이 때문에 갈라지는 풍화작용에 의한 '타포니taffoni 지형'이다. 이 거대한 바위산 정상 부근에서는 7천만 년 전에 서식했을 법한 쏘가리를 닮은 민물고기와 조개, 고동 등의 화석도 발견되었다. 이는 아주 오랜 옛날 이 지역이 호수였음을 짐작케해 준다. 그 호수에 지각변동이 일어나 솟아오른 바닥이 지금의 마이산 봉우리를 형성한 것이다.

▲ 돌미륵

탑사에는 정식 문화재는 아니지만 돌탑들 못지않은 문화재가 숨겨져 있다. 탑사 바로 아래 암반 미륵단에 나란히 자리하고 있는 작은 돌미륵 세 점은 이갑룡 처사가 탑을 축조할 때 직접 화강암을 조각하여 법당에 모시고 기도하던 부처님들이다.

암마이봉과 수마이봉 사이의 계곡은 세찬 바람이 사철 불어대어 나무조차 자라기 힘든 지형인데도, 여름철 태풍이 불어도 조금씩 흔들리다가 제자리에 멎는다는 사실이다. 현대의 축조공법으로는 참으로 불가사의한 힘을 어떻게 풀어야 할까? 그 답은 한 사람의 정성 어린 정신력이 아닐까.

신비의 역사를 쌓은 이는 백여 년 전 사람 이갑룡(1860~1957) 처사다. 그는 30여 년 동안 전국 명산의 돌과 주변의 돌을 모아 10여 년 간 이곳에 탑들을 쌓아 놓았다. 어지러운 세상에서 부대끼며 살아가는 민중들을 구제하겠다는 일념으로……. 어느 여행작가의 표현대로 "내 마음에도 무너지지 않는 탑을 세울 수 있으면 좋으련만……."

만인의 북과 '거꾸리 고드름'이 어는 은수사

탑사 옆을 300여 미터 에돌아 오르면 능소화가 기어오르는 수마이봉 바로 아래에 자리한 은수사가 반긴다. 태조 이성계가 이곳의 물을 마시며 은같이 맑은 물이라 하여 은수사라는 이름을 지니게 된 절이다. 이 절집엔 이성계가 금척을 받는 그림인 〈몽금척도〉와 금척 복제품이 있다.

대적광전 앞의 커다란 북은 대한민국 절집에선 유일하게 누구나 부담 없이 두드려 볼 수 있는 만인의 북이다. 추수 후에 모든 백성이 모여 하늘과 땅 제사를 모실 때 울렸던 전례를 근거로, 여느 절들과는 다른 관용을 보이고 있는 것이다.

한겨울 이곳 은수사 용궁샘에는 또 하나의 불가사의가 있다. 이 용궁샘은 조선 태조 이성계가 찾아와 기도한 곳인데, 이곳에 정한수를 떠놓고 기도를 하다 보면 그 정한수 위로 고드름이 솟아오르는 거꾸리 고드름 현상이 일어나는 것이다. 이 거꾸리 고드름 앞에서 기원하면 소망이 잘 이루어진다 하여 강추위에도 아랑곳하지 않고 사람들이 연일 줄을 선다.

이처럼 신비한 거꾸리 고드름 현상은 왜 생기는 것일까? 어떤 이는 우뚝 솟은 암수봉 사이에서 급격한 공기의 대류 현상으로 공기가 위로 빨려 올라가는 순간에 생기는 현상이라고 말한다. 또는 그릇에 담아 놓은 물이 가장자리부터 얼다가 가운데에서 공기를 따라 위로 빨려 올라가면서 연이어 모세관 현상이 일어난 것일지도 모른다고 추측할 뿐이다. 진안 사람들은 마이산의 이런저런 불가사의한 현상들은 모두 이갑룡 처사의 신통력이 아직껏 존재하기 때문이라고들 한다.

은수사에서 돌계단을 따라 봉우리 사이로 오르니 천황문에 이른다. 수마이봉은 장대한 모습으로 곧추 서 있다. 그 중턱에는 사시사철 맑은 돌샘물이 흘러나오는 화암굴이 있다. 서늘한 굴 안은 수많은 촛농이 흘러져 있다. 이 돌샘물을 아녀자들이 마시고 마이산신에게 치성을 다하면 옥동자를 낳는다는 전설을 믿는 사람들의 자취다. 화암굴 안에서 뒤돌 때 바라보이는 굴 밖의 풍경은 아주 훌륭한 뷰파인더가 되어 준다. 그 안에는 연초록잎으로 한창 채색 중인 느티나무 한 그루와 암마이봉이 고스란히 잡힌다.

수마이봉은 금강과 섬진강의 발원지이기도 하다. 하늘에서 떨어지는 빗줄기가 마이산 수마이봉 북쪽 편으로 흘러내리는 것은 금강의 시발이

▼수마이봉의 화암굴

부모와 자녀가 꼭 함께 가봐야 할

▶ 수마이봉 아래에 자리한 은수사
조선 태조 이성계가 기도를 올렸다는 이곳 용궁샘에서는 한겨울에 정한수 위로 고드름이 솟아오른다. '거꾸로 고드름 현상'은 한국의 불가사의 중 하나다.

요, 남쪽 편으로 흘러내리는 것은 섬진강의 시발이니, 마이산은 두 강의 분수령이 되는 셈이다.

불가사의로 가득한 마이산. 그러나 그곳은 힘겹게 한 층 한 층 쌓아갔던 한 사람의 노력과 정성이 가득한 곳이다. 어디에서 우리 아이들에게 이만큼의 땀과 눈물의 힘을 가르칠 수 있을까.

친절하고 똑똑한 여정 길라잡이

 가는 길
- 호남고속도로 삼례나들목 ➡ 26 ➡ 화심온천 ➡ 진안 ➡ 마이산
- 경부고속도로 비룡분기점 ➡ 대전통영간 고속도로 장수나들목 ➡ 26 ➡ 진안 ➡ 마이산

 여행정보 안내
- 진안군청 문화관광과 063-430-2322 www.jinan.jeonbuk.kr

 **주변명소 추천**
- 풍혈냉천, 죽도, 진안향교, 용담댐 물홍보관, 운일암반일암

 행복한 쉼터
- 운장산자연휴양림 내 숲속의 집·산림문화휴양관 063-432-1193, 황토펜션 017-744-1959, 용담호반펜션 063-432-5998, 마이산모텔 063-432-4201

 맛있는 여행
- 화심순두부집 063-243-8268(순두부찌개와 두부빈대떡-이곳 사람들은 화심순두부를 맛보지 않고는 순두부 먹어봤다는 소리를 하지 말라 할 정도다), 진안의 토속명주(진안군 뽕나무밭에서 거둔 오디 와인-멀베리·불로백), 진안관 063-433-2629(애저찜과 애저탕-어미 뱃속에 있는 태아 상태의 새끼돼지를 양념해 쪄내는 음식으로 온 가족이 즐길 수 있는 영양식)

진안관의 애저찜

공부도 쑥쑥 키우는 여행길

초등학교
- 《사회》 4학년 1학기 12쪽 : 우리 시·도의 모습(산의 모습-진안 마이산의 두 봉우리)
- 《과학》 4학년 2학기 25~34쪽 : 지층을 찾아서
- 《음악》 6학년 14~15쪽 : 전라도 민요 〈둥당기타령〉

중학교
- 《과학》(지학사) 2학년 168~171쪽 : 지층은 지구의 역사책

경기도 수원

화성 | 화성 행궁 | 정조대왕 능행차

세계인류문화유산으로 빛나는 수원 화성에서의 시간여행

고풍스런 효원孝園의 성곽도시, 수원

21세기에도 200여 년 전 조선의 정조는 우뚝 되살아나고 있다. 그의 일대기를 그린 TV드라마 〈이산〉(MBC), 〈한성별곡〉(KBS), 〈정조암살미스터리 8일〉(CGV)의 인기와 정조를 다룬 책들의 특수로 이어지고 있다. 하여, 수원 화성 순례길은 그 정조시대로 시간

여행 떠나기에 의미 깊은 역사 여행지가 되고 있다.

　조선조 22대 정조대왕 18년(1794년) 1월에 축성을 시작하여, 2년 9개월 만에 완공한 수원 화성華城. 화성의 뿌리는 정조대왕의 효심에서 비롯되었다. 선왕인 영조의 둘째 왕자로 세자에 책봉되었으나, 당쟁에 휘말려 뒤주 속에서 불행한 생을 마감한 아버지 사도세자. 그렇게 불운했던 아버지에 대한 효심이, 능침을 양주에서 조선 최고의 명당인 수원 화산으로 천봉한 것이다. 그 당시 화산 부근에 있던 관청과 민가들을, 팔달산 아래 지금의 자리로 모두 옮기고 축성한 것이 오늘의 수원 화성이다.

　팔달산 동쪽 기슭에는 576칸 규모의 기와 궁궐이 자리하고 있다. 부왕 장조(사도세자)의 능을 자주 참배하던 정조가 돌아가는 길에 쉬어가던 행궁行宮(임금이 거동할 때에 묵던 별궁)이다. 효성이 지극했던 정조의 모습이 상기되는 곳. 18세기 조선건축의 유산을 고스란히 간직한 이곳은 우리나라 행궁 가운데 가장 규모가 크고 아름다운 모습을 보여준다. 드라마 〈대장금〉, 〈이산〉 촬영지로, 내·외국인이 더 많이 찾아들고 있다.

　화성은 본디 군사시설물로 축성되었다. 하지만 강렬한 방어벽의 힘은 미의식까지 내포하고 있다. 투박하지 않고 오히려 아름답다는 느낌을 주며, 특히 벽돌을 사용하여 성곽의 조형미가 더욱 돋보인다. 성벽과 치성, 옹성, 망루, 여장, 봉수대 등은 거의 벽돌로 이루어져 있다. 그 웅장함이 비할 데 없는 팔달문이나 장안문도 마찬가지다. 성문을 에워싼 반원형의 옹성과 적대, 홍예 부분까지도. 웅장한 이 성벽들의 벽돌담이 풍겨주는 고풍스런 이미지는 수원 화성을 처음 찾은 이들에게 깊은 인상을 준다.

　도심을 크게 에두른 성벽과 성문, 성곽들은 수원 시민들의 자연

● **세계 최초의 계획도시, 수원 화성**
사도세자의 능을 수원으로 옮기면서부터 짓기 시작하여 장장 6킬로미터에 달하는 성곽과 수많은 부속건물을 지닌 수도 화성은, 도시 기반 시설과 생산 기반 시설 등을 2년 6개월의 시간 속에 완성한 세계 최초의 계획도시라는 의미를 지니고 있다.

● **치성**
성곽의 요소에 성벽으로부터 돌출시켜 전방과 좌우방향에서 접근하는 적과 성벽에 붙은 적을 방어하기 위한 요새로서 凸 모양으로 만들었다. 치성이란 이름은 꿩(雉)이 제 몸을 숨기고 밖을 엿보기를 잘하는 까닭에 이 뜻에서 따온 것이다.

● **옹성**
성문은 적군에게 공격당하기 쉽기 때문에 성문 외부에 성문을 보호하기 위해 이중의 성벽을 쌓은 것으로, 모양이 반으로 쪼갠 항아리와 같아서 붙여진 이름이다.

▼성문

● '화성임금열차' 체험

용머리와 가마를 형상화한 관광열차로, 화성의 서쪽과 동쪽 일부 구간을 임금처럼 둘러볼 수 있다.
➡ 팔달산 ➡ 화서문 ➡ 장안공원 ➡ 장안문
➡ 화홍문 ➡ 연무대 코스
문의 : 031-228-4422

▼ 화홍문과 방화수류정

일곱 개의 홍예(무지개형 다리) 밑으로 용연의 물이 흘러내리는 화홍문은 언덕 위에 자리한 방화수류정과 함께 화가들의 화폭에 자주 올려진다.

스런 일상 공간이다. 이 땅의 도시 가운데 이곳 수원처럼 옛 왕도王都의 모습이 이렇게 온전히 되살아나는 공간은 없을 터. 화성의 이런 걸작스런 건축미를 즐기며, 산책하는 수원 시민들이 부럽기만 하다.

'성곽 문화의 꽃'으로 걸어 들어가는 시간여행

1997년에 유네스코가 "18세기 군사건축물을 대표하며 유럽과 극동아시아 성제의 특징을 통합한 독특한 역사적 중요성을 지니고 있다"고 '세계인류문화유산'으로 등록시킨 수원 화성. 이 성곽에는 '세계 최초의 계획 신도시' '조선시대의 가장 위대한 유적'

'우리나라 성곽의 백미白眉' 등등의 화려한 수사가 붙어 있다. 그 까닭은 무엇인가를 떠올려보며 화성 성곽 순례길에 올라보는 한 걸음, 한 걸음은 모두 의미가 깊어 심신을 건강케 할 터다.

성곽답사는 팔달공원에서 출발하여 서장대와 화서문을 거친 다음, 장안문을 돌아 연무대, 창용문에서 끝나는 코스가 일반적이다. 이 거대한 성채의 전체 길이는 5.7킬로미터, 높이는 4.9미터~6.2미터. 한 바퀴 도는 데 대략 두세 시간 정도 걸린다. 성 안팎을 두루두루 살피면서 걷는다면 반나절은 걸릴 것이고. 걷기가 부담스러운 여행자라면 화성열차를 이용해도 좋으리라. 팔달산~화서문……화홍문~연무대 사이를 운행하는 이 화성열차의 앞부분은 임금을 상징하는 용머리, 관광객들이 앉는 객차들은 임금의 권위를 상징하는 가마를 형상화한 무궤도 동력차다.

▲ 서장대(오른쪽)와 서노대

화성 산책의 시작점은 화성 행궁 왼편 주차장에서부터 시작하면 좋다. 푸른 솔숲 사이로 난 나무계단길은 팔달산 정상으로 오른다. 정상에서 시작되어 산등성이를 따라 남북으로 이어진 성벽. 버들잎 모양을 닮았다. 외측만 쌓아올리고 내측은 자연지세를 이용한 축성술로 자연과 조화를 이루고 있다. 200여 년 전의 모습 그대로 유지된 성곽 골격은 견고하면서도 우아하고 장중하다. 성곽 요소 요소에 펄럭이는 정조시대 전통 깃발들이 고성古城의 분위기를 더해준다.

화성 전체에서 가장 높은 자리 팔달산 정상에 올라앉은 서장대. 안타깝게도 최근에 관리 소홀로 화마를 당한 일은 우리의 부끄러운 문화재 관리 현실이다. 다시 복원된 평지돌출형의 노대에 올라

● '효원의 종' 울려보기 체험

팔달산 정상, 서장대 남쪽 아래에는 아버지 사도세자와 어머니 혜경궁 홍씨를 향한 정조의 효성스러운 마음을 기리기 위해 세워놓은 종이 있다. 상시 개방되어 있는 이 '효원의 종'은 관람객이 직접 울려볼 수도 있다.
"부모의 은혜에 감사하며 종을 쳐야 소리가 제대로 난다"는 이야기가 전해진다.

부모와 자녀가 꼭 함께 가봐야 할

▲ 봉돈
다섯 개의 둥근 화두를 높이 올리고 있는 봉화대. 독특한 봉돈의 외관과 규모는 수원성 성곽시설물 중에 가장 예술성이 빼어난 건축미를 자랑한다.

서면 사령관의 지휘본부답게 사방 100여 리 성 전역이 시원스럽게 조망된다. 성벽 위아래에 수많은 구멍을 내어 대포나 화살로 큰 화력을 한꺼번에 쏟아낼 수 있는 요새 공심돈은 관측소를 겸하는 곳. 가운데를 비워놓은 높은 구조의 건축물로 성벽 상부 가운데에 3층 구조를 이루고 있다. 담쟁이덩굴이 한껏 타고 오른 외벽 위의 지붕은, 단청을 칠한 누각. 멋스럽다.

이 성곽 순례길에서 가장 아름다운 전망은 장안문 앞 로터리에서 성벽을 남동쪽으로 바라보는 방향일 터다. 한 줄로 엮어나가는 성벽을 따라 방화수류정, 화홍문, 포루, 노대, 공심돈 등이 아스라이 조망된다. 그 아름다움을 더하는 곳은 화서문과 공심돈 일원이 어우러진 성곽 풍광. 이 장면은 중학교 국사 교과서 앞표지에 크게 실린 풍광이다. 화성을 남과 북으로 가로지르는 북문인 장안문과 남문인 팔달문은 오늘날도 수원의 상징이며 중심이 되고 있다. 서울의 숭례문 격인데, 이어진 옹성 때문인지 그 규모는 훨씬 더 크고 웅장한 느낌을 준다.

방화수류정으로도 널리 알려져 있는 '동북각루'는 장안문과 그 주변 성벽을 엄호하는 각루이며 초소. 우아하고 화려한 건축미가 매우 돋보이는 누대가 올라 앉아 있다. 추녀가 서로 부딪치고 용마루 선이 어긋나는 등의 불규칙한 대칭과 비례가 오히려 눈길을 끈다. 바로 옆은 성의 북쪽 수문인 화홍문. 돌다리 위로는 누각이 올라 앉아있고, 그 아래로는 무지개 형태를 지닌 일곱 개의 홍예(칠간수문 七間水門 - 서울 청계천은 오간수문) 밑으로 용연의 물이 흘러내리고 있다. 오르막 성곽길이 끝나는 곳은 마상무예, 택견 등

군사훈련을 해온 연무대다. 무과의 고시장으로 이용되기도 했던 이곳에선 누구든지 전통 활쏘기 체험을 해볼 수 있다.

봉돈烽墩은 수원성에서 가장 특이한 성곽시설물로 꼽히는 봉화대. 파수를 설치하여 육지로는 멀리 용인의 석성산 육봉과 서해바다로는 흥천대의 해봉과 연락을 취해 온 곳이다. 다섯 개의 둥근 화두火頭를 높이 올리고 있는 외관과 그 규모는 정교하면서도 예술작품처럼 미적으로 축조되어 있다.

창룡문을 지나 동일포루와 동남각루도 이어지는 길은 주택가와 맞닿아진다. 이 길로 40여 분 정도 걸으면 남수문인 동남각루, 성벽의 끝이다.

▼화성 행궁 문화 체험

화성 행궁 정문(신풍루 앞) 앞 광장에서는 3월말 경부터 11월말 사이 매주 토, 일요일 오후 2,3시경에 무예 24기 시범을 비롯하여, 북소리를 따라 황금갑주를 입은 정조대왕이 행궁에 행차, 장용영을 지휘하는 '장용영壯勇營 수위의식과 군례'가 펼쳐진다. 아울러 궁중문화체험, 궁중한과 만들기와 같은 대장금체험, 왕의 친위부대 장용영 갑주 입어보기, 엽전체험과 고전과 현대가 어우러진 다채로운 공연 한마당이 펼쳐진다.
문의 : 수원화성운영재단 031-251-4435
hs.suwon.ne.kr

부 모 와 자 녀 가 꼭 함 께 가 봐 야 할

'백성을 괴롭히지 말라'는 임금의 마음을 읽다

이곳으로의 여행 전에 읽어본 《화성성역의궤》. 수원 화성의 실무를 아주 자상하고 섬세하게 기록해 놓은 문헌이다.

> 성벽을 쌓는 일로 말하자면 올해 쌓아도 될 일이고 내년에 쌓아도 될 일이고 10년을 걸려서 쌓아도 될 일이지만 백성은 하루를 굶겨도 안 되고, 이틀을 굶겨도 안 될 것이며, 한 달을 참고 지내라고 말할 수 없는 노릇이다. 동지가 내일이라 추위가 심하다. 일하는 저들을 생각하니 저들의 추위가 나의 추위다. 숨이 떨어지는 일이 없도록 하고 한 사람 한 사람의 고통을 일일이 물어서 그 연유를 보고하라. 석수들에게 옷감과 모자를 보내주겠다.

이 책 속의 정조대왕 정신은 무릇 위정자들이 지녀야 할 자세가 아닐까 싶다. "서두르지 말 것, 기초를 튼튼히 할 것, 사치스런 치장을 하지 말 것, 일을 합리적이고 능률적으로 조직하고 관리할 것, 첨단 과학기술을 총동원할 것" 그리고 무엇보다도 강조한 것은 "백성을 괴롭히지 말 것" 이런 지휘방침에는 화성 축조를 기획하고 지시한 정조대왕의 백성사랑 정신이 오롯이 나타나 있다.

화성 여정 내내, 박학다식했던 개혁정치 군주 정조의 치열했던 얼과 조선 후기 문예중흥기가 되살아난다. 이곳 여정에서 되살아나는 역사이야기는 스스로는 개혁의 대상이 되길 망설이고 일상에 안주하려는 우리들에게 회초리처럼 다가온다.

정조의 효심과 강력한 왕도정치의 구현을 위한 자리에는 실학의 대표적인 인물 다산 정약용이 함께하고 있다. 다산으로 동서양의

기술서를 참고로 하여 성화주략(1793년)을 마련하고 화성을 완성시키기에 이른다. 하여 화성의 역사는 세종대왕 이래 조선 왕조의 으뜸 성군으로 꼽는 정조대왕과 실학자들이 합작으로 우뚝 세운 개혁정치의 금자탑! 성 안에서 본 거중기도 이 성을 쌓을 때 40근의 힘으로 2만 5천근을 들어올렸다는 근대판 기중기였다.

정조대왕 능행차를 재현하는 '화성문화제'

해마다 10월 10일을 전후로 6~7일간 다채롭게 펼쳐지는 '화성문화제'. 이 전통축제의 하이라이트는 200여 년 전의 '정조대왕 능행차'를 재현한 퍼레이드다. 장대하고 미려한 건축미를 지닌 화성을 배경으로 시행된 화산 능행차의 기록《원행을묘정리의궤園幸乙卯整理儀軌》를 다시금 보는 듯하다. 문헌자료를 고증으로 하여 준비된 능행차는 '화성문화제'의 백미다.

사도세자의 묘를 볼 수 있는 가장 먼 곳인 지지대 고개가 시발점이다. 이 고개를 넘어 서울로 돌아감이 싫었던 정조는 이곳에만 이르면 "천천히 가라, 천천히 가라"고 일렀다. 그런 연유로 '늦을 지遲'자가 두 개나 붙은 '지지대 고개'가 된 것이다. 능행렬은 노송지대, 장안문, 팔달문 등을 차례로 지나 8킬로미터에 걸쳐 이어진다. 이 '능행차연시' 축제길에 참여하는 수원 시민만도 무려 2천 4백여 명, 행렬의 길이도 2.5킬로미터나 된다. 수원 시민 가운데 뽑은 정조대왕과 혜경궁 홍씨와 함께 70여 명의 취타대를 비롯한 수원 시민들이 조선시대 문·무관들과 궁녀, 호위군사들의 복장과 소품을 갖추고 행진에 참여한다. 왕의 뒤를 바로 이어 경기감사가 선두에 서고 그 다음으로 총리대신, 훈련대장, …… 혜경궁 홍씨 가마, …… 장용대장, 병조판서의 순으로 끝없이 이어진다. 세계

▲정조대왕〈능행도〉중 시흥환어행렬도
모두 8폭으로 되어 있는 능행도에 의하면 능행차에 참여한 사람이 1,505명, 말이 516필이나 된다. 그림 안에 생략된 사람까지를 합하면 무려 1,807명, 말이 1,417필이나 된다 하니 그 당시 정조가 아버지 사도세자의 묘소 참배를 위한 '효의 행렬'이 얼마나 장대했는가를 짐작할 수 있다.

부 모 와 　 자 녀 가 　 꼭 　 함 께 　 가 봐 야 　 할

▶ 정조대왕 능행차

해마다 10월 10일 전후로 펼쳐지는 '화성문화제'의 하이라이트인 '정조대왕 능행차' 재현. 2천 5백여 명의 수원 시민들이 자진 참여하는 이 능행차는 세계 최대의 가두 퍼레이드를 꿈꾼다.

최대의 가두 퍼레이드를 지향하는 능행차다. 자발적인 시민들의 축제참여로 축제의 진정성이 더 잘 살아나 정조대왕의 효심을 기리는 이 능행렬은 장엄함을 넘어 자못 감동적이기까지 하다. 이 감동의 현장에 아이들과 함께 꼭 가보라고 권하고 싶다.

친절하고 똑똑한 여정 길라잡이

가는 길
- 경부고속도로 수원나들목 ➡ 동수원 사거리에서 우회전(영동고속도로 동수원나들목에서는 직진) ➡ 창용문 사거리에서 직진 200미터 ➡ 연무대 주차장

여행정보 안내
- 수원시청 문화관광과 031-228-2086 www.suwon.ne.kr
- 수원화성운영재단 031-251-4435 hs.suwon.ne.kr
- 화성관리사무소 031-228-4412
- 수원시티투어버스 031-224-2000~2

수원 화성 안내도 (지도 협조: 수원화성운영재단)

주변명소 추천
- 바닷길이 열리는 제부도, 에버랜드, 한국민속촌

행복한 쉼터
- 호텔캐슬 031-211-6666, 호텔리젠시 031-246-4141, 수원관광호텔 031-224-1100

맛있는 여행
- 화춘옥 031-216-5005(왕갈비구이의 원조집으로 독특한 천연양념과 연한 고기맛이 뛰어나다)
- **수원갈비전문시범식당** 수원갈비고을 031-295-4983(한우왕갈비, 취뽕냉면), 연포갈비 031-255-1337(갈비구이, 왕갈비탕-점심식사 시간대에만 맛볼수 있는 '왕갈비탕'은 갈비탕의 진수), 강서면옥 031-233-8959(냉면)
- ※ 수원 왕갈비구이는 1950년대부터 수원을 대표하는 별미음식이다.

수원갈비

공부도 쑥쑥 키우는 여행길

초등학교

- 《과학》 3학년 2학기 68쪽 : 여러 가지 돌과 흙을 이용해 건축한 수원 화성
- 《국어-읽기》 4학년 1학기 124~127쪽 : 전기문〈정약용〉감상
- 《사회》 5학년 2학기 106~107쪽 : 과학 문화재 탐방
- 《사회》 6학년 2학기 117쪽 : 외국인의 눈에 비친 우리나라의 세계문화유산(화성)
- 《사회과 탐구》 5학년 2학기 109쪽 : 거중기를 이용하여 쌓은 화성 135쪽 : 정조 임금의 효심을 기리는 '효행상'의 제정
- 《음악》 5학년 13쪽 : 우리 조상들이 행진할 때 연주하던 전통 곡(대취타)

중학교

- 《국사》 앞표지 : 화성의 화서문, 안쪽: 화성의 팔달문 158쪽 : 우리나라 전통 성곽 양식의 장점(화서문) 165쪽 : 정조의 화성 행차
- 《사회과부도》(금성출판사) 9쪽 : 지역과 사회탐구(수원의 문화재-화성안내도)
- 《미술》(대한교과서) 3학년 66쪽 : 우리나라 미술 문화유산 중 수원 화성의 화서문에 나타난 미의식 감상

공산성 | 백제역사재현단지 | 백제 왕릉원 | 정림사지 | 궁남지 | 부소산성과 백마강

'잃어버린 왕국' 백제의 향기를 찾아서

충남 공주·부여

공주와 부여, 한때 백제문화를 찬연히 꽃 피웠던 왕도라지만, 경주에 비하면 선뜻 눈에 들어오는 문화재가 많지 않은 곳. 그래서 흔히 백제를 '잃어버린 왕국'이라고 말하는지도 모른다. 비록 승자가 못 된 백제의 문화와 정신은 승자에게 철저히 파괴되었겠지만, 아직도 이곳 백제 땅에는 문화재와 사적지가 179점이나

남아 잃어버린 백제의 향기를 이야기해 주고 있다.

곰나루 전설이 어린 '웅진' 공산성

백제의 옛 도읍지 웅진이었던 지금의 공주로 드는 금강대교를 건너면 먼저 이르게 되는 곳은 공산성이다. 금강이 내려다보이는 천혜의 요새에 올라선 백제시대의 산성이다. 백제 문무왕 원년(475년)에 한강 유역에서 이곳으로 천도해 삼근왕, 동성왕, 무령왕을 거쳐 성왕 때, 사비성(부여)으로 천도하기까지 64년간 백제의 중심이었던 곳이다.

2.7킬로미터의 성곽길은 가족이나 연인과 함께 산책하기에도 아주 좋은 곳. 북쪽 성벽 저 아래를 휘감아 돌아가는 금강의 물살을 내려다보노라면, 백제의 왕도가 이곳 공주에 둥지를 튼 까닭이 가늠된다.

금강이 발 아래로 흐르고 쌍수정, 진남루, 동문터 등을 보게 되는 성벽길도 산책하기에 딱 좋은 길이다. 만하루와 연지는 금강의 물을 성 안으로 끌어들여 사용하기 위해 장방형의 돌로 정교하게 만들어져 있다. 웅진시대 건축의 백미로 꼽는 유적들이다.

공산성을 뒤로하고 이어지는 여정은 송사리 고분군과 무령왕릉. 잿빛 전돌을 쌓아올린 아치 모양의 고색찬연한 큰 문 아래를 통과하고 언덕길을 한 굽이 넘어서면 눈에 들어오는 송산. 10여 기의 백제 고분이 부드러운 곡선의 봉분으로 자리하고 있다. 웅진시대의 백제문화 전성기를 상징하고 있는 무령왕릉도 이 가운데에 있다. 백제 역사상 가장 빼어난 유물이 완벽한 형태로 출토되어 백제문화의 우수성을 확인시켜준 유적지다.

● 공주의 유래와 곰나루 전설

공주시 북쪽을 에돌아 흐르는 금강변에는 '곰나루터'가 있다. 인근 솔밭 한가운데에 자리한 곰사당 웅신단熊神壇(백제 때의 유물로 추정되는 '돌곰'이 출토된 곳)에는 돌곰이 모셔져 있다. 웅신단비에 새겨진 비문은 공주의 유래를 알게 해 준다.

"금강의 물이 남동편으로 휘어들고
여미산 올려다뵈는 한갓진 나루터
공주의 옛 사연 자욱하게 서린 곳
입에서 입으로 그냥 전하여온
애틋한 이야기
아득한 옛날 한 남자
큰 암곰에게 몸이 붙들리어
어느덧 애기까지 얻게 된다.
허나 남자는 강을 건너버리고
하늘이 무너져내린 암곰
자식과 함께 강물에 몸을 던진다.
여긴 물살의 흐름이 달라지는 곳이어서
배는 자주 엎어지곤 하였다.

곰의 원혼 탓일까 하고
사람들은 해마다 정성을 드렸는데
그 연원 멀리 백제에까지 걸친다.
공주의 옛 이름 웅진, 고마나루
그 이름 여기에 아직 있어
백제 때 숨결을 남기고 있다."

부모와 자녀가 꼭 함께 가봐야 할

▲공산성
봄, 가을철 매주 토요일과 일요일 11시경부터 이곳 공산성 금서루에선 백제의 장졸들이 누각과 성곽, 수문을 지키는 근무와 근무교대식을 보여준다. 백제시대에 쓰던 말로 우렁찬 군령을 붙여가며 진행되는 이 근무교대식은 백제시대로의 시간여행을 생생하게 열어준다.

잃어버린 백제를 다시 세우는 사람들과 백제 왕릉원

백제의 마지막 도읍지였던 부여로 향한다. 부여 시내로 들기 전인 부여군 규암면 합정리에는 최근 백제역사재현단지가 들어섰다. 익산 미륵사지의 3탑 3금당을 모티브로 하여 지어진 백제역사문화관에 들면 축소 모형이나 그래픽, 영상 등으로 표현된 전시실과 백제토기맞추기, 무령왕릉전돌쌓기, 백제의 미소체험 등과 같은 어린이체험실을 통해 백제시대의 중요 유적이나 역사적 사실을 흥미롭게 접할 수 있다.

야외에서 특히 눈길을 끄는 것은 5층 백제 목탑. 목탑의 바닥 면적은 16평, 높이는 무려 11층 건물 높이인 38미터나 된다. 이 초대형 목탑 제작에는 소나무 513톤과 3만여 장의 기와 등이 들어갔다. 570년 백제시대 절터로 고증된 부여읍 능산리 능사(왕궁을 지키는 사찰)에 있던 것을 중요무형문화재 74호인 최기영(64) 대목장 감독 아래, 원형에 가깝게 재현한 것이다.

부여 시내 진입 직전 능산리에는 고분들이 모여 앉은 '백제 왕릉원'이 자리하고 있다. 웅장한 느낌의 경주 대릉원의 고분들과는 달리 단아한 멋이 깃들여 있다. 왕릉은 모두 일곱 기나 되지만 오래 전 도굴로 유물은 별로 남아 있지 않은 듯하다.

왕릉원 초입에 자리한 백제고분 모형전시관에서는 백제를 비롯한 삼국의 다양한 묘제를 한눈에 알아볼 수 있다. 맨 오른편에 자리한 1호분 천정에는 구름무늬와 연꽃무늬가 그려져 있다. 그리고 사방 벽에는 그 당시 고구려 고분처럼 동 청룡, 서 백호, 남 주작, 북 현무의 사신도 四神圖가 그려져 있다. 도교의 수용은 물론 고구려와의 교류도 암시해 준다.

일곱 기의 능은 정확히 누구의 능인지 알 수 없다. 다만 1995년에 능산리 고분군 옆의 능산리 절터에서 발견된 '백제창왕명석조사리감'(국보288호)을 통해 백제 창왕(위덕왕)이 부친인 성왕의 제사에 사용하기 위해 사리감을 만들었으리라 추정할 뿐이다. 그 이전 1993년에는 이 절터에서 우리 역사상 가장 완벽한 조형예술미를 지닌 '백제 금동대향로'(국보287호)를 비롯하여 금동광배편, 금제구슬 등 왕실의 원찰 유물이 출토되어 그 추측은 더욱 힘을 얻고 있다. 이제는 백제가 사비(부여)에 도읍하고 있을 때(538~660년) 재위하였던 왕들과 왕족의 묘로 알려진다. 당나라 북망

▼ 백제역사재현단지의 백제 목탑
570년 백제시대 절터로 확인된 부여읍 능산리 능사에 있던 초대형 5층 38미터 목탑을 원형에 가깝게 재현한 것.

부 모 와 자 녀 가 꼭 함 께 가 봐 야 할

▲부여 능산리 고분군(백제 왕릉원)
부여 능산리 남향 산록에 자리한 7기의 왕릉급 고분군이다. 고분 안의 벽과 천장에 그려진 채색 그림이 아름답다.
이 일원에서 우리 역사상 가장 완벽한 조형예술미를 지닌 '백제금동대향로' 등이 출토되었다.

▲백제 금동대향로
향로의 윗부분에는 봉황을, 아랫부분에는 용을, 몸체의 아래쪽에는 불교세계를 상징하는 연꽃을 배치하고 위쪽 향로 뚜껑에는 백제인들의 이상향이었을 신선과 상서로운 동물이 사는 수미산(혹은 봉래산)이 조각되어 있다.

산에 묻힌 의자왕은 이곳에 능이 없기 때문에 2000년에 의자왕과 그의 아들 부여융의 설단을 조성해 놓았다. 이런 연유로 이곳 사람들은 '능산리 고분군'에서 '백제 왕릉원'으로 고쳐 부르고 있다.

백제 석탑의 완결미 정림사지 5층석탑과 금동대향로

사비 도성의 중심지에 자리한 불교 유적임에도 불구하고 정림사지는 지금 거의 빈 절터다. 비운의 망국은 불교 유적의 명맥마저 보존치 못했을 것이다. 그나마 다행스럽게도 정림사지 5층석탑(국보 9호)만이라도 남아 이 석탑만 가지고도 우리는 백제 불교 예술의 진수를 느낄 수 있다.

발굴된 주춧돌은 이 폐사지의 가람 배치를 상상케 한다. 남에서부터 중문, 석탑, 금당, 강당이 일직선상에 세워지고 주위는 회랑으로 구성된 1탑 1금당의 모습을 지닌 절집으로, 백제 사찰의 전형적인 가람배치 양식이다. 5층석탑은 그 한가운데에 1,400여 년 동

안 백제를 상징하듯 자리하고 있었던 것이다. 가까이 다가가 바라보는 5층석탑은 그 규모가 꽤나 웅장하다. 우리나라에서 가장 오래 전에 세워진 석탑으로서 백제 석탑의 완성미를 온전히 보여주고 있다. 백제 사람들의 장중한 위엄과 경쾌한 조형예술이 돋보인다. 그러나 아이러니컬하게도 탑의 1층 탑신부에는 '大唐平濟國碑銘(대당평제국비명)'이라는 해서체 한자가 새겨져 있다. 당나라의 장수 소정방이 백제를 평정한 공을 새겨 놓은 것이다.

그 뒤편 건물 안에는 석불좌상이 모셔져 있다. 팔도 떨어져 나갔고 눈과 코는 물론 입조차 거의 마멸된 모습이다. 모진 세월에 시달린 흔적이 그대로 엿보인다. 비록 고려시대에 제작된 비로자나불상이라지만 상처투성이인 저 석불은 망국 백제의 도읍지를 오늘날까지 지켜 보아온 순교자처럼 거룩해 보인다.

정림사지에서 동편으로 10여 분 걸으면 국립부여박물관이다. 백제의 역사와 부여 곳곳의 유적과 문화를 전체적으로 이해하는 데 이만한 곳도 없을 터다. 능산리 절터에서 발굴된 백제창왕명석조사리감뿐만 아니라 6천여 점의 유물들이 잊혀졌던 백제의 향기를 발하고 있다. 그 가운데 내 눈을 가장 사로잡는 것은 금동대향로(국보 287호)! 백제 금속공예의 진수를 아낌없이 보여준다. '보물 중의 보물'로 표현되는 이 백제 금동대향로는 삼국시대의 문화사를 다시 정리하게 할 정도로, 우리 문화사에서 아주 귀중하게 여겨지는 국보다.

▼백제 정림사지 5층석탑

높이는 8.3미터, 탑신은 149개나 되는 많은 석재가 서로 맞추어진 결구 형식으로 조립되어 있다. 목탑에서 석탑으로 넘어오던 초기의 작품으로 마치 목조가구의 양식을 본뜬 것 같다.

▲ 석불좌상
고려시대 정림사 중건 때에 모셔진 석불좌상이다.

▼ 궁남지 연꽃
초록잎새 그늘 아래 꽃망울 터트린 연꽃의 자태가 고아하다.

부모와 자녀가 꼭 함께 가봐야 할

연꽃 향기 그윽한 궁남지에서 '서동요'를 부르다

정림사지에서 벗어나 차로 5분 거리에는 궁남지가 있다. 7월 중순경, '서동연꽃축제' 기간에 찾아든 궁남지는 더없이 화사하다. 초입에서부터 지천으로 피어난 백련, 홍련 등은 5만여 평에 달하도록 온통 연꽃세상을 펼쳐놓고 있다. 《삼국사기》 백제본기 무왕조에는 "백제 무왕 때인 634년 궁의 남쪽에 연못을 파고, 20리 밖에서 물을 끌어 들였으며, 사방에 수양버들을 심고, 못 가운데에는 섬을 만들어 방장선산方丈仙山(신선이 노는 산)에 견주었다"는 이야기를 그대로 재현하듯.

궁남지가 경주의 안압지보다 40년 먼저 만들어진, 우리나라에서 가장 오래된 인공 연못임을 아는 이는 과연 얼마나 될까? 게다가 백제 조원造園의 미는 일본 정원 문화의 효시였다 하니, '잃어버렸던 백제'의 향기는 더 그윽해진다.

▲ 부여연꽃축제
궁남지의 밤하늘을 뒤덮은 연등빛은 백제의 밤하늘처럼 곱디곱다.

이곳 주민들은 궁남지를 '마래방죽'이라고 불러왔다. 그 옛날 이곳에 마밭이 많았다는 데서 유래한 지명인 듯하다. 문득 선화공주와 무왕의 사랑 이야기인 '서동요'가 떠오른다. "선화공주님은 남 몰래 짝 맞추어 두고 서동방을 밤마다 몰래 안고 잔다"는 노래를 퍼트려 궁궐에서 내쫓기고 만 선화공주를 아내로 맞았다는 삼국시대 최고의 러브 스토리다. 《삼국유사》에는 또 다른 무왕 설화가 적혀 있다. "무왕의 어머니가 연못에 살던 용과 잠을 자고 난 뒤 무왕을 잉태했다"고.

1만여 평의 못에는 5월부터 8월 말까지 연꽃이 아름답게 피어난다. 신비로운 전설을 떠올리며 7, 8월경 연꽃 지천 사잇길을 산책하노라면 그 향기는 더욱 진해지고, 연꽃 향연은 밤이 되어서도 계속 이어진다.

부소산성의 낙화암과 백마강의 황포돛배

낙화암이 있는 부소산성으로 길을 잡는다. 산성이라지만 오르막길이 적은 성안 길은 산책하듯 걸을 수 있다. 입구에서 오른편으로 돌아 삼충사를 거쳐 낙화암, 고란사까지 이어지는 거리는 2.3킬로미터 정도로 천천히 걸어도 한 시간 삼십여 분이면 충분하다.

백제 말기의 충신 성충과 흥수, 계백을 추모하는 사당 삼충사를 지나 5분 정도 걸어 오르면 계룡산 연천봉에서 떠오르는 '해를 맞

● 백제문화의 특색
중국과 고구려에서 선진 문물을 받아들였던 백제. 그러나 백제도 백제만의 독창적인 방식으로 문화를 발전시켰다. 백제 특유의 완만하고 부드러운 여유를 지닌 미술작품, 불상 등은 섬세하게 아름답다. 자애로운 미소를 지닌 서산의 마애여래삼존불은 그 대표적인 예로서, 백제인의 온화한 성품을 표현한 것이다.

부 모 와 자 녀 가 꼭 함 께 가 봐 야 할

▲백마강
백마강 선착장(041-835-4690)~구드래 나루터(041-835-4689)~수북정선착장(835-3458)까지 황포돛배를 타고 가면서 백마강변에 얽힌 가지가지 전설을 선장의 구수한 입담을 통해 들을 수도 있다. "백마강 달밤에 물새가 울고, 고란사에 종소리가……"로 시작되는 흘러간 옛 노래를 누가 먼저랄 것도 없이 흥얼거리게 되는 물길이다.

이하던 누각' 영일루. 이곳에서 오른편 길은 태자천 방향, 왼편 길은 백제군의 곡물창고였던 군창지. 두 길은 반월루에서 다시 하나가 된다. 부여 시내가 한눈에 들어오는 이곳 반월루에 올라 앉아 커피 한 잔을 마셔본다. 다시 이어지는 길은 부소산성에서 가장 높은 곳에 자리한 사자루에 이른다. 솔숲 사이로 여유 있게 흐르는 백마강 줄기가 보이기 시작한다.

부소산성 답사의 절정은 깎아지른 듯이 40~50여 미터의 단애 낙화암落花岩. 나·당 연합군이 산성내로 몰려들자 적군에게 잡혀 치욕적인 삶을 살지 않고자 궁녀들이 벼랑 아래로 스스로 몸을 던져 생을 다한 곳이다. 그 꼭대기에는 백화정百花亭이 세워져 있고, 꽃다운 나이지만 국운과 함께 정절을 지킨 그 처연함이 강바람에 들려오는 듯하다. 이곳에선 유유히 흐르는 백마강이 한눈에 조망된다.

백화정 오른편 아랫녘으로 200여 미터쯤 내려가면 고란사다. 백마강가에 자리한 고란사는 자그마하지만 그 모양새는 예쁘다. 법당 뒤 바위 절벽 틈새로 흘러나오는 약수에 고란초 한 잎 띄워 왕에게 바쳤다는 유래를 흉내내본다. 이 약수를 한 잔 마실 때마다 3년이 젊어진다는 것을 모른 채 벌컥벌컥 마셔대다가 그만 갓난아기가 되었다는 할아버지 전설이 어린 약수터다. 한 번 꺾인 단을 이루고 있는 암벽에는 송시열이 썼다고 전해져 오는 '낙화암'이라는 각자가 새겨져 있다.

'백제의 가장 큰 강'이란 의미를 지닌 '백마강'은 금강이 부여를 지나는 구간으로 백제의 흥망성쇠를 담았던 강이었다. 선착장엔 돛을 활짝 편 두 척의 황포돛배가 기다리고 있다.

삼국시대 백제의 물류 중심이었던 부여에서 금강 하구와 내륙을 연결하는 긴요한 역할을 해왔던 돛배를 재현해 띄운 것이다. 돛배는 금강하구언이 생기기 전만 해도 젓갈과 조기, 소금 등을 실어나르는 중요한 운송수단이기도 했다. 드디어 황포돛배가 제 너른 가슴에 바람을 안고 미끄러지듯 강위로 흘러가기 시작한다. 백마강의 노른자위로 손꼽히는 '수북정~구드래~고란사' 간 3.5킬로미터 뱃길이다. 운항시간은 한 시간 남짓. 삼천궁녀가 떨어졌다는 낙화암과 조룡대, 옛바위와 같은 유서 깊은 명소와 사적이 주변 풍광과 어우러져 펼쳐진다. 부소산성 기행의 끝자락은 고란사 바로 밑 백마강 유람선선착장에서부터 흘러간다.

서해로 흘러가는 이 금강 물길은 백제의 마지막 왕인 의자왕을 비롯하여 태자와 대신들은 물론, 1만 2천여 명의 남정네들이 당나

▼ **백제8문양 탁본 뜨기**

부소산성으로 오르는 시작점인 사비문 앞에 자리한 부여종합관광안내소에서는 '백제8문양 탁본 뜨기'를 무료로 체험해 볼 수 있다. 부여 규암면 외리의 옛 백제시대 건물터에서 발굴된 다양한 문양들은 현대의 디자인 감각으로도 더없이 아름다운 미적 감각을 보여준다.

● **구드래조각공원**

구드래 선착장의 백마강 둔치 위 강둑 너머에 자리하고 있다. 조각공원 너른 잔디밭에서 국제현대조각 심포지엄에 출품되었던 60여 점의 다양한 작품을 감상해 보는 재미가 쏠쏠하다. 4월에는 조각공원이 끝나는 지점부터 백제대교까지 5만여 평 둔치에 온통 노란 유채밭이 펼쳐진다.

● 〈산유화가〉 중에서
산유화야 산유화야
입포에 남당산(유왕산)은 어이 그리 유정턴고
매년 팔월 십육일은 왼 아낙네 다 모인다
무슨 모의 있다던고
산유화야 산유화야
이런 말이 웬 말이냐 용머리를 생각하면
구롱포에 버렸으니 슬프구나 어와벗님
구국충성 다 못 했네
에헤 에헤에헤헤
에헤 에여루 상사뒤요

라 포로로 끌려간 뱃길이기도 하다. 사비성에서 저 강가를 따라 30여 리를 쫓아 가다가 유왕산에 올라 다시는 못 돌아올 길로 끌려가고 마는 지아비와 아버지, 자식들을 마지막으로 배웅한 수만 명의 백제 아낙들……. 당시에 그 안타까운 모습은 떠나는 배에서 바라보기에 마치 산유화 같았다고 전해온다. 그 망국 백제 유민들의 노래가 바로 〈산유화가〉다.

백마강 유람선이 닻을 내리는 곳, 수북정에서 백제대교를 건넌 강둑길 솔숲 아래에는 장편대서사시 〈금강〉을 쓴 민족 시인 신동엽의 시비가 세워져 있다.

부여땅에서 태어난 신동엽 시인은 예언자처럼 잃어버린 백제를 이렇게 노래했다.

　　백제,/ 옛부터 이곳은 모여/ 썩는 곳,/ 망하고, 대신/ 거름을 남기는 곳.//

　　금강,/ 옛부터 이곳은 모여/ 썩는 곳,/ 망하고, 대신/ 정신을 남기는 곳//

　　바람버섯도/ 찢기우면, 사방팔방으로/ 날아가 새 씨가 된다.

그랬다, 이곳 부여는 검게 타 버린 백제의 순결과 분노의 재를 고스란히 제 가슴에 묻어 두고 있는 땅이 아니었다.

친절하고 똑똑한 여정 길라잡이

 **가는 길** 경부고속도로와 천안~논산고속도로 ➡ 공주나들목 ➡ 공산성 ➡ 백제대로 ➡ 4 부여 ➡ 백제 왕릉원 ➡ (부여읍내)부여국립박물관·정림사지·궁남지·부소산성·백마강·백제역사재현단지

 여행정보 안내 공주시청문화관광과 041-840-2541 www.gongju.go.kr
부여군청 문화관광과 041-830-2224 www.buyeo.go.kr 부여관광안내소 041-830-2523

 주변명소 추천 국립공주박물관, 국립부여박물관, 신동엽 시인 생가, 인삼박물관, 무량사

 **행복한 쉼터** 공주 금강자연휴양림통나무집 041-850-2600, 크리스탈모텔 041-856-9101
부여 (부소산성 부근의) 부여문화관광호텔 041-835-5252, 삼정부여유스호스텔 041-835-3101은 저렴하게 이용할 수 있는 숙소, 부여관광모텔 041-835-1173

 맛있는 여행 공주 제일농장 041-855-3590(한정식), 연문오채비빔밥 041-856-0757(연문비빔밥 정식), 새이학가든 041-855-7080(따로국밥), 바우성쉼터 041-853-1619(어죽칼국수)
부여 강촌매운탕 041-835-6352·부여문화관광호텔 041-835-5252(메로구이·메로매운탕), 어라하 041-832-5522(홍삼 먹인 한우구이), 구드래돌쌈밥 부여 : 041-836-9259, 공주 : 045-857-9999(돌쌈밥-풍성한 유기농 야채와 편육을 고슬고슬한 돌솥밥과 함께 즐길 수 있다), 대명회관 041-835-5297(부담 없으면서도 푸짐한 남도정식)

구드래돌쌈밥의 돌쌈밥정식

공부도 쑥쑥 키우는 여행길

초등학교

《국어-읽기》 5학년 2학기 74~77쪽 : 공주를 찾아서
《사회》 4학년 2학기 14~22쪽 : 문화재와 박물관(백제의 향기를 찾아서)
《사회》 5학년 2학기 92~105쪽 : 우리 겨레와 생활문화
《사회》 6학년 1학기 100쪽 : 우리 민족과 국가의 성립
《사회과 탐구》 4학년 2학기 30쪽 : 부소산성은 대표적인 백제의 성곽

중학교

《국어》 2학년 1학기 99~104쪽 : 우리 고전의 맛과 멋(《서동요》 감상)
《국사》 앞표지 안쪽 : 정림사지 5층석탑 37쪽 : 부여 궁남지와 출토 유물 51쪽 : 백제 중흥을 위한 성왕의 노력 61쪽 : 계백의 항전(충곡서원)
《사회과 탐구》(금성출판사) 16쪽 : 백제 문화권 개발 85쪽 : 백제의 문화
《미술》(대한교과서) 3학년 64쪽 : 우리나라의 미술 문화유산 (백제의 금동 용봉 봉래산 향로 감상)

충남 예산·아산

추사 고택 | 수덕사와 이응로 | 암각 추상화 | 외암리 민속마을

천년을 빛낸 글씨와 정취에 취하고, 외암리 민속마을을 찾아들다

예산군 신암면 예림리 양지바른 언덕에 자리하고 있는 추사 김정희의 고택古宅. 늦가을 이곳을 찾아가는 길은 고택의 고아한 멋도 멋이지만, 그곳으로 찾아드는 길섶의 사과 과수원들이 그려내는 풍요로운 풍광은 더 좋은 나들이 길을 약속해 준다. 늦봄 5월에 찾아들면 만개한 사과꽃 향내에 눈이 멀 정도였는데…….

찬서리 내리는 늦가을 10월 말부터 11월 초순 무렵에 찾아들면 주렁주렁 매달린 붉은 꿀사과 맛과 풍광을 덤으로 누릴 수 있다. 특히 이곳의 동원농장에서의 사과따기 체험은 더욱 풍요롭다. 붉은 사과들이 가지가 부러질 정도로 매달린 사과나무 아래에선 행복한 가족들의 웃음꽃이 만개한다. 원하는 만큼 딴 후에는 늦가을 건강 선물로 가져갈 수 있다. 토, 일요일엔 돼지목살 바비큐와 떡도 맘껏 먹어볼 수 있다. 아무리 먹어도 무료다. 직접 구워먹는 고기 맛은 두고두고 잊을 수 없는 맛!

▲ 사과따기 체험

예약·안내 : 동원농장(041-332-9110)
시기 : 10월 중순~11월 초
이벤트 : 토, 일요일－돼지목살바비큐(무료)

천년을 빛낸 글씨의 요람 추사 고택과 백송, 화암사

80여 평도 넘는 추사 고택은 안채와 사랑채 그리고 문간채와 사당채로 이루어져 있다. 조선 중기 중부지방 대가집 양반 가옥의 전형을 보여준다.

바깥 솟을대문으로 들어서면 맨 먼저 눈길을 끄는 사랑채. ㄱ자 모양으로 꺾인 사랑채는 동쪽 두 칸 반에 남향한 툇마루를 에두르고, 편안한 집채의 모습을 보여준다.

書藝如孤松一枝

畵法有長江萬里

글씨 쓰는 기법은 외로운 소나무 한 가지와 같다

그림 그리는 법은 긴 강이 만 리에 뻗친 듯하고

햇볕 따스운 툇마루에 걸터앉아 예스런 분위기에 젖어본다. 추사의 정신이 오롯이 배인 힘이 느껴지면서도 자유로운 필체. 그 글귀

● 추사 김정희(1786~1856)

시와 그림, 글씨에 두루 능했던 조선시대 최고의 예술가. 순조 19년(1819) 문과에 급제해 병조참판까지 올랐지만 옥사에 연루되어 제주도와 함경도 북청까지 무려 12년 동안 귀양살이를 했다. 불우한 처지에서도 당대의 고승 백파와 초의선사 등과 예리한 논쟁을 펼치며 선불교를 공부했다. 학문적으로는 '사실에 근거하여 진리를 탐구하는 일'인 실사구시實事求是를 주장했고, 독창적인 추사체를 만들었다.

제주도 유배 당시, 권력을 잃은 추사에게 사제간의 의리를 저버리지 않고 찾아준 제자 이상적의 인품을 소나무와 잣나무에 비유해 그려준 그림〈세한도 歲寒圖〉는 국보로 지정되어 있다. "날이 차가워진 다음에야 소나무와 잣나무가 늦게 시듦을 안다"는《논어》의 한 구절을 빌어 이름을 붙인 것이다.

▶ 백송

추사가 아버지를 따라 청나라에 사신으로 갔을 때 종자를 구해와 심은 흰빛깔 나는 소나무다. 우리나라에 일곱 주밖에 남지 않은 이채로운 빛깔의 이 소나무는 수령 200여 년의 천연기념물 106호다.

들의 귀한 뜻을 헤아려보면서. 앞마당에서는 샛노랗게 물든 은행나무들이 오소소 오소소 제 잎들을 쏟아내리고 있다. 댓돌 앞의 '石年(석년)'이라 각자刻字된 작은 돌기둥은 그림자를 이용하여 시간을 측정한 해시계로, 추사가 제작한 유물이다. 사랑채 마루 위 벽에는 추사의 글씨 '有大福(유대복)'과 '無量壽(무량수)' 두 현판이 걸려 있다. 안 벽에 걸린 '예서십곡병풍隸書十曲屛風'과 제주도 유배시절 그려낸 불후의 명작 '세한도歲寒圖'도 옛 주인의 기품을 더해준다.

안채는 가운데 작은 마당을 중심으로 밀폐된 ㅁ자 형태의 구조다. 벽면에 큼지막한 봉창을 달아놓아 바람과 햇살이 무시로 넘나들게 한 슬기가 엿보인다. 생가 안에는 보물 547호로 지정된 추사의 종가 유물이 잘 보존되어 있고, 고택 바로 곁 솔밭 한가운데에는 추사의 묘가 자리하고 있다.

추사고택을 두루 둘러본 후에, 산길을 조금만 걷다보면 이르게 되는 화순옹주의 묘와 정려문. 추사의 증조모이자 영조의 딸이었던 화순옹주의 흔적은 예스러움을 더하고 있다. 그 바로 곁엔 흰 빛 발하는 백송白松 한 그루가 예사롭지 않은 기품으로 서 있다. 천년 비바람에도 당당하게 서 있는 기품은 추사의 고매한 인품을 닮은 듯하다.

추사 고택에서 차로 5분여 거리 떨어져 있는 오석산 숲 속의 화암사華巖寺는 추사 문화유적 가운데 그냥 지나치기 쉬운 곳이다. 이 절집에는 추사의 친필인 '無量壽閣(무량수각)'과 '詩境樓(시경루)'와 같은 보물급 현판이 걸려 있는데도…….

대웅전 바로 뒤편으로도 돌아 들어본다. 집채보다 더 큰 병풍바위가 이 절집에 에둘러 있고, 암각 글씨 두 점이 눈에 띤다. 하나는 추사가 새겨놓은 송나라 육방옹의 예서 글씨(탁본) '詩境(시경)'이고, 또 하나는 이 절집을 '천축나라(인도)의 옛 선생댁'이라는 뜻으로 풀어서 새겨놓은 추사의 친필 암각 '天竺古先生宅(천축고선생댁)'이다.

고택 입구에 자리한 추사기념관은 서예사상 지고의 경지가 그윽한 묵향이 흠뻑 묻어나는 공간이다. 다양한 학문의 세계를 넘나들며 실학과 금석학에도 뛰어난 업적을 많이 남긴 추사 김정희의 문화 사랑을 다시금 알게 된다.

'호서의 금강산', 덕숭산 품 안의 천년 고찰 수덕사

예산읍내에서 서편으로 20여 킬로미터 정도 가면 호서의 금강산이라 불리는 덕숭산에 안기게 된다. 이 덕숭산 품 안에 자리한 수덕사는 예산8경의 1경을 이루는 유서 깊은 곳. 어머님을 모시고

▲추사 글씨

화암사 대웅전 뒤편에 자리한 병풍바위에는 추사가 새겨놓은 암각글씨 두 점이 있다.

● 추사문화제

추사를 아끼는 사람들이 매년 10월 10일에서 가장 가까운 일요일을 포함해 3일간 펼치는 추사를 테마로 한 축제다. 이 무렵 펼쳐지는 전국서예휘호대회는 권위가 있는 서예잔치이다.

두 아우네 가족과 함께 찾은 수덕사. 산문山門을 지나며 어머님은 이 절집 이야기를 옛이야기처럼 들려주신다.

"수덕사는 당대 최고의 신여성이자 문인으로 유명했던 김원주가, 김일엽(1896~1971) 스님으로 살다가 열반한 절집여. 동경 유학 시절 결혼을 약조한 일본 명문가의 남자 사이에서 난 아들이 있었다지……. 그러나 '어머니가 아닌 스님이라 부르라'는 불호령을 듣게 되는 사춘기적 그 아들. 마침 수덕여관에 머무르고 있던 우리나라 최초의 여류 서양화가 나혜석이 그 소년을 보듬어주었지. 훗날 명성 높은 화가로 살던 그 소년도 출가하여 스님이 되었지."

그러고는 "인적 없는 수덕사에 밤은 깊은데, 흐느끼는 여승의 외로운 그림자~" 한 자락을 들려주신다. 그만큼 오래 전부터 속세

▼ 수덕사
백제 말에 창건되고 덕숭산 자락에 자리한 수덕사는 우리나라 3대 비구니 사찰로 꼽는 수도도량이다.

의 대중들로부터 사랑을 받아온 이곳 수덕사는 청도 운문사와 공주 동학사와 함께 우리나라 3대 비구니 사찰로 손꼽는 수도도량이다. 《사기》에 의하면, 백제 말 숭제가 창건하고 고려 공민왕 때 나옹화상이 중수했다. 그후로 조선 고종 2년에 만공이 중창한 이후, 선종 유일의 근본도량으로 지금에 이르고 있는 천년 고찰이다.

▲수덕사 대웅전
고려 충렬왕 34년(1308)에 세워진 국보 제49호인 대웅전. 현존하는 최고의 목조건축물로 조형미가 빼어나 고건축물 연구의 중요한 자료로 평가받고 있다.

사천왕문을 지나 황하정루 위로 오르면 종각, 법고각, 금강보탑, 3층석탑, 조인정사 등이 자리잡은 너른 마당이 한눈에 봐도 큰 절집의 위엄을 보여준다. 이 절집의 하이라이트는 가장 높게 자리한 대웅전을 중심으로 이루어진 공간. 화강석 기단 위에 세워져 있는 이 대웅전은 7백여 년이나 된 목조건축물이다. 영주 부석사 무량수전과 함께 현존하는 최고의 목조건축물로, 고건축물의 대표적인 모습을 자랑하고 있다. 특히 샛노랗게 채색된 측면 벽, 나무 기둥들과 들보의 안정된 구조감은 고려시대 건축물이 지닌 세련미의 극치를 보여주고 있다.

'수덕사 선禪미술관'으로 단장한 옛 수덕여관

절집 바로 앞에는 번듯한 초가집 한 채가 제 모습을 고스란히 간직한 채, 오롯이 자리잡고 있다. 수덕사에 들릴 적마다 내가 숨겨놓고 찾던 수덕여관이다. 이 초가집은 한국 근현대 미술사의 거장 고암 이응로 화백(1904 – 1989)이 1944년에 구입해 파리로 건너가기 전까지 머물며 작품생활을 했던 곳이기도 하다.

세속의 평탄한 길을 저버리고 예술가로서의 자존을 찾아나갔던 그의 삶은, 한때 한국 미술계에서 이단으로 받아지는 오류가 있었

▲수덕여관
"문짝 하나도 떼지 말라"는 말을 남기고 떠난 남편을 묵묵히 남은 생애 동안 기다리던 본부인 박귀례 할머님도 얼마 전에 세상을 떠나고 만 이 고가古家는 최근에 단장되었다. 현판글씨 '수덕여관'은 이응로 화백의 친필. 우직하나 구수한 서체가 눈길을 끌고 있다.

다. 1967년 '동베를린 간첩단' 사건에 연루돼 2년 6개월간 대전교도소에서 복역하였다. 그러나 그는 옥중에서도 밥과 간장, 휴지 등으로 작품 활동을 이어왔다.

출옥 후, 요양을 위해 두 달여 동안 이곳 수덕여관에 머물면서 뜰의 넓적한 화강암바위에 암각 추상화만 남겨 놓고, 다시 프랑스로 떠나 활동하다가 그곳에서 운명하고 만다.

'수덕여관'은 최근 '수덕사 선미술관'으로 새로이 단장되었다. 이곳 수덕여관에 머물며 그린 '기도하는 여인' 등과 생전의 유품들을 비롯한 불교관련 작품들이 전시되어 있다. 집 뜰의 이끼 낀 암각화들은 당시 그가 몰입했던 '문자추상'의 예술세계가 고스란히 각인되어 있다. 이 암각화들을 찾아볼 때마다, 빼어났던 화가의 예술혼과 억압되었던 자유의 비애가 떠오른다. 그러나 우리나라 한글 자모들이 풀어져 서로 엉키면서도, 아름답게 풀려가는 조화로움이 주는 느낌은 보면 볼수록 각별하다.

▶이응로 암각 추상화
한글 자음과 모음들이 서로 어우러져 우러나는 예술성이 빼어나다.

잊혀질 뻔한 고향 풍경으로의 시간여행

급변하는 세상에 너나 할 것 없이 정신없이 살고 있는 우리네 일상. 이럴 때일수록 더 고귀해지는 온고지신溫故知新. "옛것의 이로움을 되살려 오늘의 것을 새롭게 한다"는 이 고사성어에 알맞은 늦가을 여행지로 아산 송악면에 자리한 외암리 민속마을을 빼놓을 순 없으리. 우리나라 전통마을의 일반적인 구성을 잘 갖추고 있는 이 민속마을은 예스런 멋을 온전히 체험해 볼 수 있는 전통문화 교육현장으로, 가족여행하기에 딱 좋은 곳이다.

'앞내' 강당골을 건너 마을 어귀의 정자 반석정을 지나면 본격적으로 고즈넉하고 예스런 마을 순례길이 열린다. 디딜방아, 연자방아는 '덩더쿵~덩덕쿵~' 연신 방아타령을 해대고 있다. 마을 전체 가구 수가 60여 호 정도 되는 이 마을은 약 500여 년 전 예안 이씨 일가가 정착한 뒤로, 그 후손들이 살아오고 있는 삶의 터전이다. 대부분 친척이 되는 마을주민들은 나이가 어려도 할아버지, 아저씨가 되기도 하는 등 보기 드문 씨족사회의 모습을 보여준다. 핵가족시대에서 친척관계를 잘 모르고 지내는 요즈음 아이들에게 촌수를 알게 해주는 고마운 마을이다. 100여 년에서 200여 년 된 고가古家들 중에서 가장 대표적인 '이참판댁'은 중요민속자료 제195호로 지정된 옛집. 이 집에 들면 찹쌀로 빚은 누룩에 연뿌리, 줄기, 잎과 솔잎으로 켜켜이 쌓아 발효시킨 연엽주도 맛볼 수 있다. 영암군수댁의 전통 정원과 연못은 나라 안 최고라는 찬사를 받고 있다.

마을 안길을 중심으로 샛길이 이어지면서 집과 집의 경계를 이루며 돌각담장이 구불구불한 골목길을 돌아든다. 공간미술작품 같은 이 돌각담장의 전체 길이는 무려 5천여 미터. 막돌을 허튼 층

부모와 자녀가 꼭 함께 가봐야 할

▲ 외암민속마을 전통체험

마을 전체가 국가 중요민속자료(제236호)로 지정된 문화유산인 외암민속마을에서는 하룻밤 민박도 가능하고, 농촌체험도 즐길 수 있다. 달집 태우기, 떡메치기, 솟대만들기, 외암마을 장승제, 곤장 맞기와 같은 민속체험거리가 준비되어 있다. 또한 TV 드라마나 영화 촬영도 많이 한 곳이어서 운 좋은 여행자들은 촬영 장면을 눈여겨보는 재미에 취해 볼 수도 있다. 〈옥이 이모〉, 〈임꺽정〉, 〈전설의 고향〉, 〈만강〉, 〈덕이〉, 〈야인시대〉 등의 드라마와 구한말의 천재화가 오원 장승업의 삶을 담아낸 영화 〈취화선〉을 이곳에서 촬영했다.
문의: 041-541-0848
www.oeammaul.co.kr

쌓기로 쌓은 돌각담장은 전남 승주의 낙안읍성 마을의 돌각담장과 함께 '아름다운 마을 돌각담'으로 손꼽는 풍광을 그려내고 있다.

끊어질 듯 이어지고 이어지는 이 돌각담장 골목길에서 함께 나들이 나온 가족들이 산책을 하며 까치발 들고 담장 너머를 기웃대거나 술래잡기하는 모습은 보기만 해도 정겹다. 마을어귀에 자리한 민속전시관에선 조선시대 사람들이 직접 애용했던 민속용품들을 살펴볼 수 있다. 마을을 산책하듯 여유 있게 둘러보는 데 걸린 시간은 두 시간 정도. 여유가 있어서 마을 전체의 구조와 배치도 살펴보고, 주변 자연 경관과의 어울림과 절제의 미학까지 읽을 수 있다면 더 좋은 시간여행이 되어 줄 터이다.

친절하고 똑똑한 여정 길라잡이

- **가는 길** : 서해안고속도로 당진나들목 → 12 합덕·예산 → 신례원 3킬로미터 전의 사거리에서 우회전 → 추사 고택 → 예산읍 → 수덕사 → 외암민속마을

- **여행정보 안내** : 예산군청 문화관광과 041-330-2316 www.yesan.go.kr
  아산시청 문화관광과 041-540-2468 www.asan.go.kr

- **주변명소 추천** : 한국고건축박물관, 윤봉길 의사 적거지, 맹사성 고택, 봉곡사, 온양민속박물관, 온양온천, 현충사

- **행복한 쉼터** : 덕산 스파캐슬 041-330-8000, 방수마을 041-544-3501(한정식 전문관광농원으로 전통한옥에서 숙박도 겸할 수 있다). 온양온천 온양관광호텔 041-545-2141, 그랜드호텔 041-543-9711 아산온천 아산스파비스 041-539-2000, 스파밸리모텔 041-541-0601 도고온천 도고글로리콘도 041-541-7100 외암리 민속마을 민박 041-544-8290, 산새들펜션 041-543-3887

- **맛있는 여행** : 수덕사 사하촌 그때그집 041-337-6633(산채정식-땅에 묻어두었다가 꺼내어 석쇠에 구워내는 더덕구이가 일품이다), 외암촌 041-543-4153(비빔국수), 향토길추어탕 041-544-2118(추어탕), 산과들묵집 041-541-7762(묵밥) 온양온천 여명회관 041-542-3301(장어구이·영양돌솥밥), 향림 041-546-4825(한정식), 흥원곱창 041-541-4392(곱창구이)

그때그집의 더덕구이

공부도 쑥쑥 키우는 여행길

초등학교

《국어-읽기》6학년 2학기 64~67쪽 : 기와집의 구조

《사회》5학년 1학기 38쪽 : 한옥마을에서 찾은 우리 조상들의 지혜

《사회과 탐구》5학년 1학기 40~42쪽 : 자연과 잘 어울리는 한옥, 전통이 숨 쉬는 민속마을, 추사고택은 중부지방의 대표적인 건축물

《사회과 탐구》5학년 2학기 114쪽 : 마을 사람들이 복을 빌었던 자연물-장승, 서낭당 등

《음악》6학년 20~21쪽 : 동요 〈과수원 길〉

중학교

《국사》88쪽 : 수덕사 대웅전의 건축미

《미술》(대한교과서) 1학년 17쪽 : 수묵으로 표현하기(이용로의 수묵작품 〈군상〉 감상과 표현)

《사회과부도》(금성출판사) 93쪽 : 고려 시대의 문화(수덕사 대웅전)

경북 경주

불국사 | 석굴암 | 안압지 | 경주 남산 | 감은사지

거대한 노천박물관의 불국토는 자랑스런 세계인류문화유산

연분홍 꽃비 휘날리는 4월의 불국사와 석굴암

발길 닿는 곳이 곧 문화 유적인 경주를 사람들은 거대한 '노천박물관' 또는 '역사박물관'이라고 일컫는다. 불국사와 석굴암, 경주 남산 같은 유네스코가 지정한 세계인류문화유산이 한 지역에 무려 세 가지나 올라있는 우리나라 최고의 보물창

고다. 경주를 온전히 다 보려면 1년도 모자란다고도 한다.

4월의 경주는 꽃대궐! 난개한 꽃들로 분분하다. 이 화사한 벚꽃 세상은 천년 고도古都 경주의 돌이끼 낀 유적의 미를 더욱 고아하게 보여주고 있다. 벚꽃 그림자 어린 보문호수에 모여든 상춘객들. 그 머리 위로 지나던 꽃샘바람이 연분홍 꽃비를 휘날린다. '아! 4월의 천년 고도는 눈부시도다.'

불국사 진입로를 따라 들어 일주문을 넘고 반야교를 건넌다. 건축예술의 극치라고 일컫는 불국사는 경주여행의 상징. 자하문을 건너 들어선 대웅전. 현세불인 석가모니를 모신 법화경의 세상과 극락정토를 주재하는 아미타불을 모신 무량수경 그리고 법신불인 비로자나불을 모신 화엄경의 세상은 불신도가 아니어도 머리를 조아리거나 옷깃을 여미게 할 정도다.

섬세한 조형미를 지닌 다보탑과 잘 생긴 석가탑도 그림처럼 아름다운 모습으로 기다리고 있다. 국보 제20호 다보탑. 정교하고 세련되게 돌을 하나하나 쌓아올린 선인들의 솜씨는 보면 볼수록 값지다. 국보 제21호로 지정된 석가탑 역시 아사달과 아사녀의 전설이 서려 있어서인지 왠지 모를 애수에 젖어들게 한다. 무설전을 지나 비로전에 이르면 국보 제26호로 지정된 비로자나불상을 만날 수 있다. 삼국통일의 위업을 이룬 신라의 불상들 모습에서는 신라인들의 자부심이 읽힌다. 극락전 내의 국보 제27호 금동아미타여래좌상 앞에서는 그 단정한 맵시에 절로 두 손이 모아지고……

토함산으로 드는 길은 '구름을 마시고 토한다'는 그 이름처럼 한창 연분홍 벚꽃구름의 화사함이 절정에 이르고 있다. 토함산 고개를 다 오르면 자랑스런 세계인류문화유산 석굴암. 우리나라 불교 조각의 최대 걸작이다.

▲불국사 석가탑

아사달과 아사녀의 전설이 단정하게 어린 국보 제21호의 석탑.

▲불국사 다보탑

정교하고 세련되게 쌓아올린 국보 제20호의 석탑.

부 모 와 자 녀 가 꼭 함 께 가 봐 야 할

▲안압지
안압지의 야경은 경주의 밤을 찬연히 밝혀준다.

● 달빛 신라역사기행과
　별빛 신라역사기행 체험

4월부터 10월 사이 매월 음력 보름을 전후한 토요일 밤에는 아주 이색적인 신라의 밤이 펼쳐진다. 신라문화원 주최로 펼쳐지는 '달빛 신라역사기행'의 주무대는 문무대왕릉을 비롯해 불국사, 안압지, 분황사, 감은사, 황룡사지 등으로 매월 코스는 약간씩 달라진다.
'달빛 기행'이 없는 매월 그믐날을 전후한 토요일에는 밤하늘을 영롱히 수놓은 별빛 아래, 천년 신라의 유적지를 거니는 '별빛 신라역사기행'이 기다리고 있다. 야간 조명 점등으로 야간 경관이 찬연해진 천마총, 첨성대, 반월성, 안압지 등 3킬로미터 정도에 걸쳐있는 유적을 따라 거닌다. 두 기행 모두 문화유산 해설사들의 상세한 설명을 들을 수 있다.
문의 : 신라문화원 054-774-1950
www.silla.or.kr

　　　석굴암은 신라인 김대성이 화강암을 다듬어 인공적으로 축조한 석굴사원이다. 복원공사로 위치가 바뀌기 전엔 동해에 떠오르는 햇살을 받아 본존불이 살아 움직이는 것 같았다고 한다. 자연과 과학의 원리를 잘 적용한 정교한 건축 솜씨로, 동양의 수많은 석굴 가운데 가장 뛰어난 예술적 기량이 돋보이는 조각물로 평가되고 있다. 대좌 위에 근엄하게 앉아 있는 본존불은 명상에 잠긴 듯한 표정으로 동해를 바라보고 있다. 석가의 생애 중에서 가장 극적인 순간이었던, '깨달음을 얻은 순간'의 모습이 저랬으리라. 본존불을 감싼 전실 좌우에는 팔부신상과 금강역사상이, 통로에는 사천왕상이, 후실에는 보살상 그리고 제자상이 부조기법으로 조각되어 있다. 이 불상들은 지극히 성스럽다.

불국토佛國土의 성지 경주 남산은 세계인류문화유산

경주 토박이들은 "남산을 가보지 않은 이는, 결코 경주를 안다고 말하지 말라"는 말을 곧잘 한다. 그만큼 남산은 경주의 진산으로, 경주의 속내를 잘 담고 있다는 말일 터다. 불국사와 석굴암이 신라 왕족과 같은 기득권층의 사찰이었다면, 경주 남산의 무릇 탑과 불상들은 서라벌 백성들의 소원을 아로새긴 민중박물관 성격을 지녀서인지 더 친근감을 느낄 수 있다.

하늘의 부처가 내려와 머문 도솔천의 산으로 여겨졌던 신라인의 성지 경주 남산에는 한때 800여 개의 절이 들어앉았었다. 그 풍경을 일연스님은 《삼국유사》에 이렇게 비유해 놓았다.

> 寺寺星星 塔塔鴈行
> 그 산에 절은 하늘의 별처럼 많고,
> 탑은 기러기 떼처럼 솟아 있다.

남산 43개 골에는 천여 년의 세월이 지난 지금도 돌불상 80구, 돌탑 60여 기, 148 군데의 절터 등의 유적이 산재해 있다. 이 노천박물관은, 2000년 유네스코 세계인류문화유산에 등재되었다.

연분홍 참꽃 무리를 머금고 울울창창 자란 토종 소나무 숲이 좋은 삼릉을 지나 오르는 삼릉골. 골짜기 곳곳의 등성이 굳건한 바위마다 숨겨져 있는 다양한 모습의 돌불상과 돌탑 그리고 암자들을 만나는 기쁨은 이곳 경주

▼탑골의 부처바위

9미터 높이에 30미터 둘레를 지닌 바위에는 여래·보살·승려·목탑·사자 등 30여 점의 여러 가지 형상이 새겨져 있다.

● 이시영의 〈경주 남산〉 중에서

애기 돌부처 하나 바위 속에 갇혀서
그 무릎 그 가슴으로 천년을 받쳐온 산
오늘 비로소 하늘 아래 첫 미소 떨구며
햇빛 속으로 아장아장 걸어 나오는구나
경주 남산 경주 남산
애기 돌부처 파르란 머리 하나 하나로
천년을 이겨온 산

남산 답사의 최대 묘미다.

정말 이시영 시인의 〈경주 남산〉에서처럼 애기 돌부처 하나가 하늘 아래 첫 미소 떨구며 햇빛 속으로 아장아장 걸어 나오는 듯하다. 이 감흥의 여운은 달 좋은 밤이면 더 깊고 그윽하다. 청명한 달빛에 비친 남산의 모습을 찾고 싶은 풍류객들은 매월 보름달 밤 경주 토박이들로 구성된 '남산연구소 www.kjnamsan.org'가 진행하는 '달빛남산기행'에 참가해 볼 일이다.

내가 가장 아끼는 불상을 만날 수 있는 산행길은 화랑교육원과 통일전 앞으로 난 도로 끝부터 시작된다. 한 시간 남짓 오르면 먼저 모습을 드러내는 것은 칠불암. 바위 사면 모두에 부처를 조각한 사방불이다. 다시 예서 암벽 등반하듯 300여 미터를 더 오르면 아, 신선암 유희보살좌상! 언제 찾아보아도 경주 남산의 절정편이다. 절벽 위 바위에 새겨놓은 이 불상은 그 위치 선정이 매우 돋보인다. 이곳에서 내려다보이는 경주의 풍광도 확 트여, 한 시간 이상의 산행이었음에도 보람차다.

감은사지 삼층석탑이여! 애민愛民의 대왕암이여!

토함산을 넘어 대종천을 따라 동해의 감포에 이르는 4번 국도는 고즈넉한 우리나라의 산하를 그대로 보여준다. 달리다가 감포 방면 929번 지방도로로 꺾어들면 오른편으로 나타나는 빈 절터가 바로 감은사지다.

두 개의 석탑만이 지키고 서 있는 옛 절터. 신문왕이 아버지 문무왕의 높은 뜻을 새겨 지었다 하여 절 이름도 감은사感恩寺다. 그러나 감은사는 사라지고 지금 이곳에는 훤칠하면서도 장대한 두 개의 3층석탑(감은사 쌍탑)과 주춧돌, 초석들만이 덩그마니 빈 절터를 지키고 서 있다. 앞바다의 용이 된 아버지 문무왕이 절을 마음껏 드나들 수 있도록 절 밑에는 동해바다와 연결된 수로가 만들어져 있다. 아들 신문왕의 효심을 엿볼 수 있다.

절터 한쪽에 뿌리내리고 서 있는 늙은 느티나무는 신목神木이다. 이 신목 아래 절터 한가운데에 우뚝 서서 자리한 3층석탑들은 국보 제122호로 지정된 보물들이다. 수십 개의 부분 석재로 쌓여진 3층석탑은 완전한 비례의 미를 자랑한다. 이 감은사탑을 정비하는 과정에서 발견된 청동사리함은 임금이 타는 수레 모양을 보여주었다. 섬세한 예술미와 간절한 신앙심이 어우러진 신라 불교의 극치를 잘 보여준 보물이다.

동해바다로 가는 끝자락의 대종천 하구 해안가 언덕 위에는 이견대라는 정자가 있다. 신라의 보물 '만파식적萬波息笛'을 얻

▼감은사지

감은사지의 풍정風情에 감동한 유홍준은 《나의 문화유산 답사기》에 이렇게 적어놓았다.

"만약에 감은사 답사기를 내 맘대로 쓰는 것을 편집자가 조건 없이 허락해 준다면 나는 내 원고지 처음부터 끝까지 이렇게 쓰고 싶다.
애 감은사여, 감은사탑이여. 애 감은사, 감은사탑이여. 애 감은사……."

부모와 자녀가 꼭 함께 가봐야 할

▲ 호미곶 해맞이 공원
해맞이 명소 일번지로 입소문 난 영일만 호미곶에 아주 훌륭한 등대박물관이 기다리고 있다. 부지런한 여행자라면 상생의 손 사이로 불덩어리처럼 떠오르는 해도 맞을 수 있다.

▲ 연오랑 세오녀 기념비
《삼국유사》에 채록되어 〈수이전〉에 전하는 고대설화다. 신라 8대 아달라왕 4년(157)에 해와 달의 정기를 받은 연오, 세오 부부가 살았는데 일본 땅으로 건너가 왕이 된다. 그러나 해와 달이 빛을 잃은 신라에선 제사를 드려 잃었던 빛을 다시 찾았다는 기록이 있다. 이후 살던 곳을 '영일迎日'이라 하니, 그곳이 바로 지금의 포항 영일만. 한반도에서 해가 가장 먼저 뜨는 '해맞이고을'이라 함은 우연이 아니다.

었다는 곳이다. 이견대에 오르면 눈앞으로 용당포 앞 바다 한가운데 자리한 문무대왕암이 한눈에 들어온다. "죽은 뒤에 용이 되어 불법을 받들고 침입이 빈번해진 왜구들로부터 나라를 지키고 싶다"며 자신의 유해를 동해바다에 장사지내 줄 것을 당부한 문무대왕의 수중릉이다. 당시 신라의 많은 왕들이 거대한 분묘로 왕실의 위엄을 과시하던 풍속을 저버린 문무왕의 이런 애민愛民정신을 후세의 우리는 진작부터 본보기로 삼아야 하지 않았을까?

봉길리 해안도로로 들어 동해안으로 북상하는 31번 해안도로. 이 길을 그대로 타고 오르다 보면 오른쪽 목뼈가 저려온다. 내내 길 어깨동무하는 푸른 바다의 유혹 때문이리라. 그래도 나는 이 해안도로가 좋고도 좋다. 일망무제 동해바다의 거칠 것 없는 카리스마와 해오름, 바닷가 사람들이 끌어올리는 등 푸른 생선 같은 고난한 삶들이 고샅, 고샅에서 피어나기 때문이다. 구룡포를 지나 해맞이 명소로 유명한 호미곶에 이르면, 영일만을 지켜온 신라의 연오랑 세오녀의 전설이 오늘도 햇새벽을 맞을 터이다.

214

친절하고 똑똑한 여정 길라잡이

가는 길
- 경부고속도로 경주나들목 ➡ 불국사 ➡ 석굴암 ➡ 경주 남산 ➡ 감은사지 ➡ 이견대(대왕암)

여행정보 안내
- 경주시청 문화관광과 culture.gyeongju.go.kr
경주 테마관광 즐기기 안내 신라문화원 054-774-1950 www.silla.or.kr(달빛·별빛 신라역사기행 – 답사 전문가와 함께하는 경주 유적 야간 답사, 국악공연도 즐길 수 있음), 경주남산연구소 054-745-2771 www.kjnamsan.org(남산달빛기행 – 매월 보름전후 달빛 아래 경주 남산의 문화유적을 탐방함)

주변명소 추천
- 국립경주박물관, 황룡사 야경, 경주월드, 굴림사, 기림사

행복한 쉼터
- 경주지역 스위스로젠호텔 054-748-4848, 현대호텔 054-748-2233, 경주교육문화회관 054-745-8100, 불국사 앞 경주온천가족호텔 054-745-6050, 불국사관광호텔 054-746-1911, 동양유스호스텔 054-748-6577
- 동해안 감포·영일만 지역 늘시원리조트 054-743-6500, 아무르모텔 054-291-0701, 해송모텔 054-284-8245, 씨사이모텔 054-284-6705

맛있는 여행
- 경주시내 다경한우 054-751-1123(숯불구이), 원풍식당 054-771-4433(한정식), 삼포쌈밥집 054-749-5776(쌈밥), 황남빵 054-749-7000
- 감포 은정횟집 054-775-7722(복·고래요리), 한나회식당 054-284-9815(물회)

※구룡포의 해안 풍경이 참 좋은 7번 국도변 식당에서는 별미인 과메기를 맛볼 수 있다.

구룡포의 과메기쌈

공부도 쑥쑥 키우는 여행길

초등학교

《사회》 4학년 2학기 3~24쪽 : 문화재와 박물관(신라의 유적)

《사회》 6학년 2학기 112~118쪽 : 세계인류문화유산(불국사, 석굴암, 경주 남산)

《사회과 탐구》 5학년 2학기 106~109쪽 : 과학 문화재(첨성대)

《국어-읽기》 6학년 1학기 184~185쪽 : 〈연오와 세오〉에 나타난 옛 사람들의 생각

중학교

《미술》(대한교과서) 2학년 64~65쪽 : 우리나라 미술 문화유산(불상과 석굴암 본존불)

《미술》(대한교과서) 3학년 64쪽 : 우리나라의 미술 문화유산(불국사의 청운교와 백운교, 다보탑의 특징)

《국사》 66쪽 : 대왕암(문무왕의 유언 인용)

《사회》(금성출판사) 2학년 173쪽 : 문화 변동과 민족 문화의 창조(인도의 불교가 '석굴암 불상'으로 발전)

《사회과부도》(금성출판사) 85~89쪽 : 통일 신라의 문화

경북 봉화

청량산 | 청량사 | 오산당 | 닭실마을

운무로 산문 그린 청량사와 온고지신

그 이름만 입에 올려도 머리가 맑아질 것 같은 산이 있다. 경북 내륙의 오지 중 오지인 봉화땅의 청량산이 바로 그런 곳. 경북 사람들은 내륙지방 사투리로 지독한 산골짜기를 일컬어 '꼴티'라고 부르는데, 청량산은 그 '꼴티 중의 꼴티'다.

그렇게 숨어 있었던 땅이었기에, 봉화는 아직껏 태고의 자연을 고스란히 간직하고 있는 무공해 '청정발전소'다. 그 한가운데에서 그 이름 그대로 청량함을 간직하고 있는 청량산은 꼭꼭 숨겨진 보석 같은 명산. 그 옛적 퇴계 선생도 "청량산 육육봉을 아는 이, 나와 흰기러기뿐"이라고 말했을 정도니, 더 말해 무엇하랴!

봉화에서 청량산으로 가는 길에서는 낙동강의 지류 명호천 청옥빛 물결이 내내 길동무가 돼준다. 병풍을 쳐놓은 듯한 절벽을 굽이굽이 휘감아 돌아나가는 강물줄기는 전설 같은 절경을 곳곳에 펼쳐 놓고 있다. 이 절경을 배경으로 레프팅을 즐기는 열정들이 꽃잎처럼 동동 흘러가고 있고……

산소를 뿜어내는 청량산의 청정도량, 청량사

강물줄기를 가로질러 일주문을 지나면 바로 청량산의 품 안. 금탑봉을 바라보며 비탈진 산행길을 40여 분 정도 오르면 눈앞에 펼쳐지는 신비스런 산세! 문수봉, 연화봉, 반야봉 등의 거대한 기암괴석들이 빽빽이 들어선 열두 봉우리 육육봉이다. 그중 연화봉 기슭의 연꽃잎처럼 둘러쳐진 꽃술자리에는 청정도량이 안겨 있다. 청량사다. 신비로운 기운이 절로 느껴지는 절경이다.

맑은 계곡물이 졸졸 흘러내리는 기왓장 물길은 이곳 주지 스님의 예사롭지 않은 눈썰미를 예견케 한다. 석물 한 점, 돌 하나조차도 꼭 자리할 곳에만 놓은 손길은 참으로 값져 보인다. '대한민국에서 이렇게 자연을 아기자기하게 잘 살린 절집이 또 있을까?'

뿔 셋 달린 황소가 공력을 다하던 중에 절집 완성 하루 전생을 다하고 이곳에 묻히게 되자, 세 개의 가지로 뻗어오른 소

▼청량사

거대한 기암괴봉 열두 봉우리가 너른 품으로 에둘러 싼 곳에 들어앉은 청량사. 운무라도 피어오르는 날, 그곳에 간 여행자들은 신선이 된다.

나무, 삼각우총三角牛塚. 그 일직선상에 자리한 유리보전. 고려 공민왕의 친필을 현판으로 달고 있다. 또한 여느 절집에서는 볼 수 없는 특이한 보물 두 점이 눈길을 끈다. 하나는 종이 반죽으로 불상을 만들고 금박을 입힌 지불紙佛이고, 다른 하나는 향나무로 만들어진 지장보살이다. 한쪽 발을 아래로 내리고 있는 모습이 독특하다.

참 좋은 인연입니다, '바람이 소리를 만나면'

청량사 맞은편 쪽 오솔길로 산모롱이를 돌아들자, 거대한 고목 뒤로 나타나는 청량정사 오산당. 창건 당시 서른세 개의 절집으로, 봉우리마다 자리잡은 암자에서 울려퍼지는 독경소리가 산을 가득 메웠던 청량사……. 불교를 억압하는 조선시대 주자학자들은 이런 절집에서 음풍농월吟風弄月을 하며, 스님들을 백정보다 천시하며 불교를 피폐하게 만들었다. 퇴계 이황은 아예 이 청량사 안에 성리학을 집대성할 집을 지었으니, 바로 그 집이 오산당이다.

그런 세월 끝에 겨우 청량사와 응진전만 남겨진 절집이 지금의 아름다움에 이른 것은 결코 우연이 아니다. 주지인 석지현 스님께서 하루 두 차례씩 세 시간을 걸어, 이 가파른 지형에 산 아래 마을 불신자들과 공력을 다했기 때문이다.

이토록 아름다운 명상의 터를 만나게 해준 지현 스님에게 이따금 찾아드는 내가 보답할 일은 변변치 못하다. 스님이 펴낸 산문집 《바람이 소리를 만나면》 한 권을 산사 책방에서 구해들고 찾아뵌다. '지혜의 칼을 찾는 집'이란 심오한 뜻을 지닌 심검당에서 스님은 책머리에 향내 나는 글귀를 써 주신다.

"백남천 님, 참 좋은 인연입니다. ─봄날에."

범종각 아래로는 전통찻집 한 채가 들어서 있다. 황토벽에 너와

◀전통찻집에서 내다본 바깥 풍경

지붕을 얹은 찻집 이름은 '바람이 소리를 만나면'. 책갈피에 적혀 있는 추사의 글 한 조각이 눈길을 끈다.

고요히 앉아 차를 반쯤 마셨는데 향기는 처음과 같고, 묘 용의 때에 물은 흐르고 꽃은 피도다.

'바람이 그리울 때, 소리가 그리울 때' 명상의 쉼터가 되어 주는 산사의 찻집에서 다향茶香을 즐기며 읊어보는 시 구절은 뜻밖의 로망!

청량산 제일의 전망대 어풍대와 불국토 응진전

청량정사 바로 옆자리에 오롯이 들어앉은 '산꾼의 집'. 작지만

부모와 자녀가 꼭 함께 가봐야 할

▲응진전

예사롭지 않은 외양을 지닌 이 집은 인정이 차고 넘치는 집이다. "오고가고 아픈 다리 약차 한 잔 그냥 마시고, 쉬었다가 가시구려"라는 그 인정의 주인공은 초막草幕 이대실 씨다. 가을 단풍철에는 하루 최고 2만 잔의 차까지 공양한 적도 있단다. 그런 날은 밤새 차 끓이느라고, 하루에 두 시간도 못 자는 위인이 바로 초막이다. 한 잔의 차도 대접하기 쉽지 않은 산 아랫사람들의 아등바등 삶이 부끄럽다. 이 산군의 집에서 10여 분 더 오솔길로 올라들면 청량산 제일의 전망대인 어풍대御風臺에 이르게 된다.

"히야, 참말로 기가 막힌 풍광일세!"

전망이 탁 트인 이곳에서는 청량사를 품고 있는 청량산의 풍광이 완벽하게 조망된다. 저 아래 골짜기에서 피어오르는 운무가 청량사를 어루만져 오르는 날은, 신선이 된 듯한 몽환에 도취되는 자리다.

벼랑을 이루는 오솔길을 따라 돌아 내려가면 원효대사의 숨결을 느낄 수 있는 응진전이 나타난다. 외청량사라 불리기도 하는 응진전 뒤로는 소나무가 층층이 뿌리를 내린 거대한 절벽 금탑봉이 병풍처럼 둘러 서 있다. 앞으로는 천길 벼랑이 예사롭지 않은 암자의 분위기를 연출한다. 청량산에서 가장 빼어난 경관이 아닐까 싶다. 고려말 노국공주가 16나한상을 모시고 기도했다는 암자다. 좌측 바위에는 부처의 발모양을 닮은 불족암과 내청량산의 불수암이 주변 자연과 어우러져 작은 불국토를 이루고 있다.

청량사와 어풍대 그리고 응진전의 비경을 즐기고, 신라의 명필 김생이 공부했다는 김생굴 정도만 둘러보아도 이미 청량산의 청량한 기운에 흠뻑 젖어본 셈이다. 산아래로 내려온 아쉬운 발길은 일주문 건너, 강가마을에 자리한 청량산산림박물관으로 들고 있다. 아이들과 함께라면 더 좋을 공간이다. 다시 청량산 품안으로 든 것 같은 상쾌한 기분이 드는 산림박물관이다.

청량산에 매료된 이들은 흔히들 이렇게 말한다. "청량산은 올 때는 입 벌리고, 갈 때는 쉬쉬하며 입 다물고 가는 산"이라고. 청량하고 고귀한 청량산의 서정을 아끼고 사랑하는 사람들의 마음이 담겨 있는 말일 성싶다.

옛 정자의 향기 그윽한 봉화 닭실마을

다음날, 오전 내내 청량산을 휘감아 돌아나가는 계류에서 천렵을 즐기다가 오르는 귀로. 이 길에서 빼놓고 지날 수 없는 곳은 봉화 닭실마을이다. 봉화에서 다시 춘양 태백 방면으로 36번 국도의 나지막한 고개를 넘으면, 튼실한 고기와집들이 연이어진 전통 한옥마을이 보인다.

조선 중기의 문신이었던 충재 권벌(1478~1548)의 후손 안동 권씨 일가가 모여 살고 있는 마을이다. 종가와 청암정, 유물각 등이 보존되어 있는 이 양반가의 전형적인 솟을대문은 활짝 열려 있다. 대문을 들어서니, 너른 마당에 기품 있는 사랑채가 안채를 가로막고 사대부의 집다운 위용을 자랑한다.

별서정원으로 통하는 쪽문을 열고 들어서 본다. 사방에 연못을 두르고 고목의 가지가 물그림자 되어 드리운 곳에, 거북 모양의 너럭바위 위에 올려져 있는 청암정은 운치가 그만이다. 주춧돌과 기둥 길이를 다르게 조정하여 올린 정자의 모습에서 자연을 아낀 옛 사람들의 마음이 읽혀진다. 장대석 돌다리를 건너 청암정에 올라 본다. 소박한 사대부의 풍류와 안식이 절로 느껴진다. 퇴계 이황을 비롯하여 미수 허목 등 당대를 풍미한 선비들의 발걸음이 멈추지 않았던 청암정다운 기운이다.

이곳 닭실마을은 전통한과로도 유명하다. 권벌의 제사에 올리기 위해 만들어 온 지가 500여 년이 넘는다는 닭실한과. 마을회관에서는 십여 명의 마을 아낙네들이 오순도순 돌아앉아 옛 방식을 고집하며 그 옛 맛을 지켜오고 있다. 깨와 강정, 튀밥 등을 박은 후에 고명을 얹은 한과는 그 품위가 예사롭지 않게 곱다.

봉화를 오가는 길에 들러보는 봉성 숯불돼지구이마을에서는 토속별미를 맛볼 수 있다. 암돼지고기를 솔잎 위에 얹어 소나무 숯불로 구워내는 '솔잎숯불돼지구이'의 맛이란! 은근한 솔향이 일품인 이 고기 음식은 고려 때부터 전승된 이 마을 특유의 토속음식이다.

▼ 닭실마을의 청암정
사방에 연못을 드리운 거북 모양의 너럭바위 위에 올려진 청암정은 주춧돌과 기둥 길이를 달리 조정하여 올린 정자. 자연미를 그대로 살린 옛사람들의 미적 감각이 돋보인다.

친절하고 똑똑한 여정 길라잡이

 **가는 길**
- 중앙고속도로 영주나들목 ➡ 36 봉화 ➡ 봉화 읍내를 지나 ➡ 첫 고개인 버티재를 넘고 ➡ 영동선 굴다리 지나자마자 좌회전(닭실마을, 청암정) ➡ 봉성읍내(봉화숯불돼지구이) ➡ 35 ➡ 청량산(청량사 · 청량산박물관)

 여행정보 안내
- 봉화군청 문화관광과 054-679-6394 www.bonghwa.go.kr
- 청량사 054-672-1446 www.cheongryangsa.org

 주변명소 추천
- 봉화 금강송 숲, 청량산박물관, 도산서원, 소수서원, 온혜온천

 행복한 쉼터
- 만산 고택 054-672-3206, 청량산자연휴양림 054-672-1051, 황토방민박 054-673-9777, 청량산민박 054-673-2560

 맛있는 여행
- 오시오식당 054-672-9012(솔잎 향이 배인 봉성숯불돼지구이는 축제가 펼쳐질 정도로 유명), 대풍정식음소 054-673-2573(송이 토종닭백숙), 다덕약수탕 근처의 용두식당 054-673-3144(봉화송이돌솥밥) 닭실종가유가 전통한과 054-673-9541

※봉화는 자연산 송이로 유명하다.

오시오식당의 솔잎숯불돼지구이

공부도 쑥쑥 키우는 여행길

초등학교

《사회과 탐구》 5학년 1학기 99~100쪽 : 숲이 우리에게 주는 혜택, 녹색 댐의 역할

《음악》 5학년 8쪽 : 전래 동요 〈고사리 꺾자〉 20쪽 : 동요 〈숲 속을 걸어요〉

《음악》 6학년 14~15쪽 : 전라도 민요 〈둥당기타령〉 6~17쪽 : 동요 〈뻐꾸기〉

'드넓은 자연 속에서의 이색적인 체험과 자유로운 놀이는
우리 아이들의 오감을 훌쩍 키워놓으리라.'

부모와 자녀, 함께
자유를 누리다

4

● **강원도 인제** 내린천 래프팅 | 방태산자연휴양림 | 만해마을과 백담사 ● **강원도 평창** 봉평 효석문화제 | 영화 〈웰컴투 동막골〉 촬영지 | 대관령삼양목장 | 대관령양떼목장 ● **강원도 정선** 아우라지 레일바이크 | 정선 소금강 | 정암사 | 민둥산 억새밭 ● **강원도 속초** 아바이마을 | 영금정 | 설악산 권금성과 비선대 | 낙산사 의상대 ● **강원도 화천·인제** 화천 산천어축제 | 인제 빙어축제 ● **충북 진천** 종박물관 | 농다리 | 보탑사 | 이원아트빌리지 ● **인천 강화도** 강화도역사관 | 광성보 | 장화리 갯벌 | 석모도 | 삼량염전 | 민머루해수욕장 | 보문사 | 전등사

강원도 인제

내린천 래프팅 | 방태산자연휴양림 | 만해마을과 백담사

내린천 격류에 온 몸 적시고, 자연휴양림에서 만해를 그리다

하늘내린 레포츠 천국에 온 몸을 맡겨라!

　맑은 물줄기가 푸른 숲과 바위 사이사이를 매끄럽게 흘러내리는 70여 킬로미터의 풍광이 '하늘에서 내린 천' 같이 아름다운 인제 '내린천'! 여름철 가족휴가지로 이만한 곳도 드물 터. 산천어, 황쏘가리, 버들치, 열목어, 수달 같은 천연기념물이나 희귀종들도 살고 있는 이곳에는 해마다 여름철이 되면 보는 것만으로도 짜릿짜릿한 모험 레포츠가 지뢰밭처럼 널려 있다. '하늘내린 인제레포츠 축제'다.

누구든 즐길 수 있는 내린천 래프팅 코스는 하류부분 원대리의 원대교에서 출발하여 밤골까지 이어지는 8킬로미터 구간. 강물에 들기 전 30여 분만 배우면 누구든 래프팅을 즐길 수 있다. 그렇지만 강가 모래사장에서 PVC 보트에 올라 박자에 맞추어 노 젓는 연습은 엄격히 배워야 한다. 팀웍을 위해서다.

마음 맞는 사람끼리 또는 가족과 함께 5인승 보트를 올라타본다. 물보라 튀어 오르는 내린천 격류를 따라 출발하는 사람들의 얼굴엔 긴장감이 잔뜩 어린다. "하나 둘! 하나 둘!" 호흡을 맞추어 노를 저어 내려간다. 그것도 잠시. 어느새 온통 물을 뒤집어 쓴 채 둥둥 솟구쳤다가 내리꽂히기를 반복, 반복! 그럴 때마다 비명에 가까운 탄성! 그러나 백전노장 가이드의 구령을 따라 내린천 최고의 격류라는 700미터의 피아시 계곡물을 무사히 헤쳐 나오면, '해냈다'는 성취감에 절로 내지르는 환호성!

갯골천 하류에 놓아진 송어 맨손잡기대회는 온 가족이 뛰어들어 더위는 쫓고, 고기는 잡는 일석이조의 피서다. 한쪽 편에서 펼쳐지고 있는 물축구대회에서는 공 대신 물만 차도 즐겁다.

내린천 하류에 있는 합강정공원 X-게임랜드의 번지점프는 가장 눈에 띄는 레포츠. 60미터 높이의 점프대가 스릴 만점의 세상으로 유혹한다. 올려다보기만 해도 오싹해진다. 연신 저 높은 곳에 오른 이들은 새처럼 허공으로 몸을 날리고 있다.

● 하늘내린 인제레포츠 축제

매년 8월 초 인제 내린천 수변공원을 중심으로 래프팅, 산악자전거, 번지점프, 패러글라이딩, 4륜랠리, 자작차 등의 레포츠 행사와 인공암벽등반, 레포츠마차, 카트체험, 서바이벌게임 등의 행사가 펼쳐지는 레저·스포츠 축제다.
문의 : www.leports.gangwon.kr

▼ 번지점프

4륜자동차랠리 대회장에서는 백여 대, 천여 명 랠리동호인들이 가속페달을 연신 밟으며 스피드 경주와 인공장애물 경주를 펼친다. 가족여행자들도 카약과 4륜자동차 산악투어를 눈썹 휘날리며 즐기고 있다. 인제 레포츠축제장은 이처럼 엔도르핀이 팍팍 솟아나는 모험 레포츠의 천국이다.

울울창창 깊고 깊은 자연휴양림에서의 휴식

원색의 래프팅족들이 꽃잎처럼 흘러가고 있는 내린천을 끼고 31번 국도를 달리다 보면 이르게 되는 방태산자연휴양림. 휴양림으로 드는 길목의 밭 둔덕에는 남보랏빛, 흰빛의 도라지꽃들이 흐드러지게 피어 있다. 한 차례 소나기가 지나간 뒤, 눈부신 햇살 아래 피어나는 도라지꽃은 금세 물 텀벙거리고 나와 선 계집아이 같다.

높이가 1,443미터나 되는 방태산. 이 일대에는 일명 '3둔 4가리'라 불리는 오지 중의 오지가 일곱 군데나 있다. '둔'은 산 속에 숨은 평평한 둔덕을, '가리'는 밭을 갈아 먹을 수 있는 땅을 뜻한다. 옛날 난을 피해 숨을 만한 피난처로 꼽혔던 곳들이다.

휴양림을 관류해 흘러내리는 계곡 주변 적가리골에는 등산로가 5킬로미터 정도 이어지고, 그 중 아이들과 함께 숲속 이야기를 들어가며 숲체험을 할 수 있는 코스가 2킬로미터 정도 펼쳐진다. 하늘 높이 치솟아 있는 울울창창한 숲. 큰 숨으로 들여 마시는 공기가 신선하고 달디달다. 피나무, 박달나무, 소나무, 참나무류 등으로 이루어진 원시림이 한낮에도 어두울 정도로 잘 보존되어 있다.

구룡덕봉과 주억봉에서 비롯된 방태산휴

▼2단 폭포

대한민국 베스트 여행지

▲도라지 꽃밭

양림 물줄기는 등산로 중간에서 아주 멋진 2단 폭포를 연출하고 있다. 폭포 전체를 완벽하게 감상하려면 숲 아랫길로 몇 걸음 옮겨야 한다. 천상의 모습을 자랑하는 2단 폭포는 폭포 이름 그대로 2단으로 쏟아져 내린다. 맨 위의 절벽에서 힘차게 내리 꽂히는 물줄기는 소沼를 만나 유순해졌다가, 또 다시 낮지만 폭 넓은 절벽을 타고 거칠게 쏟아져 내린다.

통나무집으로 지어진 산림문화휴양관은 가족 여행자들의 훌륭한 쉼터가 되어 준다. 푸른 숲이 훤히 내려다보이는 넓은 창을 통해 아주 너른 마당바위와 울울창창한 숲이 방 안으로 들어오는 듯하다. 아무 것도 하지 않고 뒹굴뒹굴거려 볼 수도 있고, 정 심심

● 자연휴양림 예약하기

자연휴양림에서 묵으려면 자연휴양림 홈페이지에서 매월 1일 선착순 신청을 하거나 추첨을 통한 당첨을 기다려야 한다. 성수기에는 야영을 할 수 있는 데크도 미리 확인하고 가는 것이 좋다.
문의 : www.huyang.go.kr

▶ 방태산 산림욕장 숲 트래킹

통나무집(산림휴양관)도 있고, 널찍한 마당바위 사이사이로 흐르는 계곡물가에서 텐트를 치고 야영을 즐길 수 있는 숲과 계곡이 참 좋은 자연휴양림이다. 이곳 자연휴양림에서는 주말과 성수기에는 숲해설가와 생태안내인의 안내로 숲해설과 숲체험코스를 운영한다. 특히 이용자가 숲해설을 듣고 싶은 자연휴양림 내 장소를 선택하면 숲해설가가 찾아가 해설을 해주는 '찾아가는 숲해설' 서비스도 하고 있다.

하다 싶으면 여장 속에 꾸려온 책을 읽으면서 진정한 휴식을 맛볼 수도 있다.

열린 세상을 구도하는 만해마을과 백담사

미시령과 진부령이 갈라지는 바로 아랫마을 용대리에는 만해의 정신을 다시 배우는 만해마을과 백담사가 자리하고 있다. 맑은 강을 낀 산 속에 노출 콘크리트건축 외양으로 미려하게 지어진 만해마을.

만해상이 먼저 나와 맞이해 주는 만해문학박물관은 일제의 폭압에도 굴하지 않고 진정한 자유인의 모습으로 저항한, 만해의 강골스런 면모에 감동받는 공간이다. 만해의 만년 거처였던 서울 성북동 '심우장'의 이름을 그대로 따온 심우장에서는 일반인을 대상으로 토요문학아카데미를 열고 있다. 때맞추어 가면 문인들의 작품세계를 직접 들어볼 수 있다.

특히 만해마을은 강원룡 목사(2002년)나 넬슨 만델라(2005년), 영화감독 임권택(2005년) 등에게도 만해평화상을 수여하는 등 '열린 종교'를 실천하고 있다. 그래서 만해사에는 여느 절과 달리 불상 뒤편에 후불 탱화가 없고, 그 대신 창문을 통해 보이는 소나무숲이 '자연 탱화'를 연출하고 있다. 주말마다 참선 등 사찰 체험을 하는 '체험의 장'도 열고 있다.

만해마을에서 백담사 들목까지는 차로 10여 분 거리. 내설악의 내밀한 속살을 드러내는 백담계곡을 끼고 돌아 오르는 길은 청정하기 이를 데 없다. 장쾌하게 흘러가는 계곡물 소리에 티끌조차 씻길 듯하다. 걸어서는 두 시간 정도 걸리고, 셔틀버스도 운행하고 있다.

백담사 경내에는 새로 지은 극락보존과 화엄실, 법화실, 요사채 등이 자리하고 있다. 경내의 어떤 건축물보다 나의 발길을 끄는 곳은 만해문학관. 한용운이 오세암에 머물면서 집필했던 주옥같은 시편 《님의 침묵》을 비롯하여 저서 《조선불교유신론》 등 십여 권의 작품 원본과 만해 유물이 전시되어 있다. 그의 옥중투쟁과 계몽활동, 문학활동상도 전시되어 있어, 만해의 '풍란화처럼 매운 향내'를 기리게 한다. 만해시비에 새겨져 있는 〈나룻배와 행인〉을 읊어본다.

(……)만일 당신이 아니 오시면 나는 바람을 쐬고 눈비를 맞으며

밤에서 낮까지 당신을 기다리고 있습니다(……)

나는 당신을 기다리면서 날마다 날마다 낡아갑니다.

▲만해문학박물관

만해의 모든 것이 전시되어 있기도 한 이 공간에선 '사찰 체험', '토요문학아카데미' 등을 통해 일반인·청소년들이 참여할 수 있다.
체험안내 : 033-462-2304

▲ 백담사 전경
세인들에게 만해 한용운보다 독재자 전두환이 머물렀던 곳으로 더 잘 회자되고 있는 현실은 우리 시대의 슬픈 자화상이 아닐까 싶다.

    그네가 그렇게 기다리며 낡아갔던 시간은 민족의 '그날'을 위한 투사로서의 자기 희생이었을 터다. 하지만 백담사는 아직껏 뭇사람들에게 전두환의 도피처로 더 많이 회자하고 있어, 안타깝기 이를 데 없다. 이번 여정을 계기로 아이들에게는 제대로 된 백담사의 기억을 아로새겨줄 수 있으리라.

친절하고 똑똑한 여정 길라잡이

 **가는 길**
- 양평 ➡ 홍천 ➡ 44 (1시간 30분 가량) ➡ 인제읍내 외곽 합강교 ➡ X-게임랜드 ➡ 내린천 31 (상남 삼거리) ➡ 418 지방도로 우회전 ➡ 방태산자연휴양림 ➡ 44 원통 ➡ 용대리의 만해마을·백담사

 여행정보 안내
- 인제군청 문화관광과 033-460-2083 www.inje.gangwon.kr
- 사찰 체험 033-462-2304

 주변명소 추천
- 방동약수, 필례약수, 한계령

 **행복한 쉼터**
- **방태산휴양림 입구** 방태산 휴양림 033-463-8590(산림문화휴양관과 야영데크), 솔잎향기 033-463-0340, 언덕 위의 하얀 집 033-463-2161, 하늘빛산장 011-9921-5118
- **현리 방향** 머루와 다래 033-463-1307, 내린천황토가든 033-461-2155, 만해마을 033-462-2304

 맛있는 여행
- 일미장 033-462-1515(한우불고기-3대에 걸쳐 40여 년 동안 청정 한우를 맛보인다), 방동막국수 033-461-04190(호박전이 서비스로 나오는 막국수), 고향집 033-461-7391(두부전골), 청정골 033-461-0306(약수영양돌솥밥), 용바위식당 033-462-4079(매콤달콤 고소한 맛이 일품인 황태구이정식)

용바위식당의 황태구이정식

공부도 쑥쑥 키우는 여행길

초등학교
- 《사회》 5학년 1학기 87쪽 : 여러 지역의 자연휴양림 소개(휴양림의 좋은 점)
- 《사회과 탐구》 5학년 2학기 15쪽 : 임업
- 《음악》 4학년 12~13쪽 : 우리나라 민요 〈도라지타령〉 26~27쪽 : 〈산바람 강바람〉
- 《음악》 5학년 10~11쪽 : 동요 〈모두모두 자란다〉

중학교
- 《과학》(지학사) 1학년 60쪽 : 강물이 휘어져 흐르는 이유
- 《과학》(지학사) 2학년 108~133쪽 : 식물의 구조와 기능
- 《국어》 2학년 1학기 216~219쪽 : 한용운의 시 〈나룻배와 행인〉 감상
- 《국어》 3학년 2학기 217~227쪽 : 전기문 〈만해 한용운〉의 감상과 표현
- 《사회》(금성출판사) 2학년 111쪽 : 우리나라의 항일 독립 운동(3·1 운동 독립 선언서 낭독-한용운)

강원도 평창

봉평 효석문화제 | 영화 〈웰컴투 동막골〉 촬영지 | 대관령삼양목장 | 대관령양떼목장

'메밀꽃 필 무렵'에 찾아가는 한국의 알프스 대관령양떼목장

해마다 9월 초순 무렵, 강원도 평창군 봉평 일대는 온통 새하얀 메밀꽃 세상이다. 이곳은 한국 단편소설의 백미로 꼽는 이효석의 〈메밀꽃 필 무렵〉의 창작무대. 대한민국 국민이라면 중·고등학교 시절 누구나 읽었을 터. 소설 속 메밀꽃밭길을 따라 걸어보고 싶은 아름다운 충동은 이 소설의 배경인 봉평 일원을 가

을 문학기행 대표 여행지로 띄워주고 있다. 청명한 가을날, 가을바람 따라 그곳으로 떠나는 발걸음은 그래서 더욱 행복하다.

소설 〈메밀꽃 필 무렵〉의 등장인물이 되어

봉평마을 들머리 길섶에 마중 나와 선 새김돌 '메밀꽃 필 무렵'은 언제 봐도 반가운 이정표다. 소설의 주무대였던 봉평 장터와 물레방앗간, 생가 가는 길 등의 주변 4만여 평은 온통 메밀꽃 세상! 이효석의 묘사대로 "소금을 뿌린 듯"하다.

실제 2일, 7일이면 전통 장이 서는 봉평장. 장터거리에서는 소설 속의 시간적 배경인 1930년대의 생활체험이 생생하게 재현되고 있다. 메밀전병, 올챙이국수, 감자송편 등 강원도 별미들이 구수한 맛을 풍겨내는 시골장터다.

"면발이 꼭 올챙이가 물 속을 헤엄치는 모양새라고 혀서, 여가 사람들은 '올챙이국시' 라고 해여……."

올챙이국수를 연신 말아 내놓고 있는 할머니 말씀이다. 토박이 장꾼처럼 장터 바닥에 쪼그리고 앉아 양념장만을 곁들여 숟가락으로 떠먹어보는 올챙이국수 한 대접. 배추 잎파리를 통째로 넣어 얇게 부쳐내는 메밀전을 곁들여 메밀 막걸리를 권하거니 받거니 하는 사람과 사람 사이에는 도시에서는 보기 드문 흐뭇함이 묻어난다.

장터마을 옆으로 흐르는 흥정천은 소설 속에서 물에 빠진 허생원을 동이가 업고 건너며 혈육의 정을 느꼈던 그 개울이다. 나무 기둥 위에 청솔가지를 깔고, 그 위에 흙을 다져 만든 섶다리로 건너니 정말 소설 속으로 건너드는 것 같은 기분이 든다. 섶다리 건너는 바로 성서방네 처녀와 허생원이 '무섭고도 기막힌 밤'을 보내며 사랑을 나누던 그 물레방앗간. 시원하게 물줄기를 쏟아내리

▲소설 〈메밀꽃 필 무렵〉 줄거리

왼손잡이요, 곰보인 허생원은 재산마저 다 날리고 장터를 돌아다니는 장돌뱅이다. 봉평장이 서던 날 허생원은 같은 장돌뱅이 조선달을 따라 선술집인 충주집으로 들어갔다가 동이라는 애송이 장돌뱅이가 충주댁과 농탕치는 것에 화가 난다. 급기야 동이의 뺨을 내갈기며 쫓아버리고 만다. 그러나 그날 밤 이들 셋은 메밀꽃이 하얗게 핀 산길을 따라 근방의 대화장으로 함께 향한다. 허생원은 밤길을 걸어가며 자신이 젊었을 때, 메밀꽃이 이렇게 하얗게 핀 달밤에 개울가 물레방앗간에서 어떤 처녀와 밤새워 정분 나눈 이야기를 해준다. 동이도 자신의 어머니 이야기를 꺼낸다. 자기는 아버지가 누구인지도 모르고 의붓아버지 아래에서 고생, 고생하다가 집을 뛰쳐나왔노라고. 늙은 허생원은 냇물을 건너다가 그만 발을 헛디뎌 빠지는 바람에 동이에게 업히게 되는데, 동이 어머니의 친정이 봉평이라는 사실과 동이가 자신과 똑같은 왼손잡이인 것을 알고는 심산한 감회에 빠진다. 그리고 동이 어머니가 살고 있다는 제천으로 가기로 작정한다.

▲흥정천 섶다리

소설 속 허생원이 물에 빠졌던 곳이다. 지금은 섶다리가 놓여 있다. 이제는 찾아보기 힘들게 된 이 섶다리는 건너보는 것만으로도 행복한 추억이 된다.

부모와 자녀가 꼭 함께 가봐야 할

▲이효석문학관 조형물

● 이효석의 〈메밀꽃 필 필 무렵〉 중에서
길은 지금 긴 산허리에 걸려 있다. 밤중을 지난 무렵인지 죽은 듯이 고요한 속에서 짐승 같은 달의 숨소리가 손에 잡힐 듯이 들리며, 콩포기와 옥수수 잎새가 한층 달에 푸르게 젖었다. 산허리는 온통 메밀밭이어서 피기 시작한 꽃이 소금을 뿌린 듯이 흐뭇한 달빛에 숨이 막힐 지경이다.

고 있는 물레방앗간 옆으로는 눈매 순한 당나귀들이 소설 배경의 분위기를 더해준다. '하얀 소금밭' 사잇길에서 장돌뱅이처럼 당나귀도 끌어보고, 소설 속의 등장인물들 허생원, 동이, 조선달, 성처녀가 되어 기념사진도 찍어둔다.

물레방앗간 뒷산 언덕 위에 자리한 이효석문학관 이효석의 문학세계를 온전히 음미해 볼 수 있는 문학예술공간이다. 문학전시실에는 작가의 유품과 초간본 작품집 등이 펼쳐져 있다. 이상향을 찾아 떠돌던 '보헤미안 같은 삶'의 단면과 그런 가운데에서도 아름다운 꿈을 꾸었던 그의 몽환적 나날의 모습 등을 엿볼 수 있다. 그러나 문학과 역사적 진실로 바라보노라면, 일제 강점기시대와는 무관한 듯했던 심미주의자로서의 그의 모습은 내내 아쉬움으로 남는다.

▶이효석 생가

이곳에서 그의 생가 가는 길은 채 20여 분이 안 걸리는 거리. 길은 '소금밭' 같이 온통 새하얀 메밀꽃 천지! 그의 작품 속으로 걸어 드는 듯하다. 향토색 짙은 자연과 교감하며 효석이 유년시절을 보냈을 생가는 우경산 아래에 고즈넉이 자리하고 있다. 예전에 강원도 산골에서 흔히 볼 수 있었던 집이다. 마당 한켠에 세워놓은 하얀 빛 고운 동그란 기념돌과 툇마루 처마 밑에 내걸린 '이효석 생가' 현판 글씨가 이효석의 생가였음을 알려준다.

〈웰컴투 동막골〉 촬영지로의 시네마투어

평창군 미탄면 율치리는 영화 〈웰컴투 동막골〉 촬영 세트가 있는 곳. 평창에서 42번 국도 정선 방면 멧둔재 터널을 지나 삼거리에서 영월 방면으로 우회전한 후, 다시 2킬로미터쯤 가면 영화 촬영지 안내판이 나타난다. 마을길로 10여 분 정도 걸어 오르면 산속 폐광터에 영화 속 동막골 마을이 자리잡고 있다.

1950년대 허름한 십여 채의 너와집을 중심으로 굴피집, 스미스 미군전투기 잔해 등등 광란의 한국전쟁 가운데 이념의 대립과 갈등 속에서도 인간의 따스함과 순수한 성품을 잃지 않았던 스크린 속의 동막골 전경. 점잖게 마을사람들을 통솔했던 촌장 집, 처음에는 경계적 공간이다가 점점 우정의 공간으로 변해 간 인민군과 국군이 묶었던 집과 방, 미군 스미스가 묶었던 방과 불시착한 전투기의 모형 등이 그대로 남겨져 있다.

"뱀 빨라."
"근데 있잖아, 쟈들하고 친구가?"

● **독서(문학) 기행 떠나기**

1. **장소 선정하기** 독서(문학)기행의 장소는 교과서에 나오는 곳도 좋고, 작가나 시인이 살았던 생가도 좋다.

2. **사전 자료집 제작하기** 장소가 정해지면 해당 작가나 작품에 대한 자료를 수집하여 간단한 자료집을 만든다. 사전에 그 작가나 작품에 대하여 알고 가면 독서(문학) 기행의 효과가 더욱 커진다.

3. **독서(문학) 기행 후 감상문 작성하기** 독서(문학) 기행의 전 과정을 사진과 함께 기록하고, 가장 좋았던 점이나 아쉬웠던 점 등을 감상문으로 작성해 본다. 1박 2일 이상인 경우에는 답사 후에 숙소에서 가족 또는 모둠별로 토의를 전개하는 것도 유익할 것이다.

▲〈웰컴투 동막골〉 촬영 세트장

세트장 집집마다의 안내판에는 영화 속 배경과 명대사가 적혀 있어, 여행자들은 영화 속 명장면들을 재현하는 재미에 빠져든다. 천진난만한 강원도 사투리에 수많은 관객이 울고 웃었던 영화〈웰컴투 동막골〉. 그 감흥의 순간들이 되살아난다.

거대한 바람개비가 돌아가는 동양 최대 대관령삼양목장

평창군 횡계읍에서 송천을 따라 거슬러 오르면, 대관령 일원에서 가장 큰 목장인 대관령삼양목장에 이르게 된다. 해발 850~1,500여 미터의 고원지대에 자리한 600만여 평의 초원은 여의도 면적의 일곱 배가 넘는 크기로, 동양 최대의 목장이다.

목장은 크게 1, 2 전망대 등으로 나누어졌는데, 그림 같은 풍경을 보여주는 곳은 1단지다. 입구에서부터 순환 셔틀버스가 운행되고 있어 쉽게 정상의 전망대에 오를 수 있다. 축사를 지나 중동 풀밭과 동해전망대를 돌아보는 22킬로미터 순환코스다. 해발 1,430미터인 소황병산 정상은 우리나라에서 차가 오를 수 있는 최고 지점이다.

이곳 대관령삼양목장은 이국적인 초지와 눈부신 설경 때문에 영화와 드라마의 단골 배경으로 등장되는 곳. 젖소 방목지엔 친절하게도 드라마나 영화, CF를 찍었던 낯익은 장소마다 안내표지판을 세워놓아, 스크린 속의 감동을 더 느낄 수 있다. 젖소방목지와 영화와 드라마 속 배경 풍경에 취해 자주 시선을 꽂게 된다. 1단지 축사를 지나 드넓은 초록 구릉에 서 있는 나무 두 그루는 드라마〈가을동화〉에서 보았던 '은서나무'와 '준서나무'다. 드라마 속 두 주인공들이 자전거를 타고 달리던 오솔길도 나타난다. 조금 더 오르면 영화 〈연애소설〉에서 차태현이 손예진, 이은주와 함께 비를 피했던 그 소나무가 기다리고 있다. 이 언덕들에 올라 드라마의 주인공들처럼 나무 그늘에 등을 기대고 푸른 낭만을 즐겨본다. 디카로 찍은 사진은 그대로 엽서로 이용해도 될 만큼 아름다운 풍경을 재현해 준다.

　이처럼 넓은 목장의 초원 곳곳을 누비고 다니다 보면, 발길 닿는 곳마다 낯익은 영화촬영지다. 〈바람의 파이터〉, 〈내 여자친구를 소개합니다〉, 〈중독〉 등등 낯익은 영화촬영지를 알리는 작은 푯말들도 스크린의 낭만 속으로 이끌어준다. 영화 〈태극기 휘날리며〉의 압록강전투 촬영지를 지나면 1,200여 미터의 동해전망대에 오르

▼대관령양떼목장

영화 〈화성에서 온 사나이〉에 나왔던 오두막집은 황톳길 경사면에 절묘하게 서 있어, 디카만 들이대면 아주 근사한 풍경사진을 찍을 수 있는 풍경이다.

부모와 자녀가 꼭 함께 가봐야 할

▶ 드라마 〈가을동화〉 촬영지

〈가을동화〉에서 은서와 준서가 아름다운 시간을 보냈던 빨간색 지붕의 집은 지금 펜션으로 사용중. 목장에서의 하룻밤을 이곳에서 머물며 밤하늘에 총총 빛나는 별을 헤아려 보는 시간은 더 없는 낭만이다.

게 된다. 끝없는 초원과 시리도록 푸르른 하늘이 상쾌하게 펼쳐진다. 대관령삼양목장 정상이다. 검푸른 백두대간 너머는 동해가 펼쳐져 있다. 반대편 능선에선 거대한 선풍기 모양의 풍력발전기들이 '쉬이-쉬이이' 백두대간을 지나는 바람을 타고 있다. 50미터 높이의 기둥에, 25미터 길이의 거대한 날개를 빙글빙글 돌리며, 대체에너지를 만들고 있는 중이다.

타조 우리와 양 방목지에서는 동물농장의 한가족이 된 듯싶다. '대굴대굴 구르는 고개'라고 해서 붙여진 이름 '대굴령'처럼, 발 아래 푸른 초원의 구릉으로 한없이 대굴대굴 굴러보고 싶은 유혹도 인다.

몽실몽실한 양들이 한가로이 풀 뜯는 대관령양떼목장

양떼목장으로 가려면 예전의 영동고속도로로 찾아들어야 한다.

양떼목장은 삼양목장에서 자동차로 15분 거리. '대관령 옛길' 표지판으로 접어들어 직진하다보면 나타나는 옛 대관령휴게소. 이곳 휴게소 뒤편으로 선자령 트래킹 코스와 대관령양떼목장의 두 갈래 길이 나 있는데, 왼편 길로 200여 미터 들어가면 대관령양떼목장 입구다.

▲건초먹이주기 체험

양떼목장 입구에선 입장료 대신 양떼들에게 직접 줄 사료인 건초乾草를 구입해야 한다. 건초먹이주기는 양들과 가까이에서 친해볼 수 있는 이곳만의 이채로운 체험이다.

대관령에 자리한 양떼목장은 영화 〈사운드 오브 뮤직〉의 알프스 초원 같은 별천지다. 봄, 여름, 가을 내내 초원에 방목 중인 양떼들이 자유로이 풀을 뜯고 있는 풍경이 파노라마처럼 펼쳐져 있기 때문이다. 대관령삼양목장에 비하면 100분의 1 규모지만, 아름다운 초록 구릉에서 몽실몽실한 양들의 몸짓은 목가적인 낭만을 더해준다.

6만여 평의 양떼목장은 서울에서 낙향한 진영대 씨 부부의 17년 집념이 낳은 선물이다. "대관령의 바람에 풍장風葬을 지내리라"는 각오로 갖은 어려움을 극복해 낸 이 부부의 노고 덕분에 여행자들은 아주 이채롭고 행복한 추억을 안게 되었다. "모진 고생 끝에 낙"이라고 이곳 양떼목장은 2003년 양띠 해를 맞아 명소로 발돋움했다.

본격적인 목장 관람은 양떼 방목지를 따라가면서 시작된다. 목장 주변 산책로는 1.3킬로미터. 경사가 완만한 왼쪽으로 난 방목지 옆 산책로를 따라 오르는 길섶 곳곳에는 야생화들이 무더기로 피어 있다. 그야말로 야생화천국이다.

전망대쪽으로 올라가면 김희선, 신하균 주연의 영화 〈화성으로 간 사나이〉 촬영 세트가 나온다. 언덕배기에선 방목하고 있는 양떼들의 울음소리가 들려오고, 한가로이 풀을 뜯어먹고 있는 모습

▲풍력발전기

풍력발전기는 바람이 갖고 있는 에너지를 전기에너지로 바꿔주는 장치다. 불어오는 바람이 풍력발전기의 날개를 회전시키고, 이때 생긴 날개의 회전력으로 전기를 생산하게 된다. 풍력은 무한정, 무공해 에너지원이다. 우리나라에서는 바람이 많이 부는 제주도와 같은 해안 지역과 대관령 등의 내륙지역에 설치되어 있다.

● 신재생에너지전시관
풍력발전의 역사와 원리, 우리나라의 에너지 현황과 재생에너지에 대해 알기 쉽게 설명해 놓은 에너지전시관. 태양 전지벌레, 물자동차, 바람악기, 바람농구 등 미래 에너지를 활용한 체험도 즐겨볼 수 있는 곳이다.

▼ 양떼 방목지
양떼목장 산책로 주변 곳곳에서 한가로이 풀을 뜯어 먹고 있는 양떼들을 만날 수 있다.

도 보이기 시작한다. 이 목장에서 기르는 양 200여 마리가 복슬복슬한 털을 실룩거리며 초록 풀밭을 뒤뚱거리는 모습은, 마치 동화 속 한 장면 같다.

여기서 조금만 더 올라가면 해발 1천 미터 정도의 정상. 남서쪽으로 이국적인 목장 전경이 한눈에 들어온다. 거침없이 탁 트인 풍경이 시원스럽게 펼쳐지는 이 정상엔 사진촬영하기 좋은 벤치 하나가 놓여 있다. 벤치에 앉아 있는 여행자들의 뒷모습이 더없이 행복해 보인다. 축사에서 목을 빼고 기다리는 양들에게 다가가 직접 먹이를 줄 수도 있다. 처음엔 머뭇거렸던 아이들도 금세 양들과 친숙해진다. 목장을 이렇게 쉬엄쉬엄 한 바퀴 도는 데는 한 시간 정도면 충분하지만, 양들에게 먹이를 주는 즐거움에 빠지면 금세 두어 시간이 훌쩍 지난다.

친절하고 똑똑한 여정 길라잡이

 **가는 길**
- 영동고속도로 장평나들목 ➡ 6 봉평 ➡ 42 정선·영월 (이정표 참고) 〈웰컴투 동막골〉 촬영지 ➡ 횡계나들목 우회전 ➡ 횡계삼거리 우회전 ➡ 대관령삼양목장 ➡ 옛 영동고속도로 '대관령 옛길' 표지판에서 직진 ➡ 옛 대관령휴게소 뒤편 대관령양떼목장

 여행정보 안내
- 평창군청 문화관광과 033-330-2542 www.happy700.or.kr, 삼양대관령목장 033-335-5049, 대관령양떼목장 033-335-1966

 주변명소 추천
- 한국자생식물원, 오대산 월정사, 선자령 트래킹, 대관령 옛길 트래킹, 발왕산(관광케이블카)

 행복한 쉼터
- 붓꽃섬 안의 아이리스펜션 033-336-1771, 대관령 가는 길 033-336-8169(펜션), 스위스샬레 033-335-3920, 켄싱턴플로라호텔 033-330-5000, 휘닉스 파크 033-336-6000, 봉평장 033-332-5100, 메밀꽃 필 무렵 033-336-2461

 맛있는 여행
- **봉평** 현대막국수 033-335-0314, 두레마을 033-335-9622(메밀막국수, 메밀전병), 미가연 033-335-8805(메밀정식), 대관령양떼목장 033-335-1966(양고기요리-단체예약), 납작식당 033-335-5477(오삼불고기), 황태회관 033-335-5795(황태구이), 오대산가마솥식당 033-330-5355(산채정식)

오대산가마솥식당의 산채정식

공부도 쑥쑥 키우는 여행길

초등학교

- 《사회》 5학년 1학기 7쪽 : 산간 지역 사람들의 삶(목축, 고랭지 채소 재배) 34쪽 : 지역의 특색을 살린 음식들(메밀과 감자를 이용한 음식)
- 《사회과 탐구》 5학년 1학기 6~13쪽 : 산간지역의 교통로, 지형의 특징(우리나라의 주요 고개-대관령)
- 《사회과 탐구》 5학년 2학기 70쪽 : 토종 한우
- 《과학》 5학년 1학기 45~52쪽 : 꽃들의 공통점과 차이점

중학교

- 《국어》 1학년 2학기 108~117쪽 : 이유미의 〈우리 꽃 산책〉
- 《국어》 3학년 1학기 270쪽 : 독서기행 떠나기
- 《생활국어》 2학년 1학기 30~31쪽 : 메밀꽃 피는 고장 '봉평'으로의 '독서여행'
- 《과학》(지학사) 2학년 128쪽 : 식물이 꽃을 피우는 까닭
- 《사회》(금성출판사) 2학년 174쪽 : 민족 문화의 계승 발전(강릉 사투리)
- 《사회과부도》(금성출판사) 15쪽 : 관동 지방(고원 지대-대관령 부근의 목축업과 관광자원)

강원도 정선

아우라지 레일바이크 | 정선 소금강 | 정암사 | 민둥산 억새밭

레일바이크로 강원도 오지를 누비고, 은빛 억새천국에 오르다

오지의 비경秘境을 여는 아우라지 레일바이크

증산~아우라지역 구간 40여 킬로미터를 객차 두 량을 달고 운행 중인 열차는 '꼬마열차'다. 그만큼 아우라지역, 구절리역 일원은 오지다. 이곳 오지 사람들은 지금 예전의 정선선 종착역 구절리역에서부터 아우라지역까지, 7.2킬로미터 구간에서

레일바이크를 운행하고 있다.

출발 지점인 구절리역은 막다른 오지. 이 간이역에서 먼저 눈길을 끄는 것은 암수 여치 두 마리의 짝짓기 장면을 본 뜬 이색카페 '여치의 꿈'. 두 량의 기차객실을 포개어 만들어진 조형미는 자연 친화적이다. 무당벌레 전등 쪽으로 펼쳐지는 전망이 청량하기 이를 데 없는 2층에서는 맛있는 별미도 즐길 수 있다.

레일바이크는 2인승 커플용과 4인승 패밀리용이 있다. 2인승은 둘 중 한 사람이라도 페달을 밟아야 굴러가고, 4인승은 앞에 두 사람이 페달을 밟고 뒤의 두 사람은 페달 없이 경치를 감상할 수 있다. 구절리역을 출발한 레일바이크는 아우라지역까지 7.2킬로미터 철길을 편도 운행한다. 시속 20킬로미터 정도의 속도감은 신선한 무공해의 바람을 가르며, 상큼함을 안겨준다. 산은 산대로, 물은 물대로 그림 같은 오지 비경이 파노라마처럼 내내 펼쳐진다. 알록달록 조명으로 신비한 분위기를 연출하고 있는 세 개의 터널도 지난다.

이 철길의 절정은 아우라지강 철다리 위, 송천과 골지천이 '아우라지는' 곳이다. 〈정선 아리랑〉의 노랫말 중에 "아우라지 뱃사공아 배 좀 건네주게"라는 구절에는 아우라지강을 사이에 두고 살면서 사랑을 나누던 남녀의 애틋함이 담겨 있다. 그 노래의 발상지인 강 언덕 위에 서 있는 아우라지처녀 동상은 오늘도 〈정선 아리랑〉을 부르고 있다.

레일바이크는 정선의 첩첩산중 풍경을 조금도 지루할 새 없이 보여준다. 종착지인 아우라지역까지 소요되는 시간은 대략 50여 분 정도. 아우라지역 구내에선 우리나라 민물고기인 어름치를 형상화한 또 하나의 이색카페가 기다리고 있다.

● 정선 아리랑 中

아우라지 뱃사공아 배 좀 건네주게
싸리골 올동백이 다 떨어진다
떨어진 동백은 낙엽에나 쌓이지
잠시 잠깐 님 그리워 나는 못 살겠네
아리랑~ 아리랑~ 아라리요~
아리랑~ 고개 고개로 나를 넘겨주게~

▼ 정선 레일바이크

정선의 아름다운 자연 경관을 볼 수 있는 레일바이크는 그 인기가 대단해서 미리 예약해야 한다.
문의 : 1544-7786 www.ktx21.com

부모와 자녀가 꼭 함께 가봐야 할

정선 소금강을 감고 돌아드는 오색 가을 선경仙境

정선읍내에 5일장(2, 7일)이 서는 날에는 깊은 산골의 뭇 토종들이 장터로 나와 난전亂廛을 튼다. 손수 뜯어온 산나물을 펼쳐놓은 시골 아낙이 얹어주는 덤에서는 사람 사는 정이 물씬물씬 묻어난다.

장터의 낮은 의자에 앉아 올챙이처럼 뽑은 올챙이묵과 후루룩 들이켤 때마다 국수발이 콧등을 쳐대는 콧등치기국수 그리고 감자옹심이, 감자부침, 수수제비치기 등 이곳 장터만의 별난 먹거리로 요기를 하는 것도 정겨운 추억이 될 것이다. 장날마다 무료 공연하는 아리랑촌에서의 〈아리랑 창극〉은 이 여정만의 덤이다.

다시 길을 잡아 정선 소금강으로 향한다. 산이 높으면 골이 깊은 법이던가. 골 깊은 길의 구불거림이 마치 뱀이 똬리를 튼 듯하

▼아우라지
'아우라지'는 태백산에서 발원하여 하장, 골지, 임계를 거쳐 흘러 내려오는 골지천과 오대산에서 흘러드는 송천이 하나로 만나서 어우러지는 강이라고 하여 붙여진 지명.
'두물머리'라고도 불러온 이곳은 예전에 목재를 묶어 한양으로 저어가기 시작한 뗏목터다. 지금 이곳에선 줄나룻배를 타고 강을 건너볼 수 있다.
영화 〈봄날은 간다〉에서 상우(유지태 분)와 은수(이영애 분)가 시냇물 소리를 녹취하던 곳이기도 하다.

다. 골 깊은 곳마다 화암畵岩. 막바지 가을 색깔로 울긋불긋 오색 향연중이다. 특히 바위 틈새 틈새에 뿌리를 내렸던 돌단풍의 잎새 잎새들은, 깊어가는 가을만큼 불그죽죽하게 단풍을 드리우고 있다.

화암의 아름다움은 지하에서도 꽃을 피우고 있다. 화암동굴이 바로 그런 곳이다. '금과 대자연의 만남'이란 주제로 막을 연 테마동굴이다. 폐광의 갱도에 금광 당시의 모습을 재현해 놓은 것을 시작으로 종유굴의 자연미를 따라 '동화의 나라'와 '금의 세계'가 펼쳐진다. 이어서 나타난 천연 동굴광장에서는 동양 최대를 자랑하는 유석폭포와 수많은 대형 석주, 석순 잔치가 벌어지고 있다.

▲정선 소금강
산이 높고 골이 깊은 정선 땅에는 작은 금강 같은 절경이 펼쳐져 있다.
특히 울긋불긋 오색 단풍으로 물든 막바지 가을 색깔은 눈부신 선경을 그려낸다.

화암약수에 이르러서는 잠시 목을 축인다. 진한 탄산천의 톡 쏘는 시원함은 마치 천연 사이다 같다. 옛부터 많은 문인들이 풍류를 즐겼던 몰운대沒雲臺는 강변 높은 곳에 그 선경을 올려놓고 있다. 지나던 구름마저 제 모습을 감출 정도로 절경이다.

정선8경 중에서 내가 가장 아껴 찾는 풍광은 광대곡이다. 붉게 물든 돌단풍이 수놓듯이 다닥다닥 붙어 있는 절벽들은 하늘을 찌를 듯하다. 협곡을 가르는 물줄기는 소년 장사의 슬픈 설화를 용마소, 골뱅이소, 바가지소에 기려 놓고 있다. 영천폭포의 장쾌함은 태고적 신비를 찢듯 내리꽂히고 있고, 과연 보석처럼 숨겨놓고 찾을 만한 비경이다.

수마노탑이 눈길 끄는 정암사에는 열목어가 산다

정선군 사북과 고한은 조국 근대화를 주창하던 1960~70년대에 우리 땅 최대의 석탄 광산이 밀집해 있던 산업 동력의 요람. 그 무

부모와 자녀가 꼭 함께 가봐야 할

▶ 옥수수 말리기

싸리 울타리 너머 높은 덕대에서 가을 햇살에 말려지고 있는 옥수수더미. 그 노오란 때깔은 정선 오지마을에서만 볼 수 있는 정경이다.

▲ 정암사 수마노탑

자장이 당나라에서 돌아올 때, 그의 도력에 감화한 용왕이 마노석을 동해 울진까지 실어다 주었다는 이야기가 전해 내려온다. 물을 건너온 마노석으로 지었다 하여 수마노탑이라 한다.

렵, 목숨 걸고 막장을 드나들어야 했던 이곳 사람들의 일상에서 한 줄기 희망을 소망해 볼 수 있는 절집이 바로 정암사가 아니었을까? 이 절집은 자장율사가 부처의 진신사리 한과를 봉안했을 정도로 길한 땅이다. 정암사 계곡은 희귀어류인 열목어 서식지로 알려져 청정의 이미지를 더하고 있다.

5대 적멸보궁의 하나로 꼽는 이 절집에서 가장 손꼽는 보물은 수마노탑이다. 이 가을날도 좋겠지만, 눈 내린 한겨울에 열목어가 산다는 계곡을 지나 오르는 전나무숲길은 청신함을 더해줄 터이다. 절마당 뒤편 높은 대 위에 엄정한 모습으로 세워져 있는 수마노탑. 특이하게도 모전석탑 양식을 띠고 있는 이 탑은 석물이 아닌 마노석을 벽돌처럼 깎아서 세운 탑이다.

각 층마다 지붕을 만들어 일곱 개의 층으로 구분하고 있는 지붕

돌의 모서리 처마 끝마다 풍경風磬이 달려 있다. 바람이 지나면 청아하고도 깊은 풍경 소리가 산사의 적요를 일깨운다.

은빛 파노라마가 펼쳐지는 민둥산 억새 트래킹

"화려함을 즐기는 이들은 단풍을 찾아 떠나지만, 사색을 즐기는 이들은 은빛물결 넘실대는 억새밭을 찾는다"는 말이 있다. 그 억새밭 명소 중의 명소가 정선의 민둥산(1,119미터)일 터다. 이곳 민둥산의 억새는 10월 중순경에 절정을 이룬다.

산 이름 그대로 민둥민둥한 민둥산. 정상으로 오르는 몇 갈래 산행길 중 능전마을에서 시작되는 산행길은 정상까지 2.5킬로미터. 가장 가깝게 오를 수 있는 산행길이다. 발구덕마을을 지나 고랭지 배추밭 사잇길로 올라선 산길에서 다시 잣나무 향내가 좋은 비탈길을 따라 20여 분 오르면, 순간 은갈색 억새 무리가 눈앞에 펼쳐진다. 무려 30여 만 평에 이르는 '억새 천국'이다.

정상에 서면 드넓게 펼쳐지는 억새 평원의 파노라마! 저 멀리 북서쪽으로는 고병골과 태백산이, 남쪽으로는 이름 모를 웅장한 산들이 첩첩이다. 민둥산 정상은 영화 〈동승〉에서 애기 스님 도념이 억새밭 너머, 첩첩 산 아래 그 어딘가에 머물고 있을 엄마를 그리워하는 장면이 촬영된 곳이기도 하다. 이런 풍광이 내려다보이는 산 정상에서의 김밥 나누어 먹기는 꿀맛이다.

아, 능선에 바람이 지난다. 순간 일제히 제 몸들을 흔들어 은빛 물결을 너울너울 일렁이는 억새 무서리! 억새 무서리 사잇길은 곱게 가른 가르마 같은 오솔길이다. 끝없이 이어지는 이 억새 무서리 오솔길에서 사람들은 만추의 계절을 노래 부른다. "아~아 으악새 슬피 우는 가을인가요~"

● 이색체험
'하이원리조트의 스카이다이닝'

해발 1,250미터의 스키장 정상(마운틴 톱)으로 오르는 곤돌라 안에 차려진 테이블에서 수프와 전채요리를 즐기고, 정상에 오른 후에 '톱 오브 더 톱' 레스토랑에서 메인 요리와 디저트를 즐기는 수준 높은 체험이다.
'톱 오브 더 톱'은 45분마다 한 바퀴를 회전하는 산정타워. 백운산, 함백산, 지장산 등 '산의 바다'가 이루는 자연풍광을 앉은 상태에서 360도로 즐길 수 있다. 매년 봄부터 가을까지만 운영.
문의 : www.highl.co.kr 1588-7789, 033-590-7981

▲늦가을의 민둥산 '억새 천국'

    산 정상의 바로 아래 산중에는 이곳 주민들이 "발구덕, 발구데이"로 부르는 거대한 웅덩이들이 여덟 군데나 있다. 지질학자들 말에 의하면 민둥산 땅 밑은 진흙과 물이 고인 거대한 석회석 동굴, 약한 지반이 꺼져버린 돌리네가 발달해 있는 카르스트 지형이란다.

    해질 녘, 산중의 이른 노을을 머금는 억새밭은 가을 산의 백미를 빚는다. 순간순간 은빛 억새 무서리는 금빛 억새 무서리로 찬란히 변신중!

친절하고 똑똑한 여정 길라잡이

가는 길
- 영동고속도로 진부나들목 ➡ 59 ➡ 나전삼거리(좌회전) ➡ 42 ➡ 강릉 ➡ 아우라지역(주차-무료 셔틀버스 이용) ➡ 구절리역(탑승권 발매) ➡ 레일바이크 ➡ 아우라지 ➡ 정선읍 장터 ➡ 정선 화암 ➡ 정암사 ➡ 민둥산(민둥산 열차 이용, 1일 7회 운행)
- **태백선**(청량리⇔증산) 청량리역 ➡ 증산역 하차 ➡ 증산초교 ➡ 민둥산

여행정보 안내
- 정선군청 문화관광과 033-560-2243 www.jeongseon.go.kr
- '민둥산억새풀축제' 정선군 남면사무소 033-560-2651

주변명소 추천
- 정선 된장마을, 아라리촌, 몰운대

행복한 쉼터
- 민둥산 등산을 쉽게 할 수 있는 증산역 부근 리버사이드모텔 033-592-3326 화암팔경 일대 그림바위호텔 033-563-6222, 몰운대관광농원 033-562-2285, 행복휴양림 033-563-2148, 가리왕산 휴양림 033-563-1566(예약 필수) 골프와 스키 강원랜드호텔 033-590-7700

맛있는 여행
- 동광식당 033-563-0437(콧등치기국수·정선특산물 황기를 넣고 푹 고은 황기족발), 동박골 033-563-2211·정선회관 033-563-0073·싸리골식당 033-562-4554(곤드레나물밥-강원도 산간지방의 토속 음식), 향림식당 033-562-2358(표고요리), 정선골 황기보쌈 033-563-8114(황기보쌈, 황기백숙), 정선면옥 033-562-2233(막국수), 국향 033-563-9967(생선구이 오가피돌솥밥과 곤드레비빔밥), 민둥산보리밥 033-592-3562(보리밥)

정선골 황기보쌈의 황기백숙

공부도 쑥쑥 키우는 여행길

초등학교
- 《미술》 3학년 2쪽 : 자연의 아름다움(동굴의 종유석과 석순에서 아름다움 관찰)
- 《과학》 4학년 2학기 앞표지 : 억새밭
- 《실험 관찰》 6학년 1학기 8쪽 : 석회암과 지하수가 만나 만들어진 석회암 동굴

- 《사회과 탐구》 5학년 1학기 88쪽 : 강원도의 여러 가지 지역 축제(정선 아리랑제)

중학교
- 《사회과부도》(금성출판사) 15쪽 : 관동 지방(관광 자원과 지하 자원, 폐광 지역의 개발 계획)

강원도 속초

아바이마을 | 영금정 | 설악산 권금성과 비선대 | 낙산사 의상대

7번 국도 따라 펼쳐지는 겨울 설악과 동해바다

겨울 설악으로 가는 길은 만만치 않은 길이었는데, 미시령터널이 뚫리고 나서는 웬만한 눈길도 겁나지 않게 됐다. 그러나 아쉽게도 길의 진보(?)는 만설로 휘어진 낙락장송들의 솜이불 같은 가지들을 순간순간 건드리며 살살 기어 넘던 '겨울 미시령'의 스릴을, 이제는 옛 이야기가 되게 하고 말았다.

〈가을동화〉 촬영지 아바이마을에서 갯배를 끌다

동해로 향하는 길은 어느새 속초로 들어서 청호동으로 들어서고 있다. 이 마을은 청초호 동편 길쭉한 모래톱에 들어서 있는 포구마을이다. 한국전쟁 이후 함경도 출신 실향민들이 맨땅에 터전을 잡고 살면서 '아바이마을'이라는 별칭을 지니게 된 곳이다. 이곳 갯마을은 드라마 〈가을동화〉의 촬영지로 유명해져, 수많은 국내외 스크린 투어 여행자들이 찾아드는 마을로 변모하고 있다. 은서를 찾아 나선 준서가 엇갈려 배를 타는 장면이 촬영된 그 거룻배 타보기는 대한민국에서 단 하나뿐인 이색체험이다. 양쪽에 이어진 줄을 당겨 이동하는 이 배를 이곳 사람들은 '갯배', '줄배', '띠배'라고 부른다. 마을 주민들이 하는 대로 직접 쇠갈고리 걸은 줄을 당기자, 갯배는 서서히 움직이며 청초호 하구의 조롱목을 건너기 시작한다. 그 재미에 빠져 조롱목을 오고가길 두어 차례……

건너자마자 드라마 속 조그마한 가게 '은서네 집'이 여행객들을 맞이한다. 오징어를 말리던 그 옥상도 그대로다. 오른편 골목길로 들어가면, 극중 테마음악 '로망스'와 어우러졌던 그 바닷가 모래사장이 펼쳐진다. 내 입술은 어느새 '로망스'를 휘파람으로 연주하고 있다.

이곳 청호동에는 실향민들의 손끝에서 묻어 나온 함흥냉면과 오징어순대집이 곳곳에 있다. 이곳만의 별미를 맛보며 듣게 되는 아바이마을 사람들의 이야기는 〈속초유감〉을 떠올린다.

▲아바이마을
실향 60여 년의 아픔과 눈물을 삭이며 살아온 세월이 녹아 있는 마을이다.

● 〈속초유감〉 중에서
건너다 뵈는 곳이 우리 형제 집이구나
외치면 반겨 듣고 쫓아 나와 맞으련만
천리길 되돌아가니 이 한 언제 풀까
(……)
오가는 고기떼처럼 뜻 이룰 날 있으리

파도가 튀어오르는 영금정 해돋이정자와 등대전망대

속초 시내 북쪽에 자리한 동명항은 속초 바다의 모든 것을 아주 가까이에서 접할 수 있으면서도 호젓하여, 겨울 동해바다의 운치를 더해주는 곳이다. 어시장을 기웃거리다가 찾아나선 영금정. 북쪽 바닷가에 펼쳐진 너른 암반지대로, 돌산에 부딪혀 오는 파도소리가 마치 영혼이 거문고를 타는 소리와 같다 하여 붙여진 이름이다. 바다 안쪽으로 이어진 철다리 끄트머리에는 해돋이정자가 올라 있다. 동해의 거친 파도는 사정없이 정자까지 치어 오른다.

"여기 속초 사람들은 설악보다 먼저 보아야 할 명소로, 저 위에 등대전망대에서의 조망을 손꼽드래요."

겨울바닷가로 산책 나온 이곳 주민의 말이다. 해돋이정자에서 횟집거리를 지나 얼마간 해안길을 따라 걷다 보면 왼편으로 10분쯤 걸어 올라야 하는 급경사의 철계단이 나타난다. 이 계단 끝에는 잘 생긴 속초등대전망대가 서 있다. 사방으로 시야가 확 트여 있어 속초시내는 물론, 동명항, 속초항을 중심으로 한 동해바다와 그 뒤론 설악산 대청봉, 울산바위 그리고 멀리 북쪽으로는 금강산 자락까지 두루두루 조망된다. 속초에는 이처럼 조망이 좋은 곳이 하나 더 있다. 동해와 접한 호반에 자리한 강원 국제관광엑스포상징탑이다. 태양의 움직임과 보는 각도에 따라서 다양한 변화의 아름다움을 선사하는 조형물이다.

겨울 속초에 와서 산오징어회 몇 접시 비우지 않고 그냥 가면 돌아가서도 내내 섭섭해질 터. 속초 설악여행길에서 대포항은 회 생각이 날 때, 가장 먼저 찾아가는 곳이다. 많은 관광객들이 찾아들어 예전처럼 호젓한 포구다운 멋은 많이 사라졌어도 여전히 찾아가는 곳이다. 단순히 회 몇 점 맛보기 위해서가 아니다. 포구의 활력이 그저 좋아서다. 연신 고깃배가 들고나는 선착장은 싱싱한 활어를 흥정하는 사람들로 활기가 넘쳐난다.

눈꽃나라 설악에 안기다

불같이 살다간 예술가 전혜린이 〈그리고 아무 말도 하지 않았다〉에 써놓은 눈에 관한 그 열망이 떠오르는 아침이다.

"새벽부터 미치게 함박눈이 퍼붓고 있다……. 끝까지 오거라. 눈이여! 젊음의 기개와도 같고, 사랑의 축가와도 같이……."

지금 설악산에는 그녀가 열망했던 그런 눈들이 새벽부터 아주 소복소복 내리고 있다. 페치카가 타오르는 펜션의 식당에서 유리창 밖으로 하염없이 내리는 눈을 감상하며 아침 조반을 드는 여정은 얼마나 낭만적인가. 이렇게 치기 어린 감상에 빠져 있을 때, 펜션 주인 아저씨의 걱정스런 말이 들려온다.

"……저어기 손님요, 신흥사나 권금산성으로 드는 길은 밤새 내린 폭설로 차가 일절 못 다니게 되었드래요."

'…… 이 정도 내린 눈, 뭐가 그리 대수랴.' 등산화엔 아이젠을, 발목엔 스팬츠까지 차고 눈길로 나선다. 시인 이제현의 〈산중설야 山中雪夜〉도 읊어보며 무릎까지 빠지는 눈길을 헤치고. 뽀드득 뽀드득 눈 밟는 소리는 설국雪國으로 한 걸음, 두 걸음 들어가고 있다.

1,708미터 높이의 설악산은 우리나라 척추를 이루는 백두대간 중심에 있는 명산이다. 남한에서는 지리산, 한라산 다음으로 세 번째 높은 산이고, 그 절경은 '제2의 금강산'으로 비유될 정도로 빼어나다. 《동국여지승람》은 "한가위에 덮이기 시작한 눈이 하지에 이르러 녹는다 하여 설악雪嶽이라 한다" 하였다. 그래서인지 눈 덮인 겨울 설악이 제일로 설악산답게 느껴진다.

화강암이 빚어놓은 웅장한 기암절벽으로 광대한 풍광을 펼쳐 보

● 이제현의 〈산중설야〉 중에서

종이 이불 차갑고, 불등佛燈은 침침한데
어린 중은 새도록 종을 울리지 않네
문을 일찍 연다고 그는 투덜거리겠지만
뜰 앞의 눈 덮인 솔을 나는 봐야겠네

▲ 권금성 케이블카

권금성 정상 아래에는 80여 칸이 넘는 너른 너럭바위가 있고, 그 주위 산의 중허리엔 천여 칸의 산성이 있다. 그 산성은 옛날 몽고군이 침입해 왔을 때, 권씨와 김씨 성을 지닌 두 장군이 백성들을 설악산성의 암벽 위로 피난시키고 하루만에 쌓았다는 전설이 전해 내려온다.

부모와 자녀가 꼭 함께 가봐야 할

▲눈꽃이 만개한 겨울 설악산

이는 외설악. 남성미가 어린 기암미奇嚴美가 가장 빼어난 곳 중 하나가 권금성이다. 덜커덩, 드디어 전망 좋은 케이블카가 움직이기 시작한다. 정상 부근까지 오르는 동안 설악 골짜기를 굽어보는 여행자들은 연신 탄성을 자아낸다. 순간, 만년 설산 융프라우로 오르던 케이블카 여정이 떠오른다. 이런 감흥 때문인지, 그 운행 거리가 짧게만 느껴진다.

권금성 꼭대기는 해발 860미터. 우뚝 솟은 암봉으로 이루어진 권금산성의 정상은 그야말로 천상의 설국! 호젓한 커피숍에서 따끈한 김이 모락모락 피어오르는 모카커피 한 잔을 홀짝거리며, 안도현의 시 〈우리가 눈발이라면〉을 떠올려 보는 것은 지나친 교조적·관념적 낭만주의일까?

우리가 눈발이라면/ 허공에서 쭈빗주빗 흩날리는
진눈깨비는 되지 말자.
세상이 바람 불고 춥고 어둡다 해도
사람이 사는 마을/ 가장 낮은 곳으로
따뜻한 함박눈이 되어 내리자.
우리가 눈발이라면/ 잠 못 든 이의 창문가에서는
편지가 되고/ 그 이의 깊고 붉은 상처 위에 돋는
새 살이 되자.

시시때때로 구름에 휘감기고, 눈발이 날리는 변덕스런 날씨 속에서도 간간이 하얀 동화나라 같은 설악동, 신흥사, 울산바위, 노적봉은 물론, 저 멀리 동해바다까지 한눈에 내려다보인다.

삼라만상이 아름다운 꽃살문의 신흥사와 비선대

설악산에서 가장 큰 절인 신흥사. 일주문을 지나면 청동불좌상이 먼저 반기고, 나무 다리를 건너면 우측으로 바로 신흥사 경내에 들어서게 된다. 신라 진덕여왕 6년(652년) 자장율사가 창건했다는 향성사에서, 조선 중기 이 자리로 옮겨져 중건되고 개명된 절이다.

정면 3칸 측면 2칸의 팔작지붕 다포계 집인 극락보전은 긴 활주가 떠받치고 있는 건축물로 포의 짜임새가 아름답고, 추녀 끝은 늘씬하게 위로 치켜 올려져 있다. 절집 건물들은 짧은 연륜 탓인지 고적한 멋은 다소 떨어진다. 그러나 극락보전 돌계단 좌우의 소맷돌은 석물 장식 문양의 결정판 같다. 아랫부분에는 용머리가, 바깥면에는 귀면, 태극문양, 구름모양 등이 돋보이게 새겨져 있다.

"잘 보고 계십니다, 손님. 이 절간에서 반드시 눈여겨보아야 할,

'신흥사의 보물'입니다. 눈썰미가 여간 아니시네요."

돌계단으로 오르던 스님이 건넨, 듣기 좋은 말이다. 여행을 떠나오기 전 공부해 온 만큼 문화재들이 보물처럼 눈에 들어온다.

극락보전의 꽃살문은 참으로 이채롭다. 대한민국 절 가운데 이처럼 활기 넘치고 화려한 꽃살문은 없으리라. 이곳 신흥사를 찾을 때마다 나는 파랑새와 물고기, 거북, 나비 등이 여러 가지 꽃송이들과 어우러진 꽃살문 앞에 한참을 서 있는 버릇이 생겼다.

신흥사를 다 둘러본 발걸음들은 비선대로 향한다. 세심교 갈림길에서 오른쪽 길로 접어든다. 세심교에서 2킬로미터쯤 떨어진 와선대는 천불동계곡 첫머리의 너럭바위. 사방의 풍광이 빼어나다. 그렇게 오르길 한 시간쯤, 눈앞에는 계곡을 따라 크고 작은 폭포와

▼낙산사 원통보전 7층석탑과 꽃담

깎아지른 듯한 벼랑으로 이루어진 비선대가 펼쳐진다. 금강산의 만폭동에 견줄 만한 절경이다. 그러나 지금 이 절경의 대부분은 두꺼운 얼음과 눈으로 완전히 덮여 있다. 비선대에서 앞쪽의 까마득한 암벽을 올려다보면 미륵봉 중간 즈음에 구멍이 뻥 뚫린 금강굴이 보인다. 원효가 불도를 닦았던 굴이다. 예서 천불동계곡을 따라 대여섯 시간이면 대청봉에 오를 수 있지만, 한겨울 대청봉 산행길은 만만치 않다.

낙산사 의상대 해맞이는 천지개벽이다!

다음날 이른 새벽, 관동8경의 하나인 낙산사에 오른다. 몇 해전에 '식목일의 반란'이 일으킨 화마로 죄다 불밥이 되었던 대 사찰은 그 자리에 새로 들어서서 예전의 모습을 되살려주고 있다. 별꽃무늬 담장으로 둘러져 있던 낙산사 원통보전이나 천년의 종 등 대부분의 당우도 그대로다.

그러나 낙산사 일대의 그 잘생겼던 해송들의 모습은 오랜 시간이 흘러야 복원될 수 있으리라. 그 무서운 불길 가운데서도 천만다행으로 보존되었던 의상대. 의상대사가 낙산사 터를 관음보살에게서 계시받고자 정진했던 그 절벽 위 산마루에, 만해가 1926년에 '의상대'라 이름 짓고 세운 정자다. 이 정자는 장엄한 동해의 해돋이를 감상할 수 있는 최고의 명소로 꼽는 관동8경의 하나. 정자 아래 해안 절벽에는 거친 파도가 하얗게 부서지며, 쉼없이 일렁이고 있다.

드디어 기다리던 여명의 아침. 일렁이는 수평선 파도 위로 미명을 걷어내며 불끈 솟아오르는 동해의 저 장엄한 해오름은, 절망에

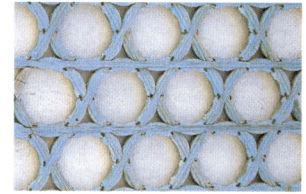

▲ 극락보전 꽃살문들
완결된 조형미를 보여주는 '화엄의 세계'다. 특히 극락보전 오른쪽 옆 면(맨 위 사진) 꽃살문에 조각되어 있는 파랑새, 물고기, 거북, 나비, 여러 가지 꽃봉오리 등등의 조각들을 찾아보기는 이 여정을 더욱 풍요롭게 해준다.

부 모 와 자 녀 가 꼭 함 께 가 봐 야 할

▲낙산사 의상대 해맞이

천지개벽이야
눈이 번쩍 뜨인다
불덩이가 솟는구나
가슴이 용솟음친다
여보게
저것 좀 보아
후끈하지 않은가
오, 천지개벽이여!
　　－조종현의 〈의상대 해돋이〉중에서

서 건져보는 희망일 터다. TV에서 애국가가 울려퍼질 때마다 등장하던 그 친숙한 장면의 해돋이다.

　7번 국도를 타고 예전의 해안도로로 접어든다. 겨울바다도 좋지만 이 동해바다와 헤어지기 전 겨울 동해안의 별미 곰치국을 맛보지 않을 수가 없어서다. 얼은 속도 달랠 겸 졸랑졸랑 따라 들어간 선착장 납작지붕 식당. 뜨거운 김이 설설 피어오르는 곰치국 한 사발! 살이 워낙 물러 흐물흐물한 곰치국은 겨울철 '대한민국 최고의 해장국'이 되어 준다. 파도가 세서 며칠째 출어를 못했다는 늙은 어부의 타는 속내에 별미여행이 미안해지지만……. 소주 한 잔을 따라주며 멋쩍은 분위기를 달랜다.

　그랬다, 그림 같은 풍경 속에도 그 나름의 아픔은 있다. 그래서 나의 여행길은 언제나 시詩가 되고, 교과서가 되어 준다.

친절하고 똑똑한 여정 길라잡이

 **가는 길**
- 영동고속도로 주문진나들목 ➡ 속초-동해안 7
- 영동고속도로 만종분기점 ➡ 중앙고속도로 홍천나들목 ➡ 12 인제 ➡ 미시령(터널) ➡ 속초-동해안 7 ➡ 설악산

 **여행정보 안내**
- 속초시청 문화관광과 033-639-2541 sokcho.gangwon.kr

 **주변명소 추천**
- 속초의 청초호, 설악워터피아, 척산온천, 석봉도자기미술관, 영암정, 고성의 건봉사

 **행복한 쉼터**
- 속초설악펜션 033-637-5029(설악산 입구에 자리해서 설악산과 동해를 모두 감상할 수 있다), 켄싱턴호텔 033-635-4001, 설악관광호텔 033-636-7101, 한화리조트 033-635-7711, 대명리조트 033-635-8311, 낙산비치호텔 033-672-4000, 낙산프레야콘도 033-672-5000

 **맛있는 여행**
- 속초회국수 033-635-2732(회국수의 원조), 옥미식당 033-635-8052(곰치국-한겨울에 얼어붙은 속을 뜨겁게 풀어준다), 궁중만두 033-636-3606(왕만두와 황태해장국), 노적봉 033-636-2555(한정식), 실로암 막국수 033-671-5547(동치미막국수), 진양식당 033-632-7739 · 단천식당 033-632-7828(물회, 오징어순대-갓 잡은 오징어를 통째로 다듬어 각종 야채와 찹쌀을 넣어 만들었다)

대포항 횟집들의 활어회 모듬

진양식당의 오징어순대

공부도 쑥쑥 키우는 여행길

초등학교
- 《미술》 4학년 6쪽: 움직이는 선과 형(조선 시대 꽃창살)
- 《사회》 4학년 1학기 17쪽: 속초와 설악산국립공원
- 《사회》 6학년 2학기 118~119쪽: 문화관광부가 선정한 우리나라의 문화 상징(설악산)
- 《사회》 5학년 1학기 102~103쪽: 자연을 지키는 활동의 중요성(산불 재해)
- 《사회과 탐구》 5학년 1학기 131쪽: 설악산국립공원
- 《사회과 탐구》 5학년 2학기 87쪽: 한옥의 꽃문살에 어린 조상들의 멋

중학교
- 《국어》 1학년 2학기 140~143쪽: 안도현의 시 〈우리가 눈발이라면〉 감상
- 《미술》(대한교과서) 1학년 7쪽: 자연과 조형물의 조화 알아보기(강원국제관광엑스포 상징탑)
- 《사회》(디딤돌) 1학년 52~53쪽: 관광 자원의 보고(사계절 국제 관광 도시-속초, 설악산)

강원도 화천·인제

화천 산천어축제 | 인제 빙어축제

은빛 얼음나라 화천, 인제에서 낚는 한겨울의 낭만

산천어, 너 오늘 신선들에게 딱 걸렸어!

추울수록 더욱 더 신바람 나는 곳이 있다. 강원도 화천, 인제가 바로 그런 곳. 해마다 1월이면 이곳에선 아주 행복한 얼음나라가 펼쳐진다.

북한강 최상류의 1급수가 흐르는 화천천은 겨울이면 무려 40센티미터나 되는 얼음으로 꽝꽝 무장한다. 이 얼음나라 밑으로 살맛 난 산천어는 몸통에 선명히 찍혀 있는 파마크로 인한 자태가 아름다워 '계곡의 여왕'이라고도 불리는 냉수성 토종 민물고기다.

이곳 '산천어축제'의 하이라이트는 누구라도 할 수 있는 '산천어 얼음낚시'다. 인공미끼가 달린 견지낚싯대로 잡아 올리는 재미가 여간 쏠쏠하지 않기 때문에 그 인기는 가히 폭발적이다.

아이들도 얼음판에 뚫은 구멍 밑으로 낚싯대를 드리우고 쪼그려 앉아 찌의 움직임을 주시한다. 아예 누워서 얼음 구멍 안을 뚫어져라 들여다보는 아이들까지 낚시하는 모습은 가지각색이지만 그 진지함은 누구에게도 뒤지지 않는다.

"톡, 톡, 톡 낚싯줄을 계속 건드려줘요. 산천어의 호기심을 유도하다가, 입질하는 산천어를 순간에 잡아채야 되는 거래요."

토박이들이 도와주는 훈수는 친절하다. 정말 잠시 후에 짜릿짜릿 울려오는 손맛! 얼음 위로 펄떡거리는 팔뚝만한 산천어를 들어 올리며 환호 지르는 가족여행자들. 여기저기서 탄성이 쏟아져 나온다.

얼음물 속에 발을 담그고 맨손으로 산천어를 잡아 올리는 '기절초풍 산천어 맨손잡기'도 매우 쩌릿쩌릿한 체험거리다. 기절초풍의 경지가 연속될수록 물고기를 잡는 기쁨은 배가된다.

갓 잡은 산천어를 들고 축제장내의 회센터나 산천어전용구이터에 가면 즉석에서 쫀득하고 부드러운 속살의 고소한 맛을 누릴 수 있다.

▲ 얼곰이 재롱잔치
얼음나라 마스코트 '얼곰이'들이 펼치는 재롱과 퍼레이드가 아이들에게 인기다.

부모와 자녀가 꼭 함께 가봐야 할

▲ 산천어낚시

얼음나라는 이채로운 겨울놀이 천국

산천어 요리로 든든해졌다면 이제 본격적으로 얼음과 눈이 가득한 은세계로 달려가 30여 종의 즐길거리와 볼거리를 즐겨보자.

이 얼음나라에선 얼곰이 열차를 타고 얼음 위를 달려 축제장 곳곳을 돌아볼 수 있다. 얼음나라의 마스코트 '얼곰이'들의 재롱잔치에 환호를, 하얀 설원 위의 눈 조각에선 그 장대함에 감탄을 연발하게 된다. 얼음으로 지어진 '얼곰이성'에 들어가 얼음의 속살을 느껴 보고, 아이들과 어울려 반질반질한 얼음 미끄럼틀도 타볼 수 있다.

빙판 골프, 빙판 인간새총 등을 즐기는 이들의 신바람은 연신 웃음꽃을 만발! 춥다는 생각은 어느새 사라져 버린다. 좀더 다이내믹한 얼음스피드체험을 즐기고 싶다면 '콩당콩당 봅슬레이'를 타보자. 눈썰매보다 훨씬 박진감이 넘친다. 얼음썰매 면허시험장에선 꼬불꼬불 얼음길 코스를 완주해 낸 아이들이 묘한 성취감에 신난다. "아빠, 나 썰매면허 땄어요!" 외발썰매를 타보기는 참으로 오랜만. 부모들도 동심의 세계로 빠져든다.

밤이 되어서도 화천시내 중앙로 곳곳에서는 산천어 등불들이 줄지어 헤엄치고 다닌다. '계곡의 여왕'답게 밤거리를 영롱히 수놓고 있는 산천어등에 사랑하는 가족들이 새해 희망을 소망해 본다.

북설악 얼음나라에서 낚아 올리는 은빛 요정

인제에서 원통을 지나 조금 더 달리면 내설악 백담 계곡물과 내린천 계곡물이 합수된 소양호에 이르게 된다. 나라 안에서 제일로 큰 규모를 자랑한다. 눈앞에 끝없이 펼쳐진 광활한 얼음벌을 눈앞에 두고 여행자들은 넋을 놓는다. 북설악 동장군은 그 막강한 힘으로 소양호 300여 만 평을 해마다 꽁꽁 얼려 놓고 있는 것이다. 얼음판 위로 레저용 차량들도 달릴 수 있을 정도다.

겨울철 소양호의 주인공은 빙어氷魚! 투명한 얼음처럼 속이 비치는 물고기의 생김에서 붙여진 그 이름만큼 차고도 깨끗한 물에서만 산란하는 은빛 담수어종이다.

▲빙어낚시

빙어축제의 하이라이트 역시 특별한 기술 없이도 누구나 낚아 볼 수 있는 빙어낚시다. 빙판 여기저기에 뚫어놓은 얼음구멍마다 가족이나 연인끼리 함께 둘러앉아 있다.

찌가 미세하게 떨리는 손맛을 느끼는 순간 낚아채 보지만, 빙어 잡기는 그리 만만하지만은 않다. 너무 세게 낚아채면 낚싯바늘에서 찢어져 떨어져 나가고, 너무 약하게 채어 올리면 놓쳐 버리기 일쑤기 때문에 요령을 잘 터득해야 한다.

여기저기서 살아있는 빙어를 초고추장에 찍어, 그 맛을 보기에 여념이 없다. 깨끗하고 담백한 맛이다. 산 채로 그냥 먹는 회가 부담되는 이들은 튀겨 먹고, 볶아 먹고, 은박지에 싸서 쪄 먹기도 하니, 낚는 재미 못지 않게 먹는 재미 또한 그만이다. 특히 빙어튀김은 누구나 부담 없이 즐길 수 있는 먹을거리로 인기가 참 좋다.

은빛 고드름 주렁주렁 반짝이는 얼음터널과 눈꽃마당

흰눈 덮인 설악준령 안의 얼음썰매장. 기차썰매, 스노우모빌썰매, 말썰매 등등 이채로운 얼음썰매들은 특히 아이들과 젊은 연인들을 신나게 한다.

이글루 테마캠프에서 북극 에스키모의 생활을 배울 수 있는 체험도 이채로운 시간이 되어 준다. 얼음판에서 박달나무공을 쫓아

▲얼음판 축구

▶ 산천어등

  다니는 얼음축구 선수들의 총총거리는 뜀박질은, 곧잘 우스꽝스런 동작으로 연결되어 배를 잡고 웃게 만들고.

  300여 만 평 드넓기 이를 데 없는 얼음호수를 내려다보는 위치에 있는 눈썰매장. 아이들도, 엄마, 아빠도 "얏호!"를 연발하며 눈썹이 휘날리도록 단박에 긴 슬로프를 미끄러져 내려간다. 하얀 눈꽃이 솜이불처럼 뒤덮여 있는 눈꽃마당에서는 해발 1,500여 미터에 올라서야 볼 수 있는 눈꽃 풍경을 배경으로 추억 사진 찍기에 더 없이 좋은 곳. 1미터는 되어 보이는 기다란 고드름이 주렁주렁 매달린 얼음터널 지나기도 인기만점 공간. 상어 이빨보다 더 날카로워 보이는 고드름들이 등골마저 오싹하게 한다. '얼지 않은 인정, 녹지 않은 추억'으로 완전무장한 우리 아이들은 소리지른다.

  "아빠! 우리 해마다 1월이면, 꼬옥 꼭 다시 찾아오기에요!"

친절하고 똑똑한 여정 길라잡이

가는 길
- 화천 경부고속도로 판교분기점 ➡ 서울외곽순환고속도로(구리 방향) ➡ 화천산천어축제장
- 인제 경부고속도로 신갈분기점(중부고속도로 호법분기점) ➡ 영동고속도로(강릉 방향) ➡ 만종분기점(원주) ➡ 중앙고속도로(춘천 방향) ➡ 710 인제 ➡ 소양강 빙어축제장

여행정보 안내
- 화천 산천어축제안내 : 화천군청 문화관광과 033-440-2543 www.ihc.go.kr
- 인제 빙어축제안내 : 인제군 문화관광과 033-460-2086 www.injefestival.net

주변명소 추천
- 화천 평화의 댐, 화천댐, 칠성전망대, 붕어섬
- 인제 알프스스키장, 스키박물관, 한계령, 만해아이스파크

행복한 쉼터
- 화천 화천읍 동촌리마을 011-244-0134(공예품 만들기, 떡 만들기 체험 겸한 사랑방마실-1박 2일 3식 제공, 1인당 3만 원), 토고미마을 033-441-2719
- 인제 계곡사랑황토집 033-463-7230, 냇가에서황토집 033-462-1649
- 용대리 만해마을 033-462-2303, 솔밭펜션 033-462-9412, 외갓집황토민박 033-462-1491

맛있는 여행
- 화천 북한강횟집 033-442-5750, 명가 033-442-2957, 산천어축제장 내의 물빛누리 산천어식당(산천어회무침·훈제산천어·어죽-물빛누리 산천어식당은 축제 내 부스이므로 고정 전화번호가 없다), 평양막국수 033-442-1112(초계탕·막국수), 동촌식당 033-441-3579(붕어찜)
- 인제 감자네식당 033-462-5766(빙어요리), 정원식당 033-461-5080(두부전골)

인제 빙어축제장의 빙어튀김

공부도 쑥쑥 키우는 여행길

초등학교

《사회》 5학년 1학기 84~87쪽 : 촌락의 변화
《사회과 탐구》 5학년 1학기 88쪽 : 강원도의 여러 가지 지역 축제(인제 빙어축제, 화천 산천어축제 등)
《음악》 4학년 62쪽 : 동요 〈눈송이〉
《음악》 5학년 55쪽 : 동요 〈겨울 바람〉
《음악》 6학년 54~59쪽 : 동요 〈겨울 나무〉
58쪽 : 동요 〈썰매〉

충북 진천

종박물관 | 농다리 | 보탑사 | 이원아트빌리지

험한 세상에서 천년 돌다리가 되어 종을 울리다

서울에서 중부고속도로를 타고 내달려 두 시간도 못 미쳐 이른 진천 땅. 태백산맥의 가운데 갈비쯤인 차령산맥의 완만한 봉우리들이 다정다감하게 둘러 있는 지세는 산도 아니고 들도 아닌 전형적인 충청도 땅의 모습을 보여준다. 우순풍조雨順風調하여 땅이 기름지어 사람이 살기에 더 없이 좋은 고을이란 의미에서,

사람들은 예로부터 이곳 진천 땅을 '생거진천生居鎭川'이라고 일컬어 왔다던가?

진천은 눈을 확 트이게 하는 거창한 볼거리나 즐길거리는 그리 많아 보이질 않는 곳이다. 그럼에도 '빨리빨리', 조급하게 살아야 생존이 보장되는 우리 시대에 진정성을 되찾아주는 역사의 유산과 사람살이가 곳곳에 숨겨져 있다.

울림으로 세상을 일깨우는 진천 종박물관

중부고속도로 진천나들목으로 나와 먼저 찾은 곳은 진천읍 장관리에 자리한 진천 종박물관이다.

청정한 자연을 배경으로 자리잡은 종박물관의 건축미가 예사롭지 않다. 범종 모양의 외양은 세련되고 이채롭다. 박물관으로 드는 길 양옆으로 늘어선 범종들의 사열을 받으며 걷노라니, 어디선가 들려오는 은은한 범종 소리. '떠어~엉~' '더어엉~' 타종 체험공간에서 가족여행자들이 대한민국의 종을 대표하는 상원사종과 성덕대왕신종을 힘차게 울려보고 있는 중이다. 하늘가로 울려 퍼지는 맑은 종소리의 긴 여운을 맛보는 이들의 표정은 여간 그윽하지 않다. 부모와 함께 처음으로 종을 울려보는 아이들은 더욱 신기한 표정들이다.

종의 탄생과정과 범종의 역사도 한눈에 살펴볼 수 있는 제1전시실. 거대한 거푸집에 둘러싸인 실물 크기의 복제품 성덕대왕신종이 우아한 자태를 자랑하고 있다. 우리나라 최대의 범종인 성덕대왕신종은 정교한 세부장식과 아름다운 종소리가 과연 대한민국 최고의 종답다. 흥미로운 체험도 곳곳에서 기다리고 있다.

● **생거진천生居鎭川 사거용인死居龍仁**

'살아 진천, 죽어 용인' 이란 뜻. 집터와 묘자리를 택하는 데 있어 명당을 찾아왔던 옛 선인들의 풍수지리학적인 논리에 의하면 진천은 생전에, 용인은 사후에 거하기 좋은 지세와 위치를 지니고 있다고 한다. 옛 전설에 의하면 진천에 사는 추천석이란 사람이 저승사자의 실수로 용인에 사는 추천석 대신 잡혀갔는데, 모든 사실이 밝혀졌을 때에는 이미 장사를 지낸 후였다. 어쩔 수 없이 아직 장사 전인 용인 추천석의 몸에 들어가게 된 진천 추천석은 당장 진천 가족에게로 달려갔지만 아무도 알아보지 못하고, 그의 말을 믿지도 않았다. 용인과 진천 두 곳이 발칵 뒤집힌 가운데 진천의 고을 수령이 자초지종을 듣고서는 "생거진천, 사거용인" 하라는 판결을 내렸다고 한다.

▲**종박물관 특별 체험교실**

탑본의 기원과 용도, 범종 문양의 특징을 배우며, 아름다운 비천상 문양을 기념으로 간직할 수 있는 범종 문양 탁본 체험교실과 흙으로 나만의 종을 만드는 토종土鐘 체험이 열리고 있다.
문의: 043-539-3847

부모와 자녀가 꼭 함께 가봐야 할

▲ 종박물관

제2전시실에서는 종의 다양한 문양과 제작기술, 좋은 종소리의 조건과 음향, 종과 관련된 여러 가지 설화를 들어볼 수 있다. 특히 지구촌 곳곳의 종소리와 기차, 자전거, 교회, 두부장수 등등 우리들의 일상에서 사용되었던 종소리는 잊혀진 추억을 되살려준다.

이 울림의 공간에선 진천군 덕산면 합목리에 자리한 성종사聖鐘寺 대표인 원광식 씨(65)를 빼놓을 수 없다. 종박물관에 전시된 종 170점도 그의 복원, 기증품이다. 삼대에 걸친 장인 출신인 그는 쇳물에 의해 한쪽 눈까지 잃으면서도 우리 전통 종제작기법 가운데 가장 어려운 '밀랍주조기법'의 비밀을 밝혀 복원해 냈다. 서울 보신각종 등 우리나라 사찰 대부분의 종을 만든 중요 무형문화재다. "이제 종 만들다가 죽는 일만 남았지요." 일본에게 빼앗긴 신라종 등 우리나라 옛 종 60여 점과 모든 종의 으뜸이라 할 수 있는 성덕대왕신종(에밀레종)을 온전히 복원하는 것이 평생 소원이자 목표라고 말한다.

천년을 버티어온 동양에서 가장 오래된 농다리

진천시내 성석사거리에서 좌회전 그리고 지석마을을 지나 우회전한 후, 조금 더 달리다 보면 이르게 되는 굴티마을 앞의 세금천. 붉은 빛깔을 띤 바윗돌들로 얼기설기 끼워 맞춘 듯한 돌다리가 놓여 있다. 이제까지 보지 못한 특유한 다리 양식에 먼저 눈길이 간다. 언뜻 보아도 참 오랜 세월의 더께를 안고 있는 풍광을 그려내고 있다.

사학자들과 건축학자들은 이 돌다리가 삼국시대에 놓였을 것으로 추정하고 있다. 무려 천년이 넘는 세월을 인내해 온 다리다. 천년, 그 긴 세월 동안 수백 번은 치렀을 장마 홍역에도 80센티미터 간격으로 세워진 1.2미터 높이의 돌기둥은 아직껏 끄떡없다. 동양에서 자연석 돌다리 중 가장 유서 깊고, 긴 다리를 문화유산으로 남긴 우리 선조들의 뛰어난 건축술에 절로 머리가 숙여진다.

해침 없는 천년의 비결은 개울물 흐름의 강약에 맞게 이어, 거대한 지네처럼 꿈틀거리는 듯한 것이다. 이런 다리 모양새 때문에 '농교' 또는 '농다리'라고 부른다. 그 공법의 불가사의는 이십팔숙二

▼ 농다리를 건너는 사람들
농다리를 건너면 '무병장수' 한다는 속설을 믿는 효자효녀들은 부모님과 함께 건너가고 건너오기를 수차례씩 거듭한다.

▶농다리

폭 3미터 정도의 암돌과 숫돌로 견고하게 엇갈려 끼워 나가 붉은 색 암숫돌 한 쌍씩 모두 24칸 구조의 백미터 길이가 넘는 돌다리. 개울물 흐름의 강약에 맞추어져 마치 거대한 지네가 꿈틀거리는 듯하다. 충북 유형문화재 제28호.

十八宿을 응용하여 음양석陰陽石을 지네 모양으로 놓은 것에 있다.

돌다리를 찾아온 사람들은 몇 번씩이고 농다리를 오간다. 이 다리를 건너다니면 무병장수한다는 속설을 믿는 효자효녀들이 부모님과 함께하기도 하고, 사진예술가들이 자연과 역사와 사람이 어우러진 모습을 즐겨 담고 있다. 천년 세월 동안 흐르는 물을 벗 삼아 '험한 세상의 다리'가 되어온 농다리는, 다시 또 천년 세월 아니 그 이상의 세월을 지킬 것을 약속하고 있다.

천년 이을 정성으로 쌓은 아름다운 절집, 보탑사

농다리를 떠나 길상사로 가는 길은 다시 읍내를 지나야 한다. 진천 도당산성 안에 자리한 길상사를 뒤로한 후, 사석에서 보탑사까지 가는 길은 꼬불꼬불한 길의 연속이다. 넓은 수면과 연초록색으로 빛나는 연곡저수지를 휘돌아 들면서부터 잔잔한 수면 위에 떠있는 연초록 산영山影이 고요함과 아늑함을 자아낸다. 이 길 끄트머리가 바로 연곡리 보련산 자락의 연꽃골, 그 안에 아름다운 보탑사가 고즈넉이 들어앉아 있다.

보탑사는 탑이 본전本殿인 아주 특이한 절이다. 645년에 완공되어 1238년 몽고 침입 때 불타버린 경주 황룡사 9층탑(높이 80미터)의 맥을 잇는 마음으로 지은 거대한 탑인 것이다. 우리시대의 절대명제인 남북통일을 지향한 목탑신의 높이는 무려 108척(42.7미터). 고층아파트 15층 높이와 맞먹는 이 높이는 백팔번뇌를 상징한다.

목탑은 밖에선 3층이지만 안에선 5층의 구조를 지니고 있다. 또한 김제 금산사나 부여 무량사, 보은 법주사 팔상전처럼 바라만 보는 탑이 아니라 여행자들이 맨 위층까지 걸어 올라볼 수 있는 탑이다. 실제로 무려 1,500여 명이 올라갔어도 끄떡없던 다층 법당이다. 사방을 돌아 오르는 외부 난간에서 바라보는 주변 풍광은 마음을 편하게 해준다.

목탑 법당의 내부는 1층 사방불전, 2층은 대장전, 3층은 미륵전으로 구성되어 있다. 특이하게도 2, 3층에서 문을 열고 나가면 사방이 난간이고 이 난간을 따라가다 보면 절로 탑돌이가 된다. 특히 영산전은 보기 드문 8각 법당, 통판을 투각한 가운데 네 짝 꽃문이 화려한 적조전 등도 마찬가지다. 정성을 다해 이 절집을 지은 우리

시대 장인들은 말한다.

"이 목탑은 화재만 입지 않으면 천년도 더 갈 것이요."

요사채 바로 옆 비각 안의 백비白碑도 눈길을 끄는 보물급 문화재다. 고려시대의 것으로 추정되는 거북받침 위의 비석에는 여의주를 물려고 하는 아홉 마리의 용이 사실적으로 조각되어 있다. 그런데 어인 일인지 글자는 한 자도 새겨져 있지 않다. 그런 연유로 이 비석을 '무자비無字碑'라고도 부른다. 글자가 새겨져 있지 않은 까닭에 대해 이곳 사람들은 진실을 밝힐 수 없는 저항설, 미완성설, 도교적 허무주의 등을 전해주고 있다.

▲ 보탑사 목탑
8톤 트럭 150대 분량의 목재를 짜맞춰 쌓아 올린 세계 최대의 목탑이다. 옛 사람들의 건축술을 재현하여 못 하나 쓰지 않은 현대판 문화재이며, 우리 시대 최고의 나무 목수 신영훈의 장인정신이 돋보이는 전통 건축술이 살아있는 교과서다.

지극히 겸손한 건축미가 돋보이는 '이원아트빌리지'

대여섯 차례의 진천나들이 길에서도 빼놓은 곳이 있었다. 우연히 알게 된 '이원아트빌리지'(043-536-7985)다. 이월면소재지를 지나 대막삼거리에서 덕산 방면으로 좌회전한 후, 마을길로 진입하여 쌍호교를 건너니 바로 '이원아트빌리지'다. 2005년 건축가협회상을 받기도 한 '이원 아트 빌리지'는 건축가 원대연 씨와 사진작가인 아내 이숙경 씨가 '자연에 펼쳐 보이고 싶은 이상'을 미술관을 중심 테마로 펼친 복합 문화공간이다.

5천여 평 대지에 비탈진 지형을 살려 계단식으로 지어진 집, 집, 집. 그리고 그 사이사이 여러 곳의 마당, 마당, 마당. 백여 종이 넘는 야생화와 담쟁이덩굴이 이끄는 사잇길로 걸어든다. 집들은 저마다 우뚝 서고 잘 생긴 집으로서보다는 자연 속에 묻힌 듯, 겸손한 모습으로 자리매김하고 있다. 계단을 따라 오른 지붕 위에서는 진천의 비산비야 非山非野가 한눈에 든다. 지붕은 곧바로 솔밭으로 이어진다. 집은 자연 속으로, 자연은 집 안으로 걸어드는 것이다.

중심 테마가 되는 갤러리 안은 자연 채광을 이용하여 편안한 가운데 감상할 수 있어 좋다. 운 좋은 여행자들은 원대연 씨와 함께 이 빌리지를 순례하며 생태, 건축, 환경 이야기를 귀동냥해 볼 수도 있다. 어슬렁어슬렁 순례하다 들어간 휴게실. 공간의 격조 높음과 여유로움은 뜻밖이다. 독일 황실과 귀족들이 즐겨 마셨다는 정통 유럽 커피 '달마이어' 향기에 그윽해져 볼 수 있으니……. 더 기분 좋은 일은 비치되어 있는 예술전문서적을 하루 종일 읽어도

▼이원성당
독특한 외관의 단순한 건축미는 인간들의 화려하고 거창한 욕망으로부터의 별리로 보여진다. 그것은 절제된 명상으로의 길이 되어 줄 터다.

부모와 자녀가 꼭 함께 가 봐야 할

▶ 이원아트빌리지
갤러리 1, 2관에서는 '한국현대작가전', 3관에서는 주인 원대연 씨의 꿈을 움트게 한 '두고 온 마을, 풍경', 4, 5관에서는 아내 사진작가 이숙경 씨의 예술사진전 '마음이 머무는 곳'을 감상할 수 있다.

무방하다는 것. 눈이 피로하다 싶으면 창밖의 초록 풍경에 안식!

이 귀한 공간을 펼쳐놓은 원대연 씨는 이렇게 말한다.

"집은 겸손해야 합니다. 이상적인 건축은 집과 집끼리 사이좋게 어깨동무하고, 자연과도 유기적으로 얽혀 있는 '예쁜 마을'입니다."

대막삼거리 언덕 위에 자리 잡은 이월성당은 그런 그가 공짜로 설계해 준 건축 작품. 무신론자인 나이지만 독특한 외관의 단순미는 화려하고 거창한 욕망으로부터의 별리로 보여진다. 절제된 명상으로의 길일 터다.

성당 실내의 사방 벽엔 창문이 없다. 오로지 지붕 위 하늘에서 천장을 통해 쏟아지는 빛만이 아래로 흩어지고 있을 뿐. 실내공간에서도 빛의 절제는 사람들의 시선을 전면의 절대자에게 모아주고 있다. 이 신비로운 공간에서 사람들은 절대자에게 사랑으로 무릎 꿇으리라.

그는 건축잡지에 이 건축물의 의미를 이렇게 써놓았다. "침묵의 의미를 모두 어렵지 않게 음미하는 곳이 되기를 바랄 수 있었다."

친절하고 똑똑한 여정 길라잡이

 가는 길 ● 중부고속도로 진천나들목 ➡ 진천 종박물관 ➡ 농다리 ➡ 보탑사 ➡ 이원아트빌리지

 여행정보 안내 ● 진천군청 문화관광과 043-539-3621 www.jincheon.go.kr

 **주변명소 추천** ● 정송강사, 김유신 장군 탄생지(태실), 이상설 선생 생가, 초평낚시터

 행복한 쉼터 ● 진천관광호텔 043-533-0010, 안골관광농원 043-532-0405
별빛고운언덕 펜션 043-536-6114

 맛있는 여행 ● 풍경소리 043-533-8245(쑥수제비·도토리수제비·콩나물밥), 농다리쉼터 043-534-3795(오리 중에서 가장 맛있다는 청둥오리로만 요리한 오리탕), 연곡가든 043-532-9334(칠면조 즉석요리), 초평 붕어마을 043-539-3603(붕어찜), 가물치구이 043-532-6260

풍경소리의 콩나물밥

공부도 쑥쑥 키우는 여행길

초등학교

《사회》 4학년 2학기 130쪽 : 오늘날의 지역 축제(생거진천 화랑제)

《사회과 탐구》 5학년 2학기 102쪽 : 과학 문화재 탐방(어떤 비밀이 신비의 종소리를 만들어내는 것일까?)

《음악》 6학년 42~43쪽 : 동요 〈종소리〉

인천 강화도

강화도역사관 | 광성보 | 장화리 갯벌 | 석모도 | 삼량염전 | 민머루해수욕장 | 보문사 | 전등사

살아있는 역사와 자연을 그 섬, 강화도에서 다시 읽다

'살아있는 역사교과서' 강화역사관과 광성보

육지와 섬 사이가 겨우 2~3백 미터밖에 떨어지지 않았지만, 강화도는 엄연히 우리나라에서 다섯 번째로 큰 섬. 수도권에서 쉽게 찾아들 수 있는 섬 아닌 섬. 강화도는 '살아있는 역사교과서', '살아있는 자연생태학습장'이라고 불릴 만큼 교육적인 가치가

높은 섬이다. 하여, 자녀들과 함께 떠나면 더 없이 좋은 여행지가 되어 준다.

강화대교를 건너면 맨 먼저 찾아들게 되는 곳은, 강화역사관. 이곳은 강화도의 역사를 둘러보는 이정표 역할을 해준다. 강화도는 한강과 임진강이 하나로 만나 서해바다로 들고나는 곳으로 한강의 관문이자 나라의 관문이었다. 운명적인 군사적 요충지로서 거대한 세력이 침공해 왔을 때, 우리 조상들은 이 섬을 보루 삼아 외로운 항쟁을 전개하였다. 고려시대에는 대몽항쟁지로, 조선시대에는 정묘·병자 두 번의 호란에, 근대에 들어서선 병인·신미양요를 거쳐 일본의 운양호사건까지 외세에 맞서고 맞서온 역사를 간직한 섬이다. 사학자들은 이런 강화도의 역사적 운명을 들어 '한반도 역사의 축소판' 이라고 말한다.

도로 곳곳에는 외세의 침입을 막기 위해 만들어놓은 돈대가 무수히 많다. 돈대는 적의 침입을 막기 위해 조금 높직한 평지에 구축한 군사적 요충지다.

강화대교 강화읍에서 84번 도로를 타고 가다가 주유소 앞 삼거리에서 좌회전하여 직진하면 나타나는 광성보. 고려 때 북벌의 꿈을 키우던 외성을 조선 숙종 5년에 보수 축조한 성곽이다. 광성보는 광성돈대, 손돌목돈대, 용두돈대 세 개의 포대로 이루어져 있다. 그 성문 안해루를 통과하여 나무들이 줄지어 선 아름다운 산책길을 따라가다 보면, 용두돈대에 이르게 된다. 이름 그대로 마치 용머리처럼 쑥 튀어나온 해안 성곽은 미려한 풍광을 보여준다.

● 병인양요

조선후기 조선을 넘보던 프랑스가 천주교 박해 때 프랑스 신부가 죽임을 당한데 대해 책임을 묻는다는 구실로 강화도에 함대를 보내 침략한 사건이다. 프랑스 함대는 인천, 양화진, 서강까지 침입하고 강화에 상륙하여 군기와 옛 서적, 양식 등을 약탈해 갔다. 그러나 문수산성과 정족산성을 지키던 조선군은 프랑스군과 용감히 싸워 프랑스군 50명을 살상했고, 이에 당황한 프랑스군은 강화도에서 퇴각했다. 그 무렵에 프랑스군이 약탈해 간 서적은 아직껏 돌려받지 못하고 있다.

● 신미양요

1871년(고종 8년)에 미국이 셔먼 호 사건 문책과 통상교섭을 위해 80여 문의 대포와 1,230명의 병력을 대동한 함대로 강화도를 침입한 사건이다. 그러나 조선이 미국의 요구를 거절하자 미국 함대가 초지진과 덕진진 점령에 이어 광성진을 공격하고, 이틀 간의 치열한 공방전 끝에 조선이 미국 함대를 물리쳤다. 조선에선 배외감정이 고조되고 대원군은 각지에 척화비를 세우고 쇄국정책을 강화하게 되었다.

▼ 광성보 용두돈(포대)

광성보는 신미양요 때는 물론, 특히 미국 로즈 함대가 통상을 요구하며 상륙하여 쳐 올라왔을 때, 순무중군 어재연을 중심으로 조선 군사들이 피 흘리며 장렬히 죽어 간 최후의 격전지다.

부모와 자녀가 꼭 함께 가봐야 할

▲ 광성보 포대
용두돈은 마치 용처럼 쑤욱 뻗어나온 능선을 이용하여 해안 끝머리 벼랑 위에 타원형의 돈대가 마련된 곳. 그 아름다움은 강화 돈대 중 으뜸이다.

돈대에 오르면 앞바다의 크고 작은 섬들이 한눈에 보일 만큼 시야가 확 트인다. 영화 속 한 장면 같은 이곳 돈대의 독특한 대포와 포대의 모습에 신나 있던 아이들도 갯바람이 들려주는 슬프고도 장엄한 역사 이야기 앞에선 숙연해진다.

갯벌은 위대한 자연놀이터

강화도 여정에서는 회색빛 갯벌을 자주 대하게 된다. 강화에서 84번 지방도를 타고 선원면, 불은면, 길상, 화도면을 지나면 장화리에 이르게 되는데, 이곳은 특히 썰물 때가 되면 바닷가 둑에서 4킬로미터 이상이나 밀려나가는 맑고 깨끗한 갯벌로 유명하다. 무한한 가치를 지닌 생명의 보물 창고로서, 천연기념물 제419호로 지정된 해안생태관광지다.

아이들과 함께 맨발로 걸어 들어가 꾹꾹 밟으면, 발가락 사이로 기분 좋게 비집고 들어오는 부드러운 갯벌의 촉감! 이 재미에 빠져 마음껏 내달려도 다칠 염려가 없다. 그래서 갯벌체험장은 아이들에겐 더 없이 훌륭한 자연 놀이터다. 금세 진흙투성이가 되어 버리는 아이들에게서도 생기가 넘쳐난다. 도요새, 저어새, 백로가 함께 노니는 이 생명체의 천국에선 나들이 나온 가족들이 칠게, 농게, 대합, 동죽, 짱뚱어 등과 숨바꼭질을 한다. 손끝을 문 작은 게 때문에 간혹 "아얏!" 하는 아이들의 즐거운 비명도 들려오지만 그것도 잠시, 어느새 해맑은 웃음소리가 갯벌에 울려 퍼진다.

두어 시간 만에 다시 물이 드는 바다를 바라보며 못내 아쉬워하는 아이들…….

갈매기들이 공중묘기로 반겨주는 석모도

장화리 위쪽 선우선착장이나 내가면 외포리 선착장에선 석모도로 건네주는 여객선이 기다리고 있다. 배에 오르기 전에 새우깡 한 봉지 정도를 준비해 두는 것은, 석모도 갈매기들에 대한 예의(?)일 터. 외포선착장에서 석모도 석포선착장까지 뱃길은 5분 여. 스크루가 돌기 시작하자, 어느새 날아드는 갈매기 떼. 갯바람을 가르며 신기神技의 경지에 가까운 듯한 공중묘기를 보여준다. 석모도선착장 왼편의 보문사 방향으로 가는 길에서는 거대한 소금밭 삼량염전을 지나게 된다. 우리나라에 몇 남지 않은 천일염전으로 소금을 만드는 기간은 일조량이 많은 3월부터 10월까지다. 언뜻 논같이 보이는 소금밭에서는, 바닷물이 증발하면서 생긴 하얀 소금이 드러나고 있다. 염부들이 기다란 가래막대로 쓱쓱 쓸어 모으자, 소금은 어느새 작은 동산마냥 수북이 쌓이기 시작한다.

"저게 정말 소금이에요, 아빠?"

신기한 듯 바라보는 자녀들에게 아빠들은 진짜 소금 맛을 보게 해준다.

"아이, 짜! 정말 소금이네."

삼량염전에서 5분 거리에는 광활한 갯벌로 유명한 민머루해수욕장이 기다리고 있다. 이곳 또한 갯벌체험 자연학습장으로 인기가 높은 곳. 2킬로미터에 이르는 백사장을 거닐며 바라보는 서해의 낙조가 일품인 곳이다. 민머루해수욕장 옆으론 장구너머포구가 있다. 새우나 밴댕이가 많이 잡히는 포구답게, 강화도만의 새콤달콤한 별미 밴댕이회를 즐길 수 있는 집들이 즐비하다.

▼석모도 여객선상의 갈매기 떼

여행자들이 연신 던져주는 새우깡을 열심히 받아 먹으며 배를 따르는 갈매기들의 공중묘기는 신기의 경지다. 하지만 이렇게 길들여진 갈매기들은 원초적 본능을 잃는다고 하니, 여행객들이 주의할 일이다.

섬 속의 섬에 자리한 3대 관음도량, 보문사

보문사는 강화도 삼산면 매음리 낙가산 기슭, 서편 바다가 굽어 보이는 쪽에 자리하고 있는 고찰. 남해 금산 보리암과 양양 낙산사 홍련암과 함께 우리 땅 3대 관음도량으로 손꼽히는 이 절은, 선덕여왕 4년(635년) 회정대사가 창건했다.

이 절 안의 자연 바위 밑에는 90제곱미터의 석실이 있는데, 나한전이라고도 부른다. 한 어부가 절 아래 바닷가에서 나한상 22구를 그물로 걷어 올려 이 석실 안에 봉안했다는 유래가 전해져 온다. 그때부터 이 석굴에서 기도하면 소원이 이루어진다는 소문을 듣고 많은 신도들이 찾고 있다. 경내에는 3백여 명의 승려들이 수도할 때 사용했다는 큰 맷돌과 향나무, 범종 그리고 대웅전 오른편에 있는 윤장대가 눈길을 끈다. 이 윤장대에 경전을 넣고 돌리면

▼ 보문사의 일몰
보문사 아래 바닷가에서 하루를 마감하고 있는 일몰은 장엄하다.

뜻하는 바가 이루어진다고 한다.

보문사 경내를 지나 4백여 개의 가파른 계단을 20여 분 오르면, 낙가산 중턱에 이른다. 숨이 턱까지 차오르지만 그 공은 충분히 보상받게 되는 곳이다. 눈앞의 거대한 암반, 일명 눈썹바위 위에는 근대에 조각한 마애미륵불좌상이 미려하게 새겨져 있다. 약간은 장난기 섞인 듯한 마애불의 미소가 친근감을 더해 준다. 이름 그대로 눈썹바위는 정말 눈썹을 그대로 닮았다.

해질녘, 이 마애불 앞에서 바라보는 서해 바다와 일몰 풍광은 두고두고 기억에 남을 서경敍景이다. 온통 주변 사위가 붉게 타들어 가도록 아련할 때, 산 아래 보문사에서 울려 오르는 범종 소리. 하산길에 서녘 하늘 푸른 밤하늘에 홀로 떠 있는 개밥바라기별은 오늘 저녁 더 반짝인다. 저 별은 지금 지상의 한 절집에 공양 동냥 내려오는 것인가.

▲보문사 눈썹바위
절리 현상으로 일부러 깎아놓은 것처럼 경계가 선명한 눈썹바위에는 마애석불좌상이 새겨져 있다.

벌거벗고 벌 받는 여인상이 떠받치고 있는 전등사

이튿날 석모도에서 건너와 외포선착장에서 84번 지방도로로 우회전하면, 전등사 방향 이정표가 보이기 시작한다. 전등사는 강화면 온수리 정족산성 안에 자리한 절이다. 성터에 둘러싸여 고풍스런 분위기와 함께 풍광조차 그윽하다.

세월의 무게를 아는 듯한 고목과 절집이 어우러진 전등사의 풍경은 고적하다. 대웅보전은 팔작지붕에 다포양식으로, 화려한 건축미가 빼어나다. 그 화려함은 고색창연한 단청의 빛깔과 어우러져 용궁으로 드는 듯한 환상을 자아낸다. 법당 내부를 장식하고 있는 수미단, 닷집, 용, 물고기, 봉황, 연꽃, 모란꽃 조각의 정교함은

▲전등산 대웅보전 추녀 밑 나녀상

부 모 와 　 자 녀 가 　 꼭 　 함 께 　 가 봐 야 　 할

▶전등사 전경
강화면 온수리 정족산성 내에 자리하고 있는 이 절집에서는 팔작지붕에 다포양식이 화려한 건축미가 빼어난 대웅보전이 가장 먼저 눈에 띈다.

그런 분위기를 더해 준다.

날아갈 듯 쳐 올라간 대웅전의 지붕 네 귀퉁이 추녀 밑에서는 벌거벗은 나녀상裸女像이 떠받치고 서 있다. 여느 절집에선 찾아보기 힘든, 참으로 희한한 모습을 한 이 조각의 정체는 무얼까? 절 마당에서 휴식을 취하고 있는 스님에게 물어 본다.

"저 나녀상은 불에 탄 대웅보전을 중건하던 도편수가 사랑의 순정을 다 바친 절 아랫마을 주막집 여인이었대요. 도편수가 어렵게 일하고 받은 품삯까지 모두 맡겼는데 공사가 끝날 무렵, 마음이 변한 여인은 그만 도망갔던가 봐요. 기가 막힌 도편수는 매일 이 절의 풍경소리와 독경을 들으며 개과천선하라는 뜻으로, 추녀 아래에 발가벗고 벌 받는 그 여인상을 넣었다는 이야기가 전해오지요."

그러고 보니, 모질게 처마를 떠받치고 있는 나녀상의 얼굴은 잔뜩 울상을 짓고 있다. 정말 전설 속, 비련의 그 주인공처럼.

친절하고 똑똑한 여정 길라잡이

 **가는 길**
- 48 김포·강화 방면 → 강화대교 건너서 84 → 대동주유소 앞 삼거리에서 좌회전 후 직진 광성보 이정표 나옴 → 전등사
- 강화읍 84 → 외포리 선착장 이정표 보이면 우회전 → 외포선착장(평일 30분, 주말 수시 운항 : 삼보해운 032-932-6007) → 석모도(삼량염전, 보문사, 민머루해수욕장)

 여행정보 안내
- 강화군청 문화관광과 032-930-3621 www.ganghwa.incheon.kr

 주변명소 추천
- 마니산 첨성단, 은암자연사박물관, 강화지석묘, 고려궁지

 **행복한 쉼터**
- 석모도의 석양이 아름다운 펜션 032-933-3884, 달과사랑 펜션 032-932-9865, 나무와숲 032-933-9290, 추억속으로 032-932-8180, 코레스코 가족호텔 032-937-5071

 맛있는 여행
- 대선정횟집 032-937-1907(시래기밥-강화 순무로 담근 깍두기가 별미다) 장화리 버들횟집 032-937-3472(대하구이), 장곶횟집 032-937-8266(일년 내내 낙조를 볼 수 있다), 석모도의 별천지 032-932-9936 · 춘하추동 032-932-3584(새콤달콤한 밴댕이회, 꽃게탕)

※강화도 남단 선수포구 횟집 주변에선 밴댕이회와 뼈째 썰어놓는 세꼬시회, 고소한 밴댕이튀김 등을 맛볼 수 있는 장도 선다.

대선정횟집의 강화순무와 시래기밥

공부도 쑥쑥 키우는 여행길

초등학교
- 《사회》 4학년1학기 38~41쪽 : 강화도의 모습
- 《사회》 5학년1학기 100쪽 : 환경보전과 국토개발(갯벌이 우리에게 주는 도움)
- 《사회》 5학년1학기 77쪽 : 어촌의 생활(갯벌 체험과 바다낚시)
- 《실험관찰》 4학년1학기 56~63쪽 : 강과 바다(강화도의 갯벌 해안)
- 《사회과 탐구》 6학년1학기 90쪽 : 근대 사회로 가는 길(강화도의 군사시설-광성보)

중학교
- 《국사》 110~113쪽 : 몽고와의 전쟁과 자주성의 회복 192~195쪽 : 흥선 대원군이 서양과의 통상수교를 거부한 이유(병인양요, 신미양요) 196~198쪽 : 강화도 조약의 내용과 성격 이해
- 《사회》(금성출판사) 2학년 88~89쪽 : 일본과 한국의 근대화 운동(강화도 조약)
- 《사회과부도》(금성출판사) 93쪽 : 몽고의 침입과 고려의 항쟁

CITY TOUR

서울 · 수원 · 대전 · 대구 · 울산 · 부산 · 순천 · 목포

"운전하기 부담되신다고요? 알뜰하고 편한 **시티투어**로 떠나보세요! 아주 친절한 문화해설사의 유익한 해설은 시티투어의 덤이랍니다."

서울 시티투어

위치 서울 중구 정동
문의 서울시티투어 광화문관광안내소 02-777-6090
홈페이지 www.seoulcitybus.com
소개 자유여행객과 비즈니스를 위해 한국을 방문한 사람들이 짧게 서울을 둘러보기 좋다. 도심순환코스의 경우 1회 순환 시간이 2시간 이내이며 고궁코스의 경우 1시간이 조금 넘게 걸린다. 또한 서울을 둘러보려는 내국인이나 현장학습을 하려는 학생들에게도 좋다.

 코스

3개노선(도심순환코스, 고궁코스, 야경코스)
출발장소-광화문 동화면세점앞(지하철5호선 광화문역 6번 출구 앞)

- 도심순환코스 : 총 27곳 정류장 순환
 광화문 ➡ 덕수궁 ➡ 남대문시장 ➡ 서울역 ➡ USO ➡ 용산역 ➡ 국립중앙박물관 ➡ 전쟁기념관 ➡ 미군용산기지 ➡ 이태원 ➡ 크라운호텔 ➡ 명동 ➡ 남산골한옥마을 ➡ 소피텔앰버서더호텔 ➡ 국립극장 ➡ 남산서울타워 ➡ 하얏트호텔 ➡ 타워호텔 ➡ 신라호텔 ➡ 동대문시장 ➡ 대학로 ➡ 창덕궁 ➡ 창덕궁 ➡ 인사동 ➡ 청와대 ➡ 국립민속박물관 ➡ 경복궁 ➡ 광화문

- 고궁코스 : 총 14곳 정류장 순환
 광화문 ➡ 덕수궁 ➡ 서울역 ➡ 청계광장 ➡ 경복궁 ➡ 인사동 ➡ 창덕궁 ➡ 대학로 ➡ 창경궁 ➡ 창덕궁 ➡ 인사동 ➡ 청와대 ➡ 국립민속박물관 ➡ 경복궁 ➡ 광화문
- 야경코스 : 총 5곳 정류장 순환
 광화문 ➡ 덕수궁 ➡ (마포 홀리데이인) ➡ (국회의사당) ➡ (양화대교) ➡ (강변북로) ➡ (성수대교) ➡ (한남대교) ➡ 남산 서울타워 ➡ (남산 도서관) ➡ 숭례문 ➡ 청계광장
※( ) 정류장은 승하차는 하지 않고 경유함

이용방법

이용시간
도심순환코스-09:00~21:00 매30분 간격 출발(막차 오후 7시). 약 2시간
고궁코스-09:00~17:00 매30분 간격 출발(막차 오후 4시). 약 1시간
야경코스-오후 7시 50분 출발, 오후 8시 출발. 1일 2회 운영. 약 2시간
쉬는날 매주 월요일(단, 월요일이 공휴일인 경우 정상운행)
관람료
전일권(도심+고궁 모두이용)-성인 10,000원 │ 고교생 이하 8,000원
1회권, 야경코스권-성인 5,000원 │ 고교생이하 3,000원(1회승하차)
※할인 없음
이용방법
1) 시티투어버스 출발장소에 도착
2) 대기중인 시티투어버스 중 원하는 투어버스(도심순환투어, 고궁투어, 야경투어)를 선택하여 탑승. 단, 청계천투어는 선예약 후 잔여좌석만 현장판매
3) 원하는 정류장에서 하차하여 자유관람 후 30분 간격으로 다음 오는 버스에 탑승하여 하루종일 투어 가능
※버스하차 후에는 개별관광(식사, 입장료, 가이드 제공 없음). 하차 장소에서 30분 간격으로 다음 버스 이용 가능

CITY TOUR

4) 승차권 구입처
   ① 시티투어 버스탑승시 가이드에게 직접 구입 - 승차권 종류(1일권 10,000원 | 1회권 5,000원), 승차권결제방법(현금, 티머니카드, 신용카드)
   ② 광화문 티켓박스(광화문 관광안내소내 02-777-6090)
   ③ 크라운호텔(02-797-4111), 타워호텔(02-2236-2121), 소피텔앰버서더호텔(02-2270-3114), 뉴오리엔탈호텔(02-753-0701), 사보이호텔(02-776-2641)
   ④ 용산전쟁기념관(02-709-3146)

5) 외국어 안내서비스 : 시티투어버스는 한국어, 영어, 중국어, 불어로 각 정류장별 관광지에 대한 자세한 안내를 개인별 헤드폰을 통해 제공하는 다국어안내시스템이 설치, 운영되고 있다. 또한 시티투어버스 내에는 외국어 통역 가이드가 동승하여 관광명소 안내와 함께 외국인 관광객들이 불편함이 없도록 친절히 도와준다.

정보제공 : 서울 시티투어

▶ 연무대 ▶ 월드컵경기장 ▶ 호텔캐슬(경유) ▶ KBS 드라마센타 ▶ 수원관광안내소

※ 월요일은 화성행궁 정기휴관일. 월요일에는 화성행궁 대신 화령전을 관람

KBS 드라마센터

국궁활쏘기

이용방법

쉬는 날 매주 월요일 휴무
운행시간 1일 2회 (10:00, 14:00)
관람료 어른 8,000원 | 초·중·고교생 5,000원 | 경로(만 65세 이상) 장애우 4,000원 | 미취학아동(만 48개월 이상) 3,000원
외국어 안내서비스 영어, 일본어, 중국어 가능
예약안내 인터넷 혹은 전화 예약 필요(현지예약도 가능하나 예약자를 우선으로 운행하므로 주말 등에는 예약필요) 화요일 오전 9시부터 예약 가능

※ 일요일 18:00 ~ 화요일 09:00까지 (전화,인터넷)예약 받지 않음

정보제공 : 수원 시티투어

수원 시티투어
SUWON

북서포루

위치 수원역 4번출구 수원관광안내소 출발
문의 수원시티투어 031-256-8300
홈페이지 http://www.suwoncitytour.com
소개 세계문화유산으로 유네스코에 등록된 화성과 수원 근교의 용인에버랜드, 한국민속촌, 용주사, 융건능 등을 연계하여 관광할 수 있다. 또한 국궁 활쏘기, 널뛰기 등의 다양한 한국의 문화 체험을 할 수도 있다.

코스
수원관광안내소 ▶ 서장대 ▶ 화서문 ▶ 화성행궁 ▶ 화홍문

대전 시티투어
DAEJEON

위치 대전 유성구 노은동

홈페이지 http://baekjetour.com/djcity
문의 백제관광주식회사 042-253-0005
소개 대전과 주변 백제 문화권의 명소를 한눈에 둘러보고 전통과 과학의 세계를 동시에 체험할 수 있는 21세기 테마형 프로그램이다. 교통의 중심지임은 물론 과학, 산업, 교육에서도 국가의 심장부 역할을 하는 대전을 더 가깝고 생생하게 볼 수 있도록 한다.

 코스

● 오전순환
대전역 ➡ 보문산 케이블카 광장 ➡ 대전동물원 ➡ 신채호생가 ➡ 뿌리공원 ➡ 대전동물원

● 오후순환
대전역 ➡ 화폐박물관 ➡ 지질박물관 ➡ 국립중앙과학관·엑스포과학공원 ➡ 한밭수목원

※ 일요일 지질박물관 휴무

● 토요일 야간테마
대전역 ➡ 대청댐 ➡ 시민천문대 ➡ 엑스포다리 ➡ 한밭수목원

● 맞춤형
① 시내권 - 과학탐방, 문화탐방, 시정/산업탐방
② 시외권 - 공주권, 금산권, 부여권, 청주권

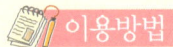 이용방법

운행시간
1일 1회 오전, 오후 운행 (단, 토요일은 오전, 오후 순환운행 후 야간테마 운영)
오전순환형 - 10:00~13:00
오후순환형 - 14:00~18:00
토요일야간테마 - 18:00~22:00 (4월 1일 ~ 10월 31일)

※ 순환형 - 정해진 코스를 매일 오전 1회, 오후 1회 순환운행
※ 맞춤형 - 단체 20인 이상인 경우 코스, 시간, 비용 협의 조정가능, 2주일 전 예약

쉬는 날 월요일 휴무

관람료
오전·오후 - (일반) 2,000원 | 청소년 1,000원 | 8세 미만 500원 | 장애우 1,000원
야간테마 - (일반) 3,000원 | 청소년 1,500원 | 8세 미만 500원 | 장애우 1,500원

※ 관광지 입장(관람)료, 중식은 개별부담

예약안내 인터넷 예약 - 요금은 당일 현장 지급. 예약을 하지 않아도 당일날 자리가 있을 경우 이용할 수 있으나, 예약 인원이 전혀 없는 날의 경우에는 운행하지 않으므로 예약해야만 한다.

정보제공 : 대전 시티투어

대구 시티투어

DAEGU

화원동산

위치 대구 수성구 내환동
문의 대구광역시 시설관리공단 관광정보센터 053-627-8900
홈페이지 대구관광정보센터 www.daegutour.or.kr
소개 대구 시내에 산재한 각종 문화유적, 관광지, 시정현장 등을 순회 대구의 문화와 역사 및 관광지 등을 둘러볼 수 있도록 하는 시내 순환관광이다. 세계적인 섬유패션 도시를 지향하는 대구광역시에서는 2002년 월드컵 축구대회, 2003년 하계U대회 등 각종 국제 행사에 대비하여 지역을 찾는 국내외 관광객에게 관광 명소를 순회하는 편의를 제공하고 관광자원을 널리 홍보하여 관광도시로서의 이미지를 더욱 확고히 한다.

코스

주 7일 연중운행, 운행일에 한하여 코스별 1회 운영
출발지 관광정보센터(두류공원내 야외음악당 옆), 동대구역 (동대구역 북편 육교 밑 간선도로변 신설주차장), 반월당(동아쇼핑 옆 약령2길)

● 대구관광정보센터 출발
1코스 불로동 고분군 ➡ 방짜유기박물관 ➡ 동화사 (부인사) ➡ 신숭겸 장군 유적지 ➡ 봉무 공원
2코스 현풍곽씨12정려각

CITY TOUR

▶ 도동서원 ▶ 비슬산자연휴양림 ▶ 유치곤장군호국기념관 ▶ 석빙고
3코스 월곡역사박물관 ▶ 대구수목원 ▶ 화원동산 ▶ 용연사
4코스 녹동서원 ▶ 허브힐즈 ▶ 대구스타디움 ▶ 대구스포츠기념관 ▶ 둔산동경주최씨종가
5코스 약령시전시관 ▶ 계명대박물관(또는 환경시설관리공단) ▶ 한학촌 ▶ 매곡정수장 ▶ 육신사
6코스 약령시전시관 ▶ 달성공원 ▶ 대구향교 ▶ 국립대구박물관 ▶ 구암서원

● 동대구역 출발
1코스 불로동 고분군 ▶ 방짜유기박물관 ▶ 동화사(부인사) ▶ 신숭겸 장군 유적지 ▶ 봉무 공원
3코스 월곡역사박물관 ▶ 대구수목원 ▶ 화원동산 ▶ 용연사
4코스 녹동서원 ▶ 허브힐즈 ▶ 대구스타디움 ▶ 대구스포츠기념관 ▶ 둔산동경주최씨종가
6코스 약령시전시관 ▶ 달성공원 ▶ 대구향교 ▶ 국립대구박물관 ▶ 구암서원

경주최씨 종가

● 반월당 출발
2코스 현풍곽씨12정려각 ▶ 도동서원 ▶ 비슬산자연휴양림 ▶ 유치곤장군호국기념관 ▶ 석빙고
3코스 월곡역사박물관 ▶ 대구수목원 ▶ 화원동산 ▶ 용연사
5코스 약령시전시관 ▶ 계명대박물관(또는 환경시설관리공단) ▶ 한학촌 ▶ 매곡정수장 ▶ 육신사
6코스 약령시전시관 ▶ 달성공원 ▶ 대구향교 ▶ 국립대구박물관 ▶ 구암서원

이용방법

시티투어의 코스별 운행날짜와 탑승지는 매달 정해진 일정에 따라 다르게 운행되며 운행 당일 오전 10시에 관광정보센터/동대구역/반월당 등 정해진 탑승지에서 출발하여 코스별 관광을 마치고 출발 장소로 다시 돌아온다.
예약을 하지 않아도 당일 출발시각 전까지 관광정보센터로 가면 탑승정원이 미달될 경우에는 당일 탑승이 가능하다.
※우천, 강설 등 악천후로 인해 운행이 곤란할 경우에는 운행취소 또는 코스변경이 될 경우가 있다.

관람료
대인 5,000원 | 중고생 4,000원 | 초등학생 3,000원 (외국인 동일) 관광지 입장료 및 식사는 본인 부담

◆ 대구근교권 투어

2004년 5월부터 고속철도 관광객의 편의 증대를 위해 대구근교권투어 탑승장소를 동대구역으로 확대하여 운영한다.

 **코스**

투어코스
경주, 안동, 문경, 창녕, 영주, 포항, 고령, 합천 코스
● 산업테마관광코스 :
포항 · 포항제철 ▶ 양동민속마을 ▶ 옥산서원
울산 · 대왕암공원 ▶ 현대자동차 ▶ 현대중공업

이용방법

이용요금 어른 26,000원 | 초등 · 경로 21,000원 | 유아 11,000원
예약 및 접수 대구시 9개 관광안내소 (대구공항, 동대구역, 동성로, 컨벤션, 약령시, 대구역, 팔공산, 서문시장, 반월당), 053-746-6407(관광협회)
http://www.daegutravel.or.kr
http://tour.daegu.go.kr
출발시간 09:00
탑승장소 동대구역 근교권투어 승강장 앞(역을 정면으로 봤을 때 왼쪽끝 육교아래) 단, 25인 이상 단체일 경우 신청자의 요청에 따라 변경가능
※ 반드시 사전예약 여부 및 출발장소를 확인 필요
이용시간 1일코스 (10:00~17:00)
이용시기 지정코스를 매일 순환운행

예약안내

전화(053-627-8900), 인터넷(www.daegutour.or.kr) 또는 관광정보센터 방문접수 전화나 인터넷으로 예약 후 승차권을 구입하여 탑승할 수 있다. 승차권은 시티투어 당일 탑승장소에서 구입할 수 있다.
단체 탑승객의 경우, 탑승일로부터 일주일전까지 입금하며, 입금하신 분들은 탑승당일 승차권을 받아 가면 된다. 탑승정

원 초과시 당일탑승 안 됨.
외국어 안내서비스 외국인 단체 탑승시에는 영, 일, 중국어 통역안내 서비스 제공

정보제공 : 대구관광정보센터

울산 시티투어

명선도

위치 울산 울주군 서생면 대송리
홈페이지 울산시티투어 www.ulsancitytour.com
문의 울산광역시 관광과 052-229-3854
(주)태화세계로여행 대표전화 052-271-6633 (평일 10:00~18:00)
소개 울산을 중심으로 한 각종 문화유적, 관광지, 산업 시찰지 등을 보다 효율적으로 둘러볼 수 있도록 한 여행상품이다. 반구대 암각화, 천전리각석 등 세계적 문화유산지를 널리 알리고 지역내 문화유산을 바르게 배울 수 있는 기회를 제공하고 있다. 특히 수능을 마친 고3학생과 외국인근로자, 군인 등 특정한 계층을 대상으로 시티투어를 실시하여 호평을 얻고 있다. 그밖에 수도권 등 외래 관광객을 겨냥한 아시아나항공과 KTX와 함께하는 시티투어 등 다양한 관광 상품을 운영 중에 있다.

 코스

● **정기투어**
(화)생태환경, (수)산업 1, (목)울산역사, (금)산업 2, (토)울산문화체험, (일)울산사랑 탐방
(화)생태환경탐방 ➡ 태화호텔앞 둔치정류장 ➡ 회야정수장·댐전망대 ➡ 울산대공원 ➡ 태화강생태공원
(수)산업탐방1 ➡ 태화호텔앞 둔치정류장 ➡ 현대자동차 ➡ 대왕암 ➡ 현대중공업 ➡ 박상진 생가
(목) 울산역사탐방 ➡ 태화호텔앞 둔치정류장 ➡ 언양읍성 ➡

대왕암

석남사(유료) ➡ 천전리각석 ➡ 박제상 유적지 ➡ 선바위 ➡ 이휴정
(금) 산업탐방2 ➡ 태화호텔앞 둔치정류장 ➡ SK공장 ➡ 고래박물관(유료) ➡ 현대자동차 ➡ 구강서원
(토) 울산문화체험 ➡ 태화호텔앞 둔치정류장 ➡ 망해사지석조부도 ➡ 서생포왜성 ➡ 간절곶·나사리등대 ➡ 외고산옹기마을
(일) 울산사랑탐방 ➡ 태화호텔앞 둔치정류장 ➡ 고래박물관(유료) ➡ 간월사지 ➡ 자수정동굴 ➡ 도깨비도로 ➡ 작괘천 ➡ 천전리각석

고래박물관

배공원

● **맞춤투어**
산업현장투어, 양궁 옹기 체험, 울산야경, 원암각화와 지석묘답사 탐방
성인 5,000원 | 청소년 3,500원 (실습비 별도)

● **기타 맞춤투어**
산악체험 탐방, 울산문화의 원류를 찾아서
성인 20,000원 | 청소년 15,000원 (입장료 별도)

※ 맞춤투어 코스는 1회 1대(45인승)에 한하여 상기요금이 적용 – 자세한 내용은 홈페이지 참조
※ 출발장소 – 태화강둔치 정류장 (공항버스 매표소 ~ 강변공영주차장)
※ 여행준비물 – 간소복, 운동화, 필기도구, 도시락 지참 (중식 별도 식사 가능)

 이용방법

이용시기 화~일요일
정기투어 주6회
쉬는 날 월요일 휴무

CITY TOUR

이용시간 10:00~16:30
관람료 성인 5,000원 | 학생 3,500원 (5세 미만 부모 동반시 무료)
예약안내 경남은행 울산 전지점 및 태화세계로여행사를 통해 직접 구매 인터넷 예약

※ 맞춤투어 및 기타 맞춤투어는 별도요금 적용

정보제공 : 울산 시티투어

부산 시티투어

BUSAN

누리마루와 광안대교

위치 부산 영도구 동삼2동
홈페이지 부산 시티투어 www.citytourbusan.com
전화번호 부산관광개발(주) 051-464-9898
소개 부산역을 기점으로 정해진 코스를 순환 운행하는 셔틀버스로 1일 이용권을 구입한 후 버스를 타고 원하는 정류장에서 하차하여 관광을 즐긴 후 다음 버스를 타고 관광을 계속할 수 있다. 이 버스는 GPS로 버스 위치를 실시간으로 파악하여 관광객이 다음 경유지 또는 정차지에 도착하기 직전에 그곳에 대한 관광정보를 제공받는 GPS 기반의 실시간 관광정보 사전안내서비스가 제공된다.

 코스

코스는 변동될 수 있으므로 여행사 홈페이지 이용 요망

● 태종대 코스
부산역 ➡ 용두산공원 ➡ 연안여객터미널 ➡ 75광장 ➡ 태종대 유원지 ➡ PIFF 광장 ➡ 자갈치시장 ➡ 부산역

● 해운대 코스
부산역 ➡ UN기념공원 ➡ 부산시립박물관 ➡ 광안리해수욕장 ➡ 누리마루 APEC하우스 ➡ 해운대해수욕장(아쿠아리움) ➡ 해운대역 ➡ BEXCO ➡ 광안대교 경유 ➡ UN기념공원 ➡ 부산역

● 야간투어 코스
부산역 ➡ 광안리 ➡ 해운애(포토타임) ➡ 달맞이·해월정 ➡ 광안대로 ➡ 금련산수련원(포토타임) ➡ 부산역

부산국제불꽃축제

※모든 코스(해운대 방향·태종대 방향·야경투어코스)는 부산역에서 출발. 또한, 중간정차지에서 승차가 가능하며 부산역에서 다른 코스로 환승도 가능하다. 1층버스 탑승해도 2층버스로 환승 가능

이용방법

이용시간
해운대 방향
① 1층버스-9:20, 10:40, 13:20, 14:40
② 2층버스-10:00, 11:20, 12:00, 12:40, 14:00, 15:20, 16:00, 16:40

태종대 방향
① 1층버스-11:20, 12:40, 15:20, 16:40
② 2층버스-9:20, 10:00, 10:40, 12:00, 13:20, 14:00, 14:40, 16:00

야경투어코스(1회)
① 19:00

※ 1층버스 탑승해도 2층버스로 환승 가능

쉬는 날 월요일
관람료 성인 10,000원 | 소인 및 청소년 5,000원 | KTX 탑승권(당일) 소지자 8,000원 | 단체 10인 이상 8,000원 | 야경투어코스 10,000원

※10인 이상의 단체요금은 문의(단체 성인 10인 이상 할인)

이용방법 인터넷예약 및 전화예약(탑승시 안내원에게 직접 예약된 승차권 수령)

※단, 만원일 경우 탑승 불가
※현장구매-버스 출발 시 버스 내에서 승차권 판매

외국어 안내서비스 좌석에 설치된 단말기를 통해 각 코스

중에 유명한 명소들의 관광정보를 한국어, 영어, 일어, 중국어 음성안내 서비스 제공

정보제공 : 부산관광개발(주)

순천 시티투어
SUNCHEON

송광사 전경

선암사

➤ 순천역

※ 출발 및 도착-팔마체육관(순천역 탑승 가능)
※ 우천, 강설 등 악천후로 인해 운행이 곤란할 경우에는 운행 취소 또는 코스 변경이 될 수 있다.

이용방법

이용시간
매일운행 (단, 신정·설 및 추석연휴는 제외)
화·목·금·토-매일 1회(09:50 출발~17:30 도착) 1코스 운행
월·수·일-매일 1회(09:50 출발~17:30 도착) 2코스 운행

이용요금
어른 2,000원 | 청소년 및 군인 1,000원 | 어린이 500원
※ 관람료, 식비 등 본인 부담

예약안내 수요를 파악하기 위해 사전 예약(전화 또는 인터넷)을 해야 하며, 부득이한 경우 순천역 출발시각에 맞추어 오면 탑승할 수 있다. 다만 정원이 초과될 경우는 예약자 우선으로 탑승된다.

※ 예약 및 문의처 순천시 관광진흥과 (061-749-3328, 749-3107)

정보제공 : 순천시 관광진흥과

위치 전남 순천시 낙안면 동내리
홈페이지 www.suncheon.go.kr/home/tour/
문의 관광진흥과 061-749-3328, 관광안내소 061-749-3107 (시티투어 전화예약 및 문의)
소개 노선버스 운행이 어려운 관광지를 상호 연계시켜 문화유적지, 관광지, 산업 현장 등을 보다 효율적이며 알차게 둘러볼 수 있도록 한 순환관광버스다. 버스 내부에도 문화해설사가 동승하여 간략한 관광지 소개를 해주고 낙안읍성민속마을 등 관광지 내부에 문화해설사가 시티투어 승객 대상 관광지 안내를 해준다. 물론 자유롭게 여행하고자 하는 사람은 자유롭게 개인행동을 할 수 있다.

 코스

● 1코스(화·목·금·토)
순천역 ➤ 드라마촬영장 ➤ 선암사 ➤ 낙안읍성 ➤ 순천만 ➤ 순천역

낙안읍성

낙안읍성

● 2코스(월·수·일)
순천역 ➤ 드라마촬영장 ➤ 송광사 ➤ 고인돌공원 ➤ 순천만

CITY TOUR

목포 시티투어

다도해

위치 전남 목포시 산정동 1108-19
홈페이지 목포시티투어 www.mokpo.go.kr/citytour
문의 종합관광안내소 061-270-8599
소개 목포는 호남선의 종착역으로서 시작과 끝의 개념이 상존하고 육·해상을 망라한 문화적 다양성이 확보되었다. 예로부터 육지와 바닷 사람들간의 활발한 교류로 인해 소중한 문화유산들이 축적되었으며 수려한 다도해의 경관과 풍성한 볼거리 먹거리는 오는 이들의 즐거움을 한층 배가시킨다. 포구의 애잔함을 품에 안은 유달산에서부터 자연사박물관으로 이어지는 버스투어링은 항구도시 목포 특유의 멋과 낭만으로 느껴진다.

 코스

● 1코스
목포역 ➡ 유달산 ➡ 북항회센터 ➡ 유달유원지 ➡ 삼학도 ➡ 만남의폭포 ➡ 평화광장 ➡ 갓바위문화의거리 ➡ 목포종합수산시장 ➡ 목포역

● 2코스
목포역 ➡ 삼학도 ➡ 유달산(체험행사 참여) ➡ 북항회센터 ➡ 유달유원지 ➡ 만남의폭포 ➡ 평화광장 ➡ 갓바위문화의거리 ➡ 목포종합수산시장 ➡ 목포역

루미나리에 거리

● 야간코스
목포역 ➡ 삼학도 ➡ 갓바위문화의거리 ➡ 평화광장 ➡ 만남의폭포 ➡ 유달산 일주도로(고하도 경관조명) ➡ 루미나리에 거리 ➡ 목포역

자연사박물관

※ 이용대상 - 국내 및 외국인 관광객

이용방법

쉬는 날 매주 월요일
운행주기
화~금요일-제1코스(10:00~17:00)
토, 일요일, 공휴일-제2코스(10:00~17:00)
토요일-야간코스 동절기(10~3월) 18:00~21:00, 하절기(4~9월) 19:30~22:00
입장료 어른(대학생) 3,000원 | 장애인, 군인 2,000원 | 초·중·고교생 1,000원
관람료 식비 본인 부담
소요시간 7시간
예약안내
초원관광여행사 061-245-3088
종합관광안내소 061-270-8599
www.mokpo.go.kr/citytour

※ 만 18세 미만의 미성년자는 단체예약 불가(어린이단체 및 수학여행단 등)

정보제공 : 목포시티투어

위 내용은 한국관광공사 여행정보 사이트에 있는 자료로서, 운행일정 및 이용요금 등은 기후와 기타 여러 상황에 따라 변경될 수 있으므로 사전 문의가 필요합니다.
이외에도 거제, 경주, 공주, 광양, 대전, 부여, 안산, 안성, 여수, 온양온천, 울산, 인천, 천안, 통영 등의 시티투어가 운영되고 있습니다(한국관광공사 여행정보 사이트 http://www.visitkorea.or.kr/에서 "시티투어" 검색 참고).

에필로그

내일도 아름다운 여행길을
사냥하는 행복한 늑대가 되어

　다섯 번째 출간하게 될 이 여행책을 '나무생각'으로부터 청탁받고 나서, 나는 많은 시간을 고민하고 망설여야 했다. 이 땅의 아름다운 풍경과 감동 어린 사람들을 찾아, 길 떠나기에 지독히 빠져 있었기 때문이었다. 아마도 행복한 중독이었으리라. 몇 차례씩이나 출판사 편집장을 지방에까지 오르내리게 한 후에야, 나는 이 책의 기행글과 게재할 슬라이드와 디카 사진을 정리하고 있었다.

　이미 몇 권의 여행책을 묶어냈음에도 불구하고, 여행 책으로 묶어내는 일은 여전히 만만치 않은 중노동이었다. 유익하고 정확한 여행정보와 함께 그것도 잘 찍은 슬라이드 사진을 선별하여 준비해야 하니……. 여행책을 묶어내는 일은 여느 책을 묶는 일보다 몇 배로 힘들고 힘들다. 한정된 지면에 '부모와 자녀가 꼭 함께 가봐야 할'에 걸맞은 여행지 선정도 쉽지 않은 일이었다. 이 책에 실린 여행지 말고도 '꼭 가봐야 할 여행지'는 더 많았기 때문이다.
　그래도 길 위에서 행복했던 감동 여정을 세상 사람들과 함께 즐길 수 있다는 것은 보람 찬 일일 터. 더더구나 '부모와 자녀가 꼭 함께 가봐야 할 여행'이 아니던가. 하여, 또 한 번 그 지독한 고행을 감수해 냈다. "길이 끝난 곳에서, 길은 다시 이어진다"는 시구처럼.

　…… 그랬다, 즐거운 고행이었다.

행복에 겨운 이 여행책 만들기 고행길에서 윤도현과 부가킹즈가 부른 노래 〈여행길〉을 흥얼흥얼 따라 부르는 일은, 내내 작은 활력이 돼주었다.

이제 이 책의 행복한 주인공은 바로 독자들일 터.

나는 다시 길을 떠날 터이다. 내내 아름다운 여행길을 사냥하는 지독히 행복한 늑대가 되어……. "끝없이 이어진 저 길을 따라, 여유로운 저 바람을 타고."

찾아보기

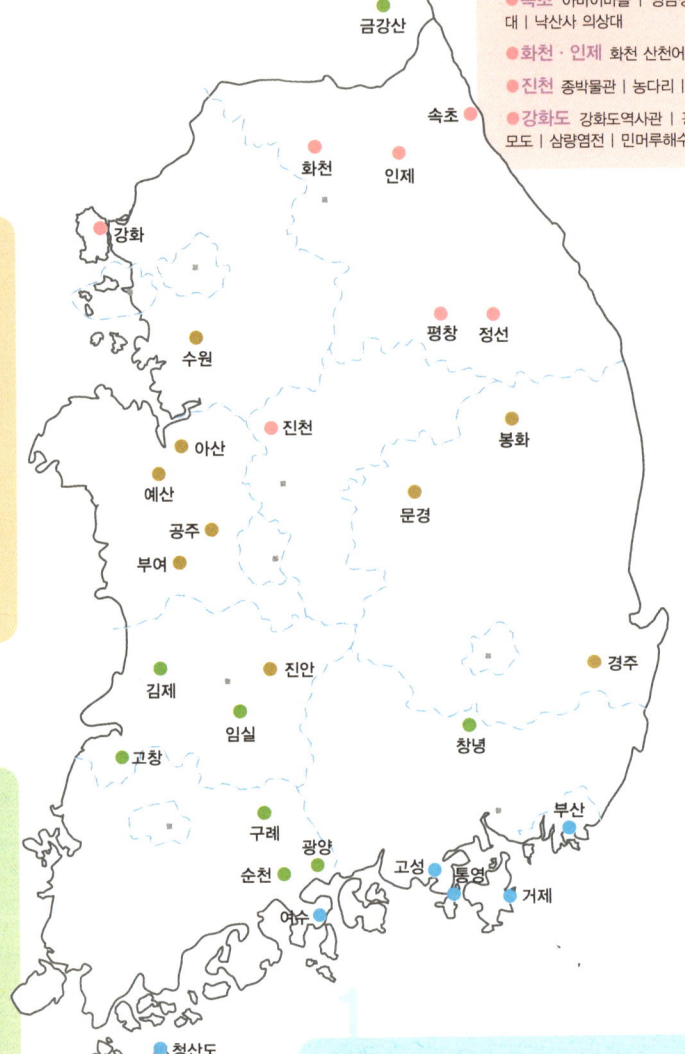

4
- ●인제 내린천 래프팅 | 방태산자연휴양림 | 만해마을과 백담사
- ●평창 봉평 효석문화제 | 영화 〈웰컴투 동막골〉 촬영지 | 대관령삼양목장 | 대관령양떼목장
- ●정선 아우라지 레일바이크 | 정선 소금강 | 정암사 | 민둥산 억새밭
- ●속초 아바이마을 | 영금정 | 설악산 권금성과 비선대 | 낙산사 의상대
- ●화천·인제 화천 산천어축제 | 인제 빙어축제
- ●진천 종박물관 | 농다리 | 보탑사 | 이원아트빌리지
- ●강화도 강화도역사관 | 광성보 | 장화리 갯벌 | 석모도 | 삼랑염전 | 민머루해수욕장 | 보문사 | 전등사

3
- ●문경 새재 | 석탄박물관 | 레일바이크 | 선유동과 용추폭포
- ●진안 마이산 | 수마이봉, 암마이봉 | 탑사 | 은수사
- ●수원 화성 | 화성 행궁 | 정조대왕 능행차
- ●공주·부여 공산성 | 백제역사재현단지 | 백제 왕릉원 | 정림사지 | 궁남지 | 부소산성과 백마강
- ●예산·아산 추사 고택 | 수덕사와 이응로 | 암각 추상화 | 외암리 민속마을
- ●경주 불국사 | 석굴암 | 안압지 | 경주 남산 | 감은사지
- ●봉화 청량산 | 청량사 | 오산당 | 닭실마을

2
- ●구례·광양 사성암 | 매화마을 | 화개장터 | 산수유마을 | 지리산 화엄사
- ●창녕 우포늪 | 관룡사 | 용선대 마애불 | 화왕산 | 창녕박물관
- ●고창 선운사 | 도솔암 | 고창읍성 | 청보리밭축제
- ●금강산 구룡폭포 | 만물상 | 해금강 | 삼일포
- ●임실 옥정호 | '섬진강 시인' 문학기행 | 장구목 | 임실 치즈마을
- ●김제 금산사 | 귀신사 | 아리랑문학관 | 벽골제 | 지평선축제
- ●순천 순천만 | 낙안읍성 | 《태백산맥》 문학기행 | 송광사 | 선암사

1
- ●청산도 당리 황톳길 | 도락포구 | 범바위 구들장논 | 지리
- ●통영 남망산 조각공원 | 청마문학관 | 미륵도 | 한산도 | 전혁림미술관 | 소매물도
- ●제주도 1 성산 일출봉 | 우도 | 섭지코지 | 포토갤러리 두모악 | 오름 | 만장굴 | 미로공원
- ●제주도 2 용왕난드르 | 갯깍주상절리대 | 감귤체험 | 신영영화박물관 | 남원 큰엉 | 이중섭거리 | 오설록 | 용머리해안 | 하멜 기념비
- ●부산 태종대 | PIFF 광장 | 해운대 | 불꽃축제 | 용궁사 | 대변항 멸치잡이
- ●거제·고성 외도 | 해금강 | 공룡박물관 | 상족암
- ●여수 거문도 | 상백도 | 하백도

ㄱ

감귤체험	51
감은사지	212
감은사지 삼층석탑	212
강선루	155
강화도	278
강화역사관	278
개나리폭포	50
갯깍주상절리대	49
거꾸리 고드름 현상	173
거룻배	253
거문도	78
거문도 등대	81
거문도 뱃노래 전수관	84
거북등대	27
거제	70
건초먹이주기 체험	241
검멀래 해변	39
경남 고성 공룡세계엑스포	76
경주	208
경주 남산	208
고란사	193
고인돌	16, 115
고창	112
고창읍성	114
곰치국	260
공룡박물관	75
공산성	187
공주	186
과것길 달빛사랑 여행	164
관룡사	103
관백정	83
관해정	27
광대곡	247
광대코지	39
광성보	278
광안리해수욕장	65
광양	131
광치기해안	41
구담마을	131
구드래조각공원	195
구들장논	17
구례	90
구룡폭포	120
국립부여박물관	191
국사봉 전망대	129
궁남지	192
권금성	255
귀신사	139
귤껍질 말리기	52
극락보전 꽃살문	257
글씽이굴	33
금강	187, 195
금강산	118
금동대향로	189
금산사	138
기와집 몰랑	84
김녕사굴	45
김상옥	25
김승옥	148
김영갑 포토갤러리 두모악	42
김용택	91, 131
김제	138
김제지평선축제	143
꽃무릇	108
〈가을동화〉(드라마)	14, 238, 253
〈겨울 연가〉(드라마)	14, 71
〈경주 남산〉(시)	212
〈금강〉(시)	196
《그리운 바다 성산포》(시집)	37

ㄴ

나녀상	284
낙산사	259
낙산사 의상대	259
낙안읍성	151
낙화암	193
남도음식	152
남망산 조각공원	23
남원 큰엉	52
내린천	226
내린천 래프팅	227
논짓물	49
농다리	270
누리마루	64
눈썹바위	283
능산리	189

ㄷ

다랑쉬오름	44
다보탑	209
단서암	125
달맞이고개	66
달빛 신라역사기행	210
달아공원	27
닭실마을	221
당리진터	13
대관령삼양목장	238
대관령양떼목장	239
대변항	66
도남항 동방파제 조형등대	27
도락포구	14
도솔암	111
도자기전시관	166
동굴음악회	39
동명항	253
동백나무숲	33, 73, 109
동백섬	63
동북각루	180
동안경굴	38, 45
되배미	142
등대섬	32
〈대장금〉(드라마)	38, 104, 112, 153, 177
〈도리화가〉(시)	115
〈동승〉(영화)	156, 249

ㄹ

| 람사협약 | 99 |

레일바이크	163, 244	백제 왕릉원	188	산사음악회	109
		백제역사재현단지	188	산수유마을	95
ㅁ		백파율사비	110	산양 해안일주도로	27
마리나 요트선착장	27	백합죽	145	산천어 맨손잡기	263
마애약사여래불	92	백화정	194	산천어 얼음낚시	263
마이산	168	벌교	151	산천어축제	263
만물상	122	벌교 꼬막	154	삼량염전	281
만장굴	45	범바위	16	삼록수	121
만파식적	213	벚꽃나무 터널길	94	삼일포	124
만해마을	230	벽골제	142	삼호교	81
만해문학박물관	230	별빛 신라역사기행	210	상백도	85
망댕이가마	166	보로봉	84	상족암군립공원	74
망해사	145	보문사	282	상팔담	120
매화마을	94	보적산 트래킹	16	생거진천	269
메밀꽃축제	115	보탑사	273	서광다원	56
멸치잡이축제	66	봉돈	180	서낭당나무	16
모악산	130	봉래대	124	서동연꽃축제	192
모양성밟기놀이	113	봉평	234	서동요	192
목마산성	104	봉화	216	서빈백사	39
몰운대	247	부곡온천	103	서장대	179
몽돌해변	34	부산	60	석가탑	209
무령왕릉	187	부산국제영화제	62	석굴암	208
문경새재	160	부산불꽃축제	65	석모도	281
문경새재박물관	161	부소산성	193	석빙고	105
미당문학관	113	부여	186	선암사	154
미로공원	45	부여연꽃축제	193	선암사 해우소	156
미륵도	25	불국사	208	선운사	108
민둥산 억새밭	249	비너스 가든	71	선운산	111
민머루해수욕장	281	비선대	257	선유동계곡	165
〈메밀꽃 필 무렵〉(단편소설)		빙어축제	265	설문대할망	43
	234, 235	〈봄의 왈츠〉(드라마)	14	설악산	252
〈몽금척도〉(그림)	172			섬진강 시인	92
〈무진기행〉(단편소설)	148	**ㅅ**		섬진마을	92
		사과따기 체험	199	섭지코지	41
ㅂ		사선정	125	성산 일출봉	37
방등계단	139	사성암	91	성산포	37
방태산자연휴양림	228	산꾼의 집	219	세계자연문화유산	37
방화수류정	178	산남	50	소매물도	32
백담사	230	산동마을	96	소머리오름	39
백도	83	산방굴사	57	소원바위	92
백도 신기루	84	산방산	57	속초	253
백마강	193	산불됴심비	161	솔잎숯불돼지구이	222

송광사	154	오륙도	62	이효석	234
송사리 고분군	187	오산당	218	이효석문학관	236
송어 맨손잡기대회	227	오설록뮤지엄	55	인제	226
송정항	66	오징어순대	253	임경업	151
수덕사	201	옥류동	120	임실	128
수덕여관	202	옥정호	128	임실 치즈마을	128
수리민속유물전시관	143	옹성	177	〈아제 아제 바라아제〉(영화)	
수마이봉	172	와온포구	150		156
수원	176	왕버드나무 군락	100	〈연애소설〉(영화)	239
순천만	148	외도	70	〈올인〉(드라마)	41
승선교	155	외돌개	53	〈왕건〉(드라마)	161
신동엽	196	외안날	130	〈웰컴투 동막골〉(영화)	237
신선바위	82	외암리 민속마을	205	〈이재수의 난〉(영화)	45
신영영화박물관	52	요강바위	132	〈인어공주〉(영화)	40
신재효	113	용궁샘	172	《아리랑》(장편소설)	141
신털뫼	142	용눈이오름	43		
신흥리	16	용두돈대	279	**ㅈ**	
신흥사	257	용두산공원	62	자갈마당	61
씨앤씨 갤러리	61	용머리해안	57	자갈치시장	62
〈서편제〉(영화)	12	용문굴	112	자연생태계보전지역	99
		용선대	103	장구목	132
ㅇ		용왕난드르마을	49	장대나룻배	102
아끈다랑쉬오름	44	용추폭포	165	장안문	177
아리랑문학관	141	우도	36	장화리 갯벌	280
아바이마을	253	우도 8경	39	재첩국	92
아부오름	45	우포늪	98	재첩잡이	93
아산	205	우포자연학습원	100	전등사	283
아우라지	244	우화각	154	전망화장실	71
안압지	210	유치환	23	전통한과	222
암각 추상화	204	윤이상	25	전혁림	29
암마이봉	170	은수사	169	전혁림미술관	29
어멍아방잔치마을	51	읍리	16	정림사지	190
어풍대	219	응진전	220	정림사지 5층석탑	190
여수	78	의상대	259	정방폭포	53
여수항	78	이건대	213	정선	164
연오랑 세오녀	214	이생진	37	정선 5일장	246
연필등대	28	이순신	28	정선 소금강	246
열목개	34	이원성당	275	정선 아리랑	245
열목어	247	이원아트빌리지	274	정암사	247
영국군 묘지	79	이응로	203	정암사 수마노탑	248
영금정	253	이중섭거리	53	정조대왕 능행차	183
예산	198	이중섭미술관	54	제승당	29

제주도	36	치성	177	한시가 있는 옛길	163
제주민속자연사박물관	37	칠면초 군락	149	함흥냉면	253
조곡관	161	〈취화선〉(영화)	149, 206	해금강	70
조령관	161			해동용궁사	66
조른모살해수욕장	50	**ㅋ**		해운대	63
조정래	141	카르스트 지형	250	해저터널	26
종박물관	269	카페 '여치의 꿈'	245	향로봉	122
주간명월	39	콧등치기국수	246	호미곶	214
주흘관	161	쿠크다스 섬	34	홍쌍리	92
지리	13			화개장터	95
지삿개 주상절리	53	**ㅌ**		화랑포 해안	15
진뫼마을	131	타포니 지형	171	화성	176
진산갯돌해변	18	탑사	169	화성 행궁	181
진안	168	탑영지	169	화암굴	173
진채선	115	태종대	61	화암동굴	247
진천	268	테우낚시	49	화암사	199
진흥굴	111	토함산	209	화엄사	95
진흥왕 척경비	106	톳간이	40	화왕산	103
징게맹갱 외에밋들	142	통영	22	화왕산 억새태우기축제	
		통영국제음악제	25		105
ㅊ		통영굴	32	화왕산성	104
창녕	99	통영수산과학관	27	화천	262
창녕박물관	106	티파니21 크루즈	64	화홍문	179
천지연폭포	53	《태백산맥》(장편소설)	153	황톳길	13
청량사	217			황포돛배	193
청량산	216	**ㅍ**		효대	96
청량산산림박물관	221	판소리박물관	115	후해석벽	39
청량정사 오산당	218	팔진미와 사삼주	152	흥정천	235
청룡공원	16	평창	234	〈화성으로 간 사나이〉(영화)	
청마거리	24	포트 해밀턴	79		241
청마문학관	25	푸른우포사람들	100	〈황진이〉(드라마)	156
청매실농원	92	풍천장어	112		
청보리밭축제	115			**기 타**	
청산도	12	**ㅎ**		2단 폭포	229
청암정	221	하늘내린 인제레포츠 축제		4사자삼층석탑	96
청호동	253		227	APEC	64
초분	18	하마비	16	PIFF 광장	63
초정거리	25	하멜 기념비	58		
추사 고택	199	하백도	85		
추사기념관	201	한려수도	26		
추사문화제	201	한려해상국립공원	27		
충무김밥	31	한산도	28		

**부모와 자녀가 꼭 함께 가봐야 할
대한민국 베스트 여행지**

초판 1쇄 발행 2008년 4월 2일
초판 8쇄 발행 2011년 11월 21일

지은이 | 백남천
펴낸이 | 한 순 이희섭
펴낸곳 | 나무생각
편집 | 강소라
디자인 | 이은아
마케팅 | 김종문 이재석
출판등록 | 1998년 4월 14일 제13-529호
주소 | 서울특별시 마포구 서교동 475-39 1F
전화 | 02-334-3339, 3308, 3361
팩스 | 02-334-3318
이메일 | tree3339@hanmail.net
홈페이지 | www.namubook.co.kr

ⓒ 신혜숙, 2008
ISBN 978-89-5937-147-1 03980

값은 뒤표지에 있습니다.
잘못된 책은 바꿔 드립니다.